青蓝工程
专业能力必修系列

高中 地理教师
专业能力必修

gaozhong dili jiaoshi zhuanye nengli bixiu

教育部基础教育课程教材发展中心 组编

编委会主任：曹志祥 周安平

本 册 主 编：林培英

西南师范大学出版社
全国百佳图书出版单位 国家一级出版社

图书在版编目（CIP）数据

高中地理教师专业能力必修／林培英主编．－重庆：
西南师范大学出版社，2012.4
　（青蓝工程系列丛书）
　ISBN 978-7-5621-5696-3

　Ⅰ.①高…　Ⅱ.①林…　Ⅲ.①中学地理课－教学研究－高
中－师资培训－教材　Ⅳ.①G633.552

　　中国版本图书馆 CIP 数据核字（2012）第 055899 号

青蓝工程系列丛书
编委会主任：曹志祥　周安平
策　　划：森科文化

高中地理教师专业能力必修
林培英　主编

责任编辑：卢　旭
封面设计：红十月设计室
出版发行：西南师范大学出版社
　　　　　　地址：重庆市北碚区天生路 1 号
　　　　　　邮编：400715　市场营销部电话：023-68868624
　　　　　　http://www.xscbs.com
经　　销：新华书店
印　　刷：重庆升光电力印务有限公司
开　　本：787mm×1092mm　1/16
印　　张：13.75
字　　数：280 千字
版　　次：2012 年 5 月　第 1 版
印　　次：2012 年 5 月　第 1 次印刷
书　　号：ISBN 978-7-5621-5696-3

定　　价：27.00 元

编者的话

在基础教育课程改革 10 周年之际，伴随着义务教育课程标准的再次修订与正式颁布，我们隆重推出这套"青蓝工程——学科教师专业能力必修系列"丛书。丛书立足于教师应该具备的最基本的教学专业知识与普适技能，为有效实施新修订的义务教育课程标准，深化基础教育课程改革，贯彻落实《国家中长期教育改革和发展规划纲要（2010－2020 年)》，助力素质教育高质量地推进提供了保证。

"教育大计，教师为本。"课程改革的有效实施和素质教育的贯彻落实需要一支高素质、专业化的教师队伍做支撑。教师的专业化发展在我国历来受到高度重视，但今天我国教师的专业化水平与社会的现实需求和时代的进步，特别是与教育改革发展的需要还存在着较大的差距。

以往，我们常常说教师要提高自身的专业水平或教学技能，但一个合格的教师究竟需要哪些最基本的专业知识与专业技能？教师的专业发展又该朝着哪个方向和目标去努力？这些问题，在教师专业化发展，尤其是在学科教师专业能力的提高上，一直以来并不是十分清晰。因此，我们聘请了当前活跃在基础教育学科领域的顶级专家，他们中的绝大多数是直接参与义务教育课程标准修订、审议或教材编写的资深学者，以担任相应学科的中小学教师应该（需要）了解（具备）的最基本的常识性知识和技能为出发点，总结了具有普适意义的学科教育教学知识和技能，力求推进教师教育教学能力的均衡发展，实现大多数教师教育教学能力的达标。从这个意义上，可以说这套丛书是教师专业化水平建设与发展的一个奠基工程，也是 10 年基础教育课程改革成果的结晶。我们希望青年教师不但能从书中充分汲取全国资深专家与优秀教师的经验、成果，更能"青出于蓝而胜于蓝"，在前辈的引领下，大胆创新，勇于超越，也因此，我们将丛书命名为"青蓝工程"。

丛书从"知识储备"和"技能修炼"两个维度展开论述（个别学科根据自身特点在目录形式上略有不同）。"知识储备"部分一般包括：①对学科课程价值的理解与认识；②修订后课标（义务教育）的主要精神；③针对该学段、该学科的教学所需的基本知识和内容等。"技能修炼"部分主要针对教学设计、目标把握、教学实施与教学评价等专题展开论述。每个专题下根据学科特点和当前教学实际设有几个小话题，以案例导入或结合案例的形式阐述教师教学所必需的技能以及形成这些技能所需要的方法和途径等。

本丛书具有权威性、系统性和普适性，希望对广大教师，特别是青年教师的专业成长能有实实在在的帮助。

丛书编委会
2012 年 1 月

目　录
Contents

高

中地理教师专业能力必修

Gao Zhong Di Li Jiao Shi Zhuan Ye Neng Li Bi Xiu

上 篇

知 识 储 备

地理教师要能在教学中真正做到培养中学生的地理素养，就必须重视对地理问题的探索，把握好自然地理、人文地理、区域地理和地理信息技术的核心知识，并熟悉教学策略。

专题一　感悟高中地理课程理念

　　《全日制普通高中地理课程标准（实验）》明确提出了五条课程理念，包括"培养未来公民必备的地理素养"、"满足学生不同的地理学习需要"、"重视对地理问题的探究"、"强调信息技术在地理学习中的应用"、"注重学习过程评价和学习结果评价的结合"。其中"满足学生不同的地理学习需要"更多是针对地理课程的选择性而言的，其他四条则直接与课堂教学有关。那么，什么样的教学算是体现了这些课程理念呢？

一、培养地理素养

案例 1.1 阅读①

　　这天进班讲《常见的天气系统》，首先给大家介绍了一点气团和锋面的知识，然后让大家阅读教材，弄清冷锋与暖锋的运动方向的差异，即冷锋是冷气团主动向暖气团移动，暖锋是暖气团主动向冷气团移动。这个似乎很简单，学生很快明白了这两个概念。接着我设计了一个小游戏。

　　我："同学们，下面我们轻松一下，玩一个小游戏。"

　　大家不知道我这葫芦里卖的什么药，课堂一下子活跃起来。

　　"大家玩过'找不同'的游戏吗？"我学着幼儿园阿姨的语气，"就是两张图片，画的是同一个景物，但是其中有几处画得不同，你能找出来吗？"

　　"玩过，玩过。"大家笑开了。

　　请大家比较冷锋和暖锋的图，找一找有哪些不同。同时我在黑板上画了这两幅图。

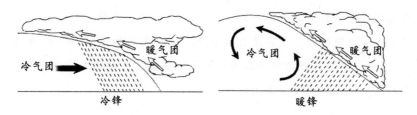

图 1.1　冷锋和暖锋比较图

　　可能这两幅图与以前玩的"找不同"游戏还是有差异，大家经过了短暂的沉默，讨论才慢慢热烈起来。经过不断讨论和补充，大家总结了下面几点不同：

---

①　该案例和部分分析内容曾经刊登在《中国教育报》2007年3月6日《新课程周刊》B版

①锋面与地面所成的角度不同（冷锋锋面与地面所成角度较"钝"，而暖锋的较"尖"）；

②云的形状不同；

③冷气团的箭头画法不同；

④飘雨的方向不同（冷锋向锋线方向，暖锋背向锋线方向）；

⑤雨带的宽度不同

……

接下来，我请学生分析产生这些差异的原因是什么。在这个部分，学生的表现大大出乎我的意料。他们不仅利用已学的地理知识，而且还利用以前学过的物理学、几何学等知识来解释。很多解释是我在备课的时候也没有想到的，课堂气氛非常活跃。例如关于锋面与地面所成角度不同的解释，有的同学认为这是气团对锋面的作用力方向不同（如图2），有的同学认为是地面对锋面的摩擦力方向的差异（如图3）造成的，有些想法甚至我也无法判断说得是否正确。通过这轮讨论分析，学生已经充分理解了两种锋面的差异。

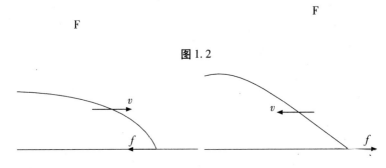

图 1.2

图 1.3

下课后我与同事谈了我的这节课，有的说设计得巧妙，调动了学生的学习兴趣；有的说超过了教材要求，并不要求学生掌握这些细节；有的说偏离了本节重点，学生根本不需要掌握这些所谓的原因；有的说这是我的理科情结在作怪，这节课都没有地理味了……

可能我真的像大多数地理老师一样，是理科生出身，有挥不掉的理科情结。说实在的，有时候在上地理课时，尤其是自然地理部分，真不知道该如何把握地理的"学科特性"。常把正午太阳高度角的内容讲得像几何课，把大气的水平运动讲得像物理的力学课，我能这样给文科班的学生上地理课吗？

案例 1.1 分析

案例 1.1 中出现了"锋面角度形成原因"的内容，这是个远离重点的知识，即使坚持严格按自然地理知识体系教学的教师，也会认为这是不必要学的。但要注意的是，"锋面角度形成原因"的学习场面并不是教师设计的，而是一个课堂"意外"，"锋面角度不同"这个现象并不是老师事先设计好的学习内容，而是学生在对比两幅图的过程中自己发现、总结出来的，学生从数学和物理的角度去分析原因，纯属"意料之外"。在地理课堂上，学生自发地用数学或物理知识解释地理现象的成因，是完全可能的，也是完全可以的。对这个课堂"意外"，教师的处理在当时的情境下是适宜的，表现出对"教学生成"这种自然状态的尊重。

不过授课教师自己的反思也代表了部分高中地理教师的困惑，"把正午太阳高度角的内容讲得像几何课，把大气的水平运动讲得像物理的力学课"也绝非偶然现象。解决这些困惑需要用到一个词"地理视角"。什么是地理视角？地理课的最终目的是让学生学会从地理的角度、用地理的思维方式和语言去描述、解释和思考自己生存的环境和生活中的现象。简单地说，就是用地理的眼光看世界。教师需要经常检视的是地理教学是否在培养学生的地理视角，而"地理视角"应该是地理素养的核心。

在教学中，把握地理视角并非易事。学完地理课程后，学生能够理解发生在生活环境中的地理现象，这是学生具有一定地理素养的表现。但在地理课堂教学中，教师对地理事像的理解或解释应该讲到什么程度，却不容易把握。如果说地理课程的目的不是让学生成为地理现象精确的研究者和解释者（学生自己感兴趣的除外），大部分地理教师都会同意，但什么是"精确的"，不同教师肯定会有不同的看法。就锋面问题来说，回答"为什么冷锋过后气温会降低"，是对自然地理现象的解释；回答"锋面的角度为什么不同"，也是对自然地理现象的解释。我们只能从高中地理课程的主线"人地关系"的角度来对教学内容进行筛选。

在锋面天气的教学中，我们是在把锋面作为一个对人们实际生活有直接影响的天气现象来分析的。当锋面过境时，我们能够感受到气温、气压、湿度、风等方面的变化，只要学生理解了这些变化与锋面移动的关系，教学的深度就是适当的。高中地理新课程对锋面的教学还有一个要求，就是学生会"运用简易天气图"去分析，也是联系到在电视节目中会经常出现简易天气图这个生活实际。但如果我们过多地强调自然现象的物理、化学、数学等原理，就有可能出现偏离地理视角的现象。除了大气运动，地球运动中的太阳高度角等内容也容易上成"数学课"，甚至有高一的数学、物理教师"感谢"地理教师把一些数学、物理内容替他们提前讲了。

有教师会说，有些地理内容比较难，不用数学、物理知识去讲，学生不容易理解。如果出现这种情况，就需要反思我们的教学目标设计和教学内容选择是否合理，也就是说这些"需要较多的数学、物理知识辅助才能掌握的地理知识"是否有必要教授，或者是否有必要在某个时候学习。例如，是把学习目标定在掌握两种锋面形状的不同上呢？还是定在掌握锋面这种天气系统表现出来的天气状况的不同上？如果是后者，会涉及一些物理知识，但不会深，从而避免人为增加地理课的难度。只要目标适当、内容恰当，不用刻意去做，就会自动减少过度教学。

这里所说的"地理视角"是与"学生视角"并存的，这样才可能达到培养学生地理素养的目的。因为"地理视角"的范围也很大，也不是基础教育阶段地理课程都可以解决的。在庞大的地理科学体系中，如果我们一定要在某一点上，特别是自然地理内容上深挖的话，就会"深不见底"，超出高中学生的接受能力，也无法达到培养地理素养的目的。仍以锋面的学习为例，高中地理课程标准解读中提醒教师："天气系统尤其是锋面，需要引入气团的概念，但对其他概念（如气旋、反气旋），'标准'未作要求，目的是简化知识头绪。把握本条'标准'还应注意以下问题：第一，应从公民的日常生活需要出发，切忌增加知识难度；第二，应对影响我国的主要天气系统予以重视，并能联系相关的天气实例作适当拓展分析，如锋面气旋；第三，不同地区应重视对影响本地区的重要天气系统的了解，如云贵高原地区的昆明准静止锋。"[1] 锋面的教学如此，其他自然地理内容的教学也是如此，因为高中地理课程最为关注的；是地理学中"人地关系"的视角，也就是说，地理课程的价值更多地体现在人地关系的教育上；学生地理素养的构成，能正确理解和对待"人地关系"是其核心内容，这也是"地理视角"的核心意思。

教师容易去"深挖地理学科的洞"，常见的原因是怕学生学不懂。一般来说，某一现象背后的原理讲得越清楚、越基础，这个现象就越好理解和记忆。只是这样一来，讲多深就难以把握了。自然地理部分的内容逻辑性很强，有些需要多层"成因"的剖析才能达到某个课程标准要求的知识点。把握不好，教学的重心就可能偏移。教师反映较多的自然地理内容多、难度大、时间紧等问题，有时就与某些内容的重心定位不够合理有关。假如在锋面教学的课程中，教师主动把比较多的时间用在从数学、物理的角度讨论锋面形状为什么不同，这对学生理解锋面也许是有好处了，但却会因把时间花费在非重点的内容上而加重内容多与时间紧的矛盾，反而没有足够的时间去引导学生学习锋面活动对人类生活的影响。其他内容也是如此。

但是自然界和社会面临的问题都是需要多视角看待和多方合作共同解决的，所以，地理课程并不完全排斥其他学科知识的运用，强调"地理视角"，主要考虑在目前我国高中分科教学的背景下，每个学科的教学时间是很有限的。在这有限的时间里选择教学内容，自然要出自"地理视角"。

案例1.1反映的只是落实培养学生地理素养目标中的一个着陆点，真正把握地理素养教育的真谛，还需要不断地修炼。

---

① 地理课程标准研制组. 普通高中地理课程标准（实验）解读. 南京：江苏教育出版社，2003（80）

修炼建议

地理教师要能在教学中真正做到是在培养中学生的地理素养，可以加强以下几方面的学习和实践。

1. 清楚什么是高中生学完地理课后应具备的地理素养

"地理素养"这个词在生活中很少用，所以属于比较抽象的概念。高中地理课程标准提出的"基本理念"中第一条就是"培养现代公民必备的地理素养"，其中提到的"必备的地理知识"、"地理学习能力和生存能力"、"正确认识人地关系"和"可持续发展的观念"等就是"必备的地理素养"的核心内容，它们都体现在地理课程目标中，都是地理教师把握地理素养的依据，按照地理课程标准的要求培养学生，就可以达到培养学生必备的地理素养的目的。

2. 不断学习来提高自身的地理素养

地理专业的毕业生的地理素养还不够高吗？地理知识的储备上可能够了，但其他方面确实有不够的可能，例如高中人文地理的教学，不少教师感到表面上容易教，实际上教好却不容易，这里的"不容易"除了对考试成绩来说以外，还有教师个人人文素养不够，难以在培养学生人文地理素养方面得心应手，因为只把人文地理的内容作为知识传授给学生，不一定能够使学生对人文地理的问题有真正的理解，不一定能够培养起学生对社会、对环境、对人类可持续发展的感觉、兴趣和热情，也不一定能够培养起他们对现实问题关注、质疑、批评和参与的人文精神。地理教师人文素养的重要性就在于对学生地理素养的培养有时是"潜移默化"的，是"言传身教"的，是"润物细无声"的。再如地理信息技术的素养，即使是近几年大学毕业的地理教师，也不一定能胜任地理信息技术内容的教学，就是教师自身地理信息技术素养不够的表现。因此，地理教师的地理素养也需要不断地提高。在没有机会重新系统学习的情况下，最好的办法就是"问题解决"式学习，即，从教学中遇到的难题入手，拓展自己的阅读或其他形式的学习范围，一环套一环，日积月累，使自己的地理素养得到很大提高。

3. 不断反思来提高自身的地理教学素养

要使学完地理课的学生具备一定的地理素养，地理教师还要具备较高的地理教学素养，拥有较多的教学知识。也就是说，教师要清楚地知道怎样才能使学生达到一定的地理素养并会付诸实施。仍以前面的案例为例，教师需要知道如何做才是把握了教学的"地理视角"。从教师专业发展的成功事例看，教学反思是教师提高自身地理教学素养的有效方法，所谓的"一课多磨"、"×年磨一课"都是在说"磨课"和"反思"的过程。选择一个主题的课，年年反思、修改教案，几年下来，不仅会形成一堂优质课，也会带动其他主题教学的改善。

二、重视对地理问题的探索

案例1.2 阅读①

这节课，我要讲的内容是太阳高度角大小对我们的生活有什么影响。上课时，我先展示了一段文字："去年6月，赵亮的父亲在'阳光花园'购买了一套位于一层的住房。今年1月，全家入住后，发现阳光全被前排楼房挡住了。他们感到很疑惑，那天看房时，小院内阳光充足，怎么才过了几个月，阳光就被挡住了呢？"

同学们看完后就议论开了。

"怪了，阳光怎么就不普照他们家呢？我家光线一直很好，我家是在五楼。"

"这是怎么回事，我家也住在一楼，可一年四季光线都很好。"

"明明看的时候还好好的，住进去就不好了，他们是不是弄错房间了？"

"一定是房间错了。我家就在一楼，但冬天光线不太好，我上我舅妈家去，她家在四楼，冬天午睡时照得人暖洋洋的，可我家就不行。"

我看到学生七嘴八舌，说什么的都有，就说："大家想一想，是开发商骗了赵亮一家，还是阳光不肯照在他们家呢？我们不如将赵亮的家绘出图来分析一下。"接着就在大屏幕上打出了赵亮家住房示意图。

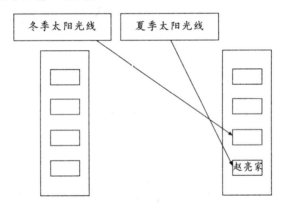

图1.4 赵亮家住房示意图

同学们一看就明白了："原来是太阳高度不一样了。"

我很兴奋，脱口问："怎么不一样？不一样有什么结果？"

"嗯，我说不太清楚。"

"我说有时太阳高，可以照到地面，有时太阳低，太阳被前面的楼挡住了，所以就光线不好了。"

我抓住这个同学的话："为什么太阳的高低会变化？太阳的高度是怎样变化的？"

---

① 根据蔡建明等主编的《走进课堂——高中地理（必修）新课程案例与评析》41~45的案例改写，该书由高等教育出版社2005出版

学生开始沉默。我说："大家不必为难，这就是今天我们所要探究的内容。请同学们先阅读教材，再看我提供的资料。"我把北半球二分二至日全球的昼长和正午太阳高度分布图打在屏幕上，请学生看图中正午太阳高度角，问大家："90°说明了什么？0°说明了什么？我们还能从图上得到哪些信息？"

同学们开始议论：

"正午太阳光线和地面的夹角为90°是直射，0°就没有太阳光了。"

"正午太阳高度角的最大值是90°，最小值是0°。"

"正午太阳高度角达到90°的地方有南回归线、北回归线、赤道。"

"90°出现的位置不同时，地球上就会出现不同的季节。"

我鼓励同学们："你们的发现很了不起，能再详细解说一下吗？"

"冬至日南回归线上的正午太阳高度是90°，这说明太阳直射了南回归线，这时北半球是冬季。"

"夏至日北回归线上是90°，证明太阳直射了北回归线，这时北半球是夏季。"

"春分日和秋分日，太阳直射赤道，赤道正午太阳高度是90°。"

我又引导学生："请同学们继续看图，先看冬至日图，思考一下冬至这一天，全球正午太阳高度在各纬度的分布有什么规律。"

"在冬至日，90°太阳高度角只有一处，就是在南回归线上。此外，没有比90°大的地方了。"

"从90°开始，向北、向南，正午太阳高度都在减小。"

我继续引导："同学们思路都很清晰，表述也明确。那么，我们再来看看夏至日、春分日和秋分日的太阳高度变化，分析一下有什么规律。"

"在夏至日，北回归线的正午太阳高度是90°，从北回归线起，向北、向南都在减小。"

"我觉得春分日和秋分日正午太阳高度分布很有规律，请看图，在北半球和南半球，只要纬度相同的地方，正午太阳高度角就一样大。"

教师及时肯定："你的这个发现非常重要，请同学们对这幅图再做一个深入的研究，看看还能得出些什么规律。"

"赤道处是直射，正午太阳高度是90°，北回归线、南回归线处正午太阳高度都是66°34′，可它们为什么是66°34′呢？"

"你们看！北极圈和南极圈上都是23°26′，你们快想想，这个角度怎么这样的熟悉呢？"

"回归线处的太阳高度角是66°34′，而回归线的纬度是23°26′，它们之间好像应该有些什么关系？"

"我发现在这个图上，正午太阳高度与所在纬度的和是90°！"

"这也是一个非常重要的发现！你们将刚才的发现再归纳概括一下，用更简洁的语言表述出来。"

"纬度加正午太阳高度角等于90°。"

"某个纬度地区，离正午太阳高度为90°的地方有多少个纬度，它的太阳高度角就是90°减去这个纬度。"

"我们把对某地正午太阳高度角的计算做一个假设，然后再来验证这个假设看怎么样。看我们提出的假设是否正确。谁来试试？"

"刚才同学们都说了，90°减去你们所说的纬度差，就是某地的正午太阳高度角。咱们分一下工来进行验证，分别按赤道、南北回归线、南北极圈、极点这些特殊点取值，然后再取任意纬度值，看是否能成立。"

学生开始分组验证，然后汇报他们的结果。

第1组汇报赤道的情况：90°－23°26′＝66°34′

第2组汇报北回归线情况：90°－（23°26′＋23°26′）＝43°08′

第3组汇报北极圈情况：90°－（23°26′＋66°34′）＝0°

第4组汇报北纬45°情况：90°－（45°＋23°26′）＝21°34′

第5组汇报北纬50°情况：90°－（50°＋23°26′）＝16°34′

……

小组汇报完，我也已将他们的验证结果投影出来，并让同学把自己验证的结果与教材提供的数据核对一下，看是否一致。同学们发现他们算得数值与书上的都一样。

"像我们这样，每个地方都去计算一遍实在太麻烦了。咱们能不能归纳出一个公式来？"

同学们有些茫然，不知如何去做。

我告诉他们："先分析一下，什么时候正午太阳高度角大？什么时候正午太阳高度角小？"

"当然是夏季大，冬季小了。"

"我觉得太阳直射点在北半球时，北半球的地区离太阳直射点近，太阳高度角就大，相反就小。"

"可这对归纳公式有什么帮助吗？"

我不断鼓励大家："同学别泄气！其实，我们都已经知道规律了，只是还没有正确地表达出来罢了。让我们就以第2组的验算为例，把那些可变的数值用变量表示，如纬度用字母φ来表示。"

一个同学自告奋勇："老师，我来试试。"他先列出了下面两个式子：

$H=90°-\varphi-23°26$（二至日）

$H=90°-\varphi+23°26$（夏至日）

又将两个式子合起来：$H=90°-\varphi\pm23°26$（冬至日）

我很高兴："好！公式总结出来了。"

但学生并不十分明白："老师，有一个问题。对这个公式，关键的问题是什么时候加？什么时候减？"

我觉得学生提出了一个关键问题："好！如果这个问题没有搞清楚，就说明我们还没有真正总结出普遍使用的公式。"

学生开始一起琢磨这个问题。最终发现："相加 H 大，相减 H 小。""太阳直射点的纬度如果与计算地点的纬度在同一半球，H 就大，就需要加。如果不在同一半球，就减。"

我给了个小结并提出下一步任务："这个难题也被大家攻克了，祝贺你们！这回咱们就可以解决赵亮家光线的问题了。谁来试试？"（后略）

案例1.2 分析

读了案例1.2 中的教学片段，您会不会有"上数学课"的感觉？新课程对太阳高度角的计算公式并没作要求，所以用太阳高度角的知识解决现实生活中楼间距的问题，可以上得复杂些，也可以上得简单些，全看教师的把握，这一点可以参阅对案例1.1 的分析。案例1.2 的独到之处是比较好地体现了"重视对地理问题探索"的课程理念。在课程标准里面，关于这条理念的解释，提到"倡导自主学习、合作学习和探究学习。"这个课例涉及探究学习和自主学习，我们选择这个案例主要是为了讨论授课教师是如何体现"提倡探究"的课程理念。

这是一节地理探究课。虽然课的主题是太阳高度角对人们生活的影响，但课的核心知识是太阳高度角计算公式，教师是把"太阳高度角计算"这个以前课程的核心内容与新课程倡导的"联系生活实际"融为一体。这节课与讲授课不同的地方是：最终的结果是学生在教师的带领下"探究"出来的，而不是教师"告诉"学生的。我们一步步分析一下这个探究过程。

第一步是创设情境。这里的情境比较简单，就是北方人日常生活中购买住房会遇到的太阳光线的问题。情境的目的是使学生产生"困惑"，进而引出要探究的问题——太阳高度角的变化。

第二步是探究太阳高度角的变化。探究的方式首先是观察示意图中太阳高度角分别为90°和0°的时候的现象。这时学生的观察结果是感性的、零散的，教师一边鼓励学生表达自己的看法，一边不断引导学生改变观察的视角，逐渐向有规律的方向发展，直到学生自己发现规律。

第三步是验证发现的结果。验证的方法是将自己的观察结果与教材上的数据进行对比，这是一种简洁的方法，又可以比较好地利用教材。

第四步是形成太阳高度角计算公式。这个计算公式在教学中一般属于被"记忆"和被"应用"的内容，让学生自己通过探究得出，是很难的做法。这种探究的好处是让学生明白了这个公式是怎么得出来的，同时有助于他们记住并正确运用。

开始上课后，我先举起一瓶水："这瓶水我称它为瓶装水，它的来历是前两天下雨的时候，我在操场接的，在我接到它之前，它在什么地方存在？"

学生回答："在大气里存在的。"

我说："那它叫大气水。如果这瓶水没有被我截留的话，它可能以什么水体在什么地方存在？"

学生们议论纷纷，以这种方式，我先引导学生分别认识了自然界中的几种主要的水体，然后问学生：

"我们看全球的水体，如果按照它存在的空间来划分的话，可以分为三大类水体，我找个同学说说，你觉得划分为哪三类水体比较合适？"

学生们稍作思考后得出："气态水、液态水、固态水。"

"如果结合他们在自然界存在的空间，那么，它的位置呢？"

学生们又想了想："大气水、地面水、陆地水、海洋水。"

我鼓励学生："非常不错"，然后以冰川、水汽、海洋这三大类水体作为学习的主要内容，开始引导学生画图：

"如果我们画出一幅图，把这三大类水体在自然界存在的空间表现出来的话，这三大类水体之间是相互影响、相互联系的。它的这种相互影响，相互联系，就是我们今天要学的水循环。接下来的任务就是，同学们看学案中间有一个比较大的空白地方，你先把这个底图描在你的学案上，然后你把三大类水体在自然界的相互联系、相互循环的关系用箭头和关键词的方式表现出来。我们先试一下，你们看这瓶水是通过什么形式落到地面的？"

学生大声回答："降雨"。我说："那么你就把'降雨'写在这个（图中的某一位置，编者著）旁边，通过箭头、关键词把三大水体之间的循环关系、循环过程表现出来。箭头加关键词，先自己考虑一下，如果实在找不出一点线索，两个同学之间可以商讨一下，看怎么表现出三大水体之间的循环关系？"

学生开始边思考、边议论、边画图。等学生都画得差不多了，我请他们讲讲自己是怎么画的。

一个学生把自己画的图放到实物投影仪上，一边指图一边解释："从大气水到湖泊水，还有从大气水到海洋水，也就是说从上往下都是降水，是由下雨转换的。现在反过来的话，就是蒸发的，然后从生物水到地下水，是通过土渗下去的，然后从地下水到海洋水，那估计就是从高往低流过去的，从冰川水到湖泊水，我觉得就是冰川融化，然后变成了湖泊水。"

我追问一些细节："大气水怎么变成气态水？海洋水怎么变成大气水的？"

学生说："也是通过蒸发的。"

我继续追问："生物水怎么变成大气水?"

学生有些犹豫:"应该也是蒸腾作用。"

我指着图上的一个箭头和关键词问学生:"这是个蒸腾的环节,是吧?"学生"嗯"了一声算是回答。

我请他回到座位上:"好,谢谢,请回。我看大部分同学跟他画的是相似的,他可能还不是我刚才看见的画得最好的,不是最完善的,但我认为比较完善,他代表了绝大部分同学的画法。"

……

案例1.3分析

这个案例主要用来说明"自主学习"的理念。教学片段包含两个有明显不同的环节。第一个环节是讨论自然界中水体的概念,第二个环节是绘制水循环过程示意图。在第一个环节中,教师从一瓶截留的雨水开始,一步步引导学生获得三种自然界水体的概念,为讲水循环奠定基础。教师的做法既联系了学生的生活实际,又引导了学生的思考方式,问题不难,还保持了活跃的学习气氛。自主学习主要体现在第二个环节。在以往的水循环教学中,水循环示意图或者是教师自己画,或者是呈现一张教科书或从其他地方找来的现成的水循环图进行讲解。案例中的教师则不同,他提供给学生一个基础框架图,实质性的水循环过程则由学生自己去画,教师再加以完善,学生自己绘制水循环示意图的过程就是自主学习相关知识并建立知识间联系的过程。对照一下课程内容标准:"运用示意图,说出水循环的过程和主要环节,说明水循环的地理意义。"因为内容标准是针对学生学完地理后应有的学习行为而言的,所以这位教师的做法体现了课程标准的要求。

修炼建议

自主学习、合作学习和探究学习是新课程实验过程中提到的三种学习方式,但是在操作过程中一直存在很多争议,地理教师们也经常通过各种渠道表达他们对三种学习方式的困惑。我们给高中地理教师的建议如下:

1. 真正理解"自主学习"

有一种比较普遍的现象,就是把"自主学习"等同于"自己学习"。以为只要是学生自己读书、完成题目、绘制图表等,教师没有发出声音,就是"自主学习"。其实并不完全是这样。这些学习活动体现了学生的"自",但不一定体现学生的"主"。例如,教师布置了很多作业让学生课外完成,这看上去是自主,但过多的作业占据了本应属于学生自己掌握的时间,这就不是完全的"自主学习";如果作业量适当,学生有时间自己安排复习、预习的内容,有时间根据自己的需要学些教师没有规定的内容，或者可以有选择的完成教师布置的作业，这才是真正的自主学习。回到案例1.3的学习水循环的过程，如果只是让学生按照教师绘制的示意图在纸上重新画一遍，画的过程虽然是学生在"自己学习"，但不够"自主"；如果像授课教师那样，由学生按照自己的理解和想象绘制示意图，这时学生的学习就是"自主"的。

《普通高中新课程方案导读》中将自主学习定义为："个体自觉确定学习目标、制定学习计划、选择学习方式、监控学习过程、评价学习结果的过程或能力；它强调个体学习的主动性，与被动学习相对。"① 最后一句话很关键，可以帮助我们把握自主学习的本质，即，自主学习是主动的，不论对比较长时间的学习，还是课堂上较短的教学环节，自主学习都是以学生"主动"为鲜明特征。

从教师的角度看，"自主学习"不仅可以理解为学生个体的独立学习，还可以理解为学生群体不直接借助教师帮助的学习。

2. 真正理解"合作学习"

如果说自主学习在课堂集体学习的环境下不好把握的话，合作学习应该是高中地理课堂学习的基本方式之一，是可以常用的。说泛一些，人是有社会性的，人与人之间的交往是人生存的基本方式，这一点浓缩到课堂上也是同理；说具体一些，在课堂上，每个学生都是其他学生的"资源"，合作学习可以利用学生资源提高学习效率、锻炼合作、交往能力。

关于对合作学习作用的理解，在地理教师中间还存在不同的看法和做法。培养学生的合作学习的能力，这一点教师都没有异议；学生之间优势互补，合作解决某个学习任务，这一点也容易达成共识。但由学生合作完成某个学习任务，要比教师直接讲授费时间，怎么办？不少教师采用了以"合作学习"的方式解决合作学习带来的时间问题，将一个有连续性的学习主题分割开来，由不同的学生小组合作学习不同的内容，例如准备学习的主题是"为什么停止开发'北大荒'"，教师将学生分成三个小组，第一组"了解三江平原的自然特点"，第二组"分析'北大荒'变成'北大仓'"的原因，第三组"搜集相关资料，理解停止开发三江平原荒地的原因"，然后教师带着学生总结归纳，最后再用洞庭湖保护的例子进行学习的拓展。在每个小组中，学生是合作学习了，但看他们学习的内容，第一组"了解特点"，第二组"分析原因"，第三组"搜集资料"，三个小组讨论的主题合起来才是一个完整的学习过程，而在教师的设计下，每个小组只经历了其中的某一个环节，这就有些顾头不顾尾了。如果合作学习做到家，学生真是通过合作学习学到东西，那么就可能无法实现教师设计教学目标，学生无法学到其他两部分他们也应该同样掌握的东西；如果最终要靠总结归纳阶段学生才能学到比较完整的东西，那么前面的合作学习就等于走了形式。

① 钟启泉等．普通高中新课程方案导读．上海：华东师范大学出版社．2003（124）

3. 真正理解"探究学习"

关于探究学习。对探究学习的认识和把握最为混乱。"探究"一词的意思本来就很广，说它是一种思想也好，是一种方式也好，一种方法也好，甚至都成了课堂上的口头禅："探究探究"。好像谁也说不清楚"探究学习"到底是怎么一回事。关于探究学习的起源，不同学者有不同的解释。在钟启泉编译的《现代教学论发展》一书中，探究学习是20世纪50年代后半期美国掀起的"教育现代化运动，尤其是理科教学的现代化运动中提出的主张"，[①] 主要代表人物是芝加哥大学的教授施瓦布。陆璟的《探究性学习》一文则认为，"最早提出在学校科学教育中要用探究方法的是杜威。""杜威认为科学教育不仅仅是要让学生学习大量的知识，更重要的是要学习科学研究的过程或方法。"[②] 不论哪一种说法，探究学习的方法起源于科学课程，这一点是可以确定的。随着教学研究和实践的发展，探究学习的方法逐渐扩大到人文社会科学的教学中，形成目前多种形式和特点的探究学习。按照陆璟的分类思路，目前的基础教育中的探究学习大致可以分为三类。第一类是科学探究，主要用于自然科学性质的内容教学，目的是获得一般性的科学概念和原理，并掌握一定的科学探究的学习方法；第二类是问题探究，主要偏重开放性的问题的解决；第三类是社会探究，主要是针对人文社会知识方面的学习，需要同时运用主观价值判断的方法。地理课程跨自然和人文两大学科，兼有科学课程与人文课程的性质。在地理课程中出现的探究学习，会包括上述三种类型。当然，这种划分也不是绝对的，在地理教学中，问题探究与社会探究就常常交叉在一起，这一点在偏重人文地理的课堂中表现比较明显。

在钟启泉译的《现代教学论发展》一书中，"探究学习"是指儿童通过自主地参与获得知识的过程，掌握研究自然所必需的探究能力，同时形成认识自然的基础——科学概念，进而培养探索未知世界的积极态度。

从"探究"的概念和它的发展历程看，探究学习有两个明显的特点，一个特点是学生"主动"去发现知识，另一个特点是要有一定的过程，学生是通过主动学习和经历过程来获得知识、培养探究能力的。以这两个特点为依据，我们试着分析一下我国高中地理新课程的课堂上的探究学习。

我们听高中地理教师使用过不同"探究"概念，如"自主探究""材料探究""合作探究""互动探究""问题探究""导学探究""实验探究"等，甚至还出现了"接受式探究"，而探究学习和接受学习本来是完全不同的两种学习类型。受篇幅的限制，我们这里以探究使用的"问题"为核心进行分析。绝大部分探究学习的设计都有"问题"提出，还有少量的设计采用"任务"（陈述句）的形式。这里将一些教师冠以"探究"的问题稍加整理，其中不少是高中地理新课程实验初期使用的。

---

① 钟启泉. 现代教学论发展. 北京：科学教育出版社，1988：350
② 陆璟. 探究性学习. 中国教育和科研计算机网，http：//www.edu.cn/20020521/3026270.shtml，2008－10－19

第一类是获取信息类。例如"确定图中 A 点在 B 点的什么方向""在遥感图上如何区分道路与河流""两幅卫星影像中有一幅是在森林火灾期间拍摄的，请指出并说明理由""找出并解释这两幅图上的细微差异""怎样阅读人口年龄结构金字塔图该图反映了哪些人口信息""读出我国三个不同年龄段的人口构成比例""从图中看出城市的分布与地形有何关系""根据图中内容分析，我国东北地区工业发展的区位优势有哪些""从下列材料可以看出鲁尔区的可持续发展采用了什么策略"这类问题需要学生做的是从地图、图表、文字资料中获取地理信息，也就说我们通常所说的"阅读地图""阅读图表""阅读资料"活动，在"探究"一词大范围使用之前就早已是地理教学的基本方式之一。

第二类是地理事实性知识类。例如"说出世界七大气压带的位置""过去的全球气候是否有变化""现在的气候正处在怎样的时期""产业革命之前的人口数量和人口增长情况大致是怎样的""人口模式由哪些指标构成""江西省的城市可分为哪几级""什么是地理信息系统""地理信息系统中存储和处理的数据可分为哪两类""地理信息系统的工作流程是什么""什么是农业""棉花种植需要什么条件""现代主要交通运输形式有哪些""英国工业和日本工业部门有哪些是相同的哪些不同""划分三大自然区的主要依据是什么"一般来说，这类问题带来的学生活动取决于提问时的教学情境。有些问题如果配上图表，就变成第一类问题；如果是在复习巩固阶段，是在检测学生的学习情况，学生完全可以凭借记忆回答。

第三类是地理理性知识类。例如"我国为什么花巨资进行南水北调""水循环有什么意义""季风环流的成因及降水有什么特点""我国南北方在地形气候和矿产等方面有何差异""举例说明自然资源之间的联系""对于可再生资源与不可再生资源在数量上的有限性是如何理解的""热带雨林的减少造成哪些环境问题""造成土地荒漠化的原因是什么""根据上述资料，结合刚刚领会的遥感技术及其原理知识，探究遥感技术的应用领域""四个人口增长阶段出生率、死亡率、自然增长率各有什么特点？形成的原因是什么""比较三大自然区的自然地理特征""简要说明三大自然区内，人类活动与地理环境的关系""为什么区域发展过程中会出现'转型阶段'""简要总结当地农业生产条件以及农业生产过程中存在的问题"这类知识涉及地理原理、地理特点、地理规律、地理联系等，内容相对深一些，要用到归纳、演绎、推理、比较等思维方法。

第四类是规划性问题。例如"在自然资源的利用中要注意的问题""人类从中获得哪些启示""如何实现自然资源的可持续利用""应采取哪些措施保护土地资源""除了人口，还有哪些问题可以用上述统计图来表达""如果你是区域规划者，那么你认为在什么时候开始实施'产业转型'战略"这类问题属于"怎么办"一类的问题，比较开放，答案不一定唯一。

第五类是实验、操作性问题。例如洪（冲）积扇的形成。（1）将白纸平铺在桌面上；（2）将书本打开倾斜45°于白纸上；（3）将小米自书本的中缝从高处向下缓缓倾倒；（4）观察在白纸上形成的堆积体的外形特点。教师提出问题：1. 堆积体外形是否具有山前冲积扇的形状？将书本倾斜角度加大，再做上述实验，观察堆积物的大小有无变化。2. 流水搬运物体的重量与水流速度的6次方成正比。据此推想，山前冲击扇沉积物的颗粒大小分布有什么规律？你能根据刚才的实验解释洪（冲）积扇是怎样形成的吗？这类问题与地理实验等密切联系，需要动手操作，属于实践性较强的内容。

探究教学或探究学习是指学生去探究，所以教学设计时要给学生留出比较充足的时间自己去做，教师用过多的细碎问题"牵"着学生，就容易使学生带着脚铐跳舞，思维就会停留在教师划定的圈子里，无法真正培养学生的探究能力。探究教学还要为学生提供必要的活动机会，使学生在达到目标之前，使用必要且恰当的材料，经历必要且适当的过程，而不只是坐在那里"想"，只凭"想"获得的结论，或者问题比较简单，或者答案依据不足。所以教师提出一个问题，学生想一想就去回答的过程不能算作探究过程，即使答案是学生自己得出的，因为缺少必要的探究过程。

简单地说，一个比较名副其实的"探究"大致包括这样一些要素：恰当的问题（或任务）、有助于学生发现知识的材料（图表、文字资料、数据、实验用品等）、利用这些材料的过程（读图、分析资料、观察、实验等）、对结果的讨论（如果是个人为单位的探究学习则为反思）、公布或交流结果等。还有一些环节在科学研究中常使用，在中学的探究中可有可无，但有条件的学校可以尝试使用，例如"提出假设"，可以让学生对探究更感兴趣。

专题二　自然地理教学

一、把握核心知识

案例2.1 阅读

我大学毕业才两年，教过一年大纲版的自然地理。新课改开始后，学校让我重新从高一教起。新课程培训期间，通过听专家的讲座，大致了解了新课程的一些显著变化。可一到实际教学中，许多疑惑还是接踵而至。新教材结构变了，而且还删减了部分教学内容，这些内容在我教大纲版教材时，一度作为教学重点、甚至教学难点来讲的，难道这些知识真的不重要了吗？我所在学校的张老师是一位具有丰富教学经验的老教师，有着骄人的教学业绩。有一次，我去听张老师讲"大气的受热过程"，张老师仍然按照大纲版教材，加入了不少"大气对太阳辐射的削弱作用"的内容。

大气的受热过程首先要从"太阳辐射"讲起，那么势必首先要把这个概念给学生讲清楚。什么是太阳辐射呢？大纲版的说法是"太阳源源不断地向宇宙空间放射电磁波，"那么又涉及到第二个概念，什么是"电磁波"，在授课过程中，张老师准备了"太阳辐射光谱示意图"，据图设问"太阳辐射光谱有哪些类型"，引导学生通过阅读"太阳辐射光谱示意图，"找出太阳辐射光谱按波长由短到长有γ射线、X射线、紫外线、可见光线、红外线、电波等。按理说，关于"太阳辐射""电磁波"的知识，张老师已经拓展得很到位了，但是，引导学生理解"大气的直接热源是地面"这一难点问题时，还需要用到"太阳辐射波长的分布范围"这部分知识。为此，张老师又准备了"各种辐射的波长范围图"，据图设问"根据波长，太阳辐射可分为哪些区段"，学生通过读书得出太阳辐射波长的分区情况：A. 人们看见的可见光区（波长在 $0.4 \sim 0.76$ 微米之间），占太阳辐射总能量的 50%；B. 紫外线区（波长小于 0.4 微米），占太阳辐射总能量的 7%；C. 红外线区（波长大于 0.76 微米），占太阳辐射总能量的 43%。

接下来应该讲解"大气对太阳辐射的削弱作用"了。大气对地面的削弱作用有吸收、散射和反射三种形式。这里面又涉及"吸收""散射""反射"三个概念。这些知识都是很重要的，根据经验，张老师仍然选择了逐一讲解的教学策略。在讲"吸收"的时候，他设计了两个问题："吸收的特征是什么""大气怎样吸收太阳辐射"引导学生读图思考：吸收具有选择性。①平流层的臭氧吸收太阳辐射中波长较短的紫外线；②对流层中的二氧化碳和水汽吸收太阳辐射中波长较长的红外线；③大气对太阳辐射中能量最强的可见光部分吸收很少。在讲"反射"的时候，老师设计问题"大气中的反射是怎样发生的"引导学生思考：大气中的云层和较大颗粒的尘埃，能将投射到其上的太阳辐射的一部分，又反射到宇宙空间。云的反射作用最为显著。同时老师又不失时机地补充"反射"的地理现象，通过设问"夏天白天多云时，气温为什么不会很高"引导学生思考：云的反射减少了到达地面的太阳辐射，所以，夏天白天多云时气温不会很高。在讲"散射"时，老师设计问题："大气中的散射是怎样发生的"引导学生思考：当太阳辐射在大气中遇到空气分子或微小尘埃时，太阳辐射的一部分便以这些质点为中心，向四面八方散射开来，从而使一部分太阳辐射不能到达地表。然后老师又出示"大气对太阳辐射的散射图"，讲解天空呈现蔚蓝色，黄昏和黎明，阴天室内可以视物等散射的光学现象。

"大气对太阳辐射的削弱作用"讲清楚了，但是又存在一个问题：大气对太阳辐射的削弱作用在不同的纬度、不同的海拔、不同天气状况下是不一样的。于是，张老师又设计了一个问题："影响大气对太阳辐射削弱的因素有哪些"提供图片资料，引导学生思考：大气对太阳辐射削弱因纬度不同而存在差异。A. 纬度越低，太阳高度角越大，太阳辐射经过的路程越短，被大气削弱的愈少，到达地面的太阳辐射能量愈多。B. 纬度越高，太阳高度角越小，太阳辐射经过的路程越长，被大气削弱的愈多，到达地面的太阳辐射能量愈少。

听完课后，我先前的种种疑惑几乎达到顶点。是课标出了问题，还是教材出了问题？要不就是张老师出了问题。但我宁愿相信前两个，因为张老师德高望重，他怎么会出问题呢？我就自己的困惑与张老师进行了交流。"别听他们瞎折腾！什么新课改，改来改去还不就是那些教学内容"，张老师说："我们当老师的，最主要的成绩是什么？高考。专家们说的很好，可高考能改吗？只要高考改不了，以前怎么教，现在还怎么教。听他们忽悠半天，我们是课改了，但高考照考不误，那时我们就瞎了眼了。"

这话好像有道理啊，而且张老师后面的话更让我震撼："看看现在的教材，都变成什么样子了！气候类型这么重要的知识，寥寥数语，一笔带过，美其名曰'能力训练'；还有板块构造学说，居然就是一张图和豆腐大的一段文字，这些可都是自然地理中经典的教学内容啊！删掉了真让人可惜。"最后，张老师下结论说："他们该怎么改就怎么改，我们该怎么教就怎么教，新课改就是'穿新鞋走老路'，哪一次课改不是这样。"

案例2.1分析

对于"大气的受热过程"，课标的表述是"运用图表说明大气受热过程"。活动建议是"利用身边可以找到的材料（如透明塑料袋、塑料薄膜、玻璃瓶等）和温度计，做一次模拟大气温室效应的小实验"。可以说课标对这一部分内容的表述，弹性很大，但其中心主要是对学生学习过程的重视，对学生能力的重视，体现了课标以"学生为中心"的设计理念,而张老师的教学还停留在"学科中心"的层面。

该教学案例很有代表性,反映了在实际教学过程中,对自然地理部分核心知识的理解和把握还存在着许多问题和困惑。

问题1:什么是"核心知识"?难道知识还分三六九等?在许多老师的教学经验中,倒是那些越是"偏僻"的知识,在各种考试中被考到几率就会越大,越容易被当作是核心知识。

问题2:教学内容是随便改的吗?知识是相互联系的。一门成熟的学科,都有相应的一套学科的知识体系。缺少了其中的任何一个知识点,都会对相邻知识点的理解造成困难,特别是自然地理部分一些传统的、经典的教学内容,教材进行了冷处理、模糊处理,甚至不处理,让教师一时难以接受。

问题3:能力比知识重要吗?新课改提倡对学生进行各种能力的培养,这本是无可厚非的事情。可是没有知识的积累哪会有能力的提升?离开知识空谈能力无疑"揪着自己的头发想要离开地球。"

问题4:课标太模糊怎么办?翻开新课标,每一项都很概括、很模糊,这与《教学大纲》形成了一定的对比。《教学大纲》对教学内容、教学目标进行了详细的规定,可是新课标仿佛有很大的延展性,实在是很不好把握,在这种情况下,只能按以前的经验教了。

问题5:高考会改到什么程度?目前的高考以"能力立意",这一点老师都是能够理解和认识到的。可是"能力立意"不可能排除对"主干知识"的考察。只要涉及"知识考察"问题,那么一些边边角角的知识让学生学习和掌握又是非常有必要的。高考并不否定知识,那么关于知识的教学无论什么时候都是有用的。一句话,多知道总比少知道好。

修炼建议

1. 理解自然地理部分的核心知识

在自然地理教学中,"核心知识"的把握显得尤为重要,这是由自然地理的学科特点决定的。自然地理的系统性明显,自然地理要素之间存在着非常紧密的关系,它们相互联系、相互影响,共同构成了自然环境的"整体性"特点;由于自然要素在不同区域的组合不同,又构成了自然地理环境的"差异性"特征。任何一个知识的缺位,都有可能加大对其他知识理解的难度。同时,自然地理环境是人类活动的基础,几乎每一个要素都能对人类活动产生影响。自然地理事实、地理现象、地理概念、地理规律、地理原理跟人类生产生活联系都比较紧密,这就造成了取舍的难度。但是高中地理教学的时间有限,处于这个年龄阶段的学生也没有必要接受上述全部知识,提高教学效率的途径之一就是抓住核心知识。从另外的角度看,我们所处的时代是一个"知识爆炸"的时代,是一个"信息丰富"的时代。在这样一个时代中,对于某些学生可能通过其他渠道获得的知识，删减或弱化处理是时代发展的必然，于是就出现了"核心知识"这一提法。

所谓"核心知识"，必然是与人类的生活、生产联系非常紧密的知识，也必然是在整个地理知识体系中，更具迁移、整合功能的知识。传统的高中地理教学内容，是从"学科本位"的角度出发，进行教学内容的选择，这种选择的好处是学科体系完整、结构严谨，但却导致了教材内容的"繁、难、偏、旧"，给学生造成很大的负担。新课程站在"人地关系和可持续发展"的立场，这样既可以突出学习地理的实用价值，又可以大大删减传统的学科知识，减轻学生的负担。核心知识不仅仅是写在教科书中的地理事实和地理原理，也包括地理技能、地理能力和地理价值观。课标是准确把握自然地理"核心知识"的钥匙。

2. 掌握课程标准的要求

可以通过研究新、老课程内容的变化来把握自然地理部分的核心知识。

以前必修课自然地理部分将大气、水、地质、地貌、生物、土壤各要素一一剖析，而地理"1"的内容标准没有对生物、土壤要素作学习要求。对于某个自然地理要素，所选择的内容也很不系统。例如，关于地质的知识只选择了地壳内部物质的循环；关于地貌的知识只选择了地表形态的变化；关于大气的知识只选择了大气受热、气压带和风带、天气系统；关于水的知识只选择了水循环和洋流。即使选择的内容，对其要求也简单明确。例如，关于太阳，只要求其对地球的影响，删除了关于太阳本身的知识；关于洋流，删除了洋流的成因、类型等知识。

知道哪里变了，还要知道为什么这样变，方能做到心中有数。

（1）新课程标准删减了哪些内容

新课程中单纯记忆性的内容大都被删减了，繁、难、偏、旧的知识被删减了。《地理课程标准解读》中出现了大量"不是……""不要求……"的句型，例如"不是要系统学习天文知识，而是要为认识地球是太阳系中一颗既普通又特殊的行星打基础。""运用示意图说明地壳内部物质循环过程"这条标准对地壳、岩石、地质作用等内容未作明确要求，因此对地壳内部物质循环所不必要的知识最好不涉及。

（2）新课程标准拓展了哪些内容

新课标拓展要求"用示意图说明"的自然地理内容：如运用示意图说明地壳内部物质循环过程、运用示意图说明水循环的过程和主要环节；新课标拓展要求"举例说明"的自然地理内容：如结合实例，分析造成地表形态变化的内外力因素、举例说明某自然地理要素在地理环境形成和演变中的作用、举例说明地理环境各要素的相互作用，理解地理环境的整体性；新课标拓展强调"对人类活动的影响"的自然地理内容：如举例说明地表形态对聚落、交通线路分布的影响；以某种自然资源为例，说明不同生产力条件下，自然资源的数量、质量对人类发展的意义。

（3）新课程标准继承了哪些内容

基本的自然地理概念、地理现象、地理规律、地理原理基本上都得到了保留。例如"地球运动的地理意义"、"三圈环流"等知识。

在了解课程内容变化的前提下，我们还要深入分析每一条新课标的要求。例如案例2.1中的内容，课标的要求是："运用图表说明大气受热过程。"该课标中，"大气受热过程"是核心知识。第一，作为自然环境组成要素，"标准"中的"大气"是指低层大气，其高度不超过对流层顶。第二，了解大气受热，需要明确大气的热量来源，即导致大气运动的能量来源。太阳辐射是大气根本的热源，地面（包括陆面和海面）是大气直接的热源。第三，大气受热过程，实际上是太阳辐射、地面辐射和大气辐射之间相互转化的过程。其中，大气温室效应及其作用是需要重点阐述的基本原理。第四，学习大气受热过程，是为理解大气运动打基础，所以，大气热力环流是需要阐述的另一个基本原理。大气热力环流是大气不均匀受热的结果。大气不均匀受热主要是由太阳辐射的纬度差异和下垫面热力性质差异引起的。大气不均匀受热是大气运动的主要原因，大气热力环流则是理解许多大气运动类型的理论基础。小到城市热岛环流，大到全球性大气环流，都可以用大气热力环流的原理来解释。第五，学习和说明大气受热过程，需要借用一些原理示意图，如大气温室效应示意图、大气热力环流形成示意图等。

如此看来，"大气对太阳辐射的削弱作用"，仅仅是"大气受热过程"的一个环节，有些知识是可以删减的，没有必要对其进行详细的分析。例如，"太阳辐射光谱"完全可以从教学内容中删去，红外区、可见光区、紫外区等太阳波长分区知识，完全可以用"太阳短波辐射"来代替；吸收、散射、反射等作用，完全可以处理到概念层面。有的教材对该知识点的处理，用了一张图、一段简练的文字、一个活动，形成"图像－文字－活动"立体式的处理模式。特别是文字部分，只用了"地球大气对太阳短波辐射吸收的少，大部分太阳短波辐射能透过大气射到地面"短短的两句话。这样既简化了知识层次，又培养了学生能力。

我们可以用上述分析核心知识的方法来分析课程标准中的其他内容，逐渐把握住自然地理教学的核心知识。

3. 比较不同版本教材

教师在比较人教版、中图版、鲁教版、湘教版四个版本的教材时会发现，就是同一条课标，不同教材的处理也是不同的。例如"运用图表说明大气受热过程"，有的版本删减了大气对太阳辐射的削弱（吸收、散射、反射）的具体知识，有的版本保留；有的版本弱化了大气对地面辐射吸收的具体知识，有的版本则保留。不同版本的教材基本上都减少了大气光学现象的知识；关于板块构造学说的知识，有的教材作为辅助性知识放在了解释"山脉"的成因里讲授，而并不是作为主干知识独立呈现，这是在教材中的地位发生了变化。有的教材重新组合气候类型的知识，在讲季风环流的时候，顺便就把三种季风气候交代了，而在讲"气压带、风带的季节移动对气候的影响"时，也就等于讲了热带雨林、热带季风、热带沙漠、地中海、温带海洋等气候类型，那么主要的气候类型也就只剩下温带大陆等为数不多的几个了。面对不同教材，教师理解和选择核心知识还是应该以课标要求为主。课标所规定的内容应该是一个教学基本要求，是一个底线，如果学生对某部分内容很感兴趣，那么可以在时间容许的情况下，进行适当补充；也可以引导学生自己去探究。

二、熟悉教学策略

案例2.2 阅读

我工作的时间不长，经常会有老教师来听课，帮助我改进教学。最近，他们听了我上的《自然界中的水循环》。课是这样上的：

"水循环的类型"的学习是借助教材中的"水循环示意图"，在引导学生总结出水循环主要包括海陆间循环、陆地内循环、海上内循环三种类型后，老师又引导学生分别对三种循环进一步的深入探究。

海陆间循环是指海洋水和陆地水之间通过一系列过程所进行的相互转化运动，包括①蒸发②水汽输送③降水④地表径流⑤下渗⑥地下径流6个环节。

降落到大陆上的水，其中一部分或全部通过陆面、水面蒸发和植物蒸腾形成水汽，被气流带到上空，冷却凝结形成降水，仍降落到大陆上，这就是陆地内循环。陆地内循环也有①蒸发②水汽输送③降水④地表径流⑤下渗⑥地下径流6个环节。内陆循环与海陆间循环各环节的不同主要体现在①蒸发，内陆循环是通过内陆陆面、水面蒸发和植物蒸腾完成的，而海陆间循环主要是海水的蒸发。②水汽输送，内陆循环是从内陆的一个地区输送到另一个地区，而海陆间循环则是从海洋输送到陆地。③地表径流，内陆循环的地表径流最终没有注入大海，而海陆间循环的地表径流最终注入了大海。④地下径流，内陆循环的地下径流最终没有注入大海，而海陆间循环的地下径流最终注入了大海。

海洋面上的水蒸发形成水汽，进入大气后在海洋面上空凝结，形成降水，又降落到海面的过程是海上内循环，海上内循环包括蒸发和降水两个环节。

"水循环的意义"的学习，主要是由我来举例说明，让学生通过大量的直观图片、资料，归纳总结水循环的意义。我列举了冰川、湖泊、沼泽、河流、地下水等陆地水体，让学生找出这些水体与海洋水、与海陆间循环的关系，总结出水循环使地球上的各种水体处于不断更新的结论；列举出黄土高原千沟万壑的地表形态、广袤的华北平原、不断生长的黄河三角洲，借以说明水循环使物质迁移（塑造地表形态）；借助气压带、风带分布图讲述能量转化（不同纬度热量平衡）。

"对水循环的运用"的学习，主要是使用地理教材中的"活动"设计，让学生利用黄河图文材料，思考人类能够干预或控制的环节和怎样干预或控制等问题。

因为课前我非常认真地分析课标，好好琢磨了教材，又提前了解了学生的情况，可以说备课费了九牛二虎之力，自以为不错，满怀期望想听到赞扬的声音，可谁知道等来的却是很低的评价，这有些大的反差让我心里有些难受。

案例2.2 分析

从案例2.2可以看出，这个学校的教研组对年轻教师的要求是很高的。在这节课中，授课教师设计了问题，通过问题引领，一步一步引导学生学习水循环的类型及各类型的环节。而且，在整个学习过程中，教师并没有讲授、灌输，而是充分地让学生通过读书、读图来回答问题。这些都是在努力改变学习方式。那么，为什么这样的课仍旧没有获得好评呢？

首先，教师提出的问题思维含量不高。教师的提问基本上都是"标题＋问号"的封闭性问题，而且是依托教材设问，答案学生在教材中轻易能够找到，不需要太多的思考。"问题"与"问题"之间没有紧密的逻辑联系，只是知识框架下的一种简单罗列。好的问题不仅要有思维含量，而且能够组成一个思维的链条，从简单到复杂，从一个场景到另一个场景，即所谓的"问题链"、"问题环"。要给学生"山重水复疑无路，柳暗花明又一村"的感觉。

其次，学生活动过于程式化。这节课中的学生活动基本上都是"读书""读图"回答问题，偶见讨论，那只是在学生读书、读图不仔细出现遗漏的情况下，其他同学给予的补充。在学生补充不好的时候，还需要老师进行讲解。所以，感觉到整个学习过程只有"预设"，没有精彩的"生成"，没有"激情""热情"，只有程式化的简单动作，甚至有些"沉闷"。这样的活动无法培养学生的学习兴趣。

再次，情境创设过于简单。在"水循环类型"的教学中，老师所创设的情景主要局限于教材、图像和文字。这样的情景与学生体验联系不紧密，与生活实践脱钩，没有从学生的"最近发展区"出发设计教学，无法很好地体现地理学科的价值，对学生"情感、态度、价值观"的教育也相应的弱化。

案例2.3 阅读

离下个班的课还有两天，我赶紧去翻书寻找办法。通过翻阅相关的教育教学书籍，我意识到自然地理的学习应该从地理现象入手。再加上全组老师的帮助，我对整个教学方案进行了修改，又上了第二次课：

我所在的中学旁边，就是孕育了北京市的母亲河——永定河，我以永定河为线索，设计了三个问题情境。

第一个情景是"永定河的过去"。使用的资料有《永定河流域图》（图2.1）和文字资料《永定河的过去》（见"资料2.1"）。

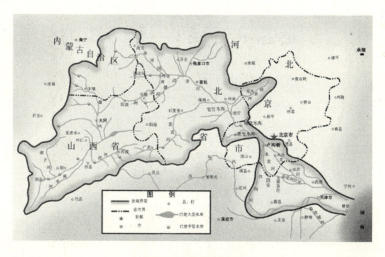

图 2.1 永定河流域图

资料 2.1

　　永定河旧名无定河，海河流域七大水系之一。流域面积 4.7 万平方公里，全长 747 公里，流经内蒙古、山西、河北、北京、天津，共 43 个县市。永定河流域多暴雨、洪水，每年 7 月至 8 月为汛期，最大流量 5200 立方米/秒左右，门头沟境内的永定河段可行船。上游黄土高原森林覆盖率低，水土流失严重，河水浑浊，泥沙淤积，日久形成地上河。河床经常变动，善淤、善决、善徙的特征与黄河相似，故有小黄河和浑河之称。因迁徙无常，又称无定河。清康熙三十七年（1698）大规模整修平原地区河道后，始改今名。1954 年建成蓄水 22 亿多立方米的官厅水库，才基本控制了上游洪水。

　　根据这些资料和本课的目标，我设计了一个问题："永定河的水来自哪里？"和一个任务："设计示意图说明永定河水的来源"。

　　学生根据我提供的材料，分组讨论，设计示意图，然后进行全班交流、展示，在此基础上得出海陆间循环的主要环节，理解海陆间循环的内涵。结果我发现，学生的想象力真的太丰富了！有的用景观图的方式来显示永定河水的来源，画面上有湖泊、水库、河流、海洋等水体，也有云、雨等天气要素，有些组甚至可以画出地下水，也有些组画出了冰川。我及时进行了纠正，告诉他们，只有那些高海拔、高纬度的河流，才可能受到冰川融水的补给。有些组直接把这些环节抽象出来，模仿教材中水循环示意图，来解释永定河水的来源。通过这些活动，学生不仅解除了心中的疑惑（永定河河水是从哪里来的），而且接受了热爱家乡的乡土地理教育（永定河流经学生所在区的河段最长）。

　　当然，只讲永定河无法完成整个水循环的学习，我还补充了其他内容完善水循环的类型。

　　第二个情景是"永定河与北京城"。使用的材料有"北京市地形图"（图 2.2）和相关的文字资料（见"资料 2.2"）

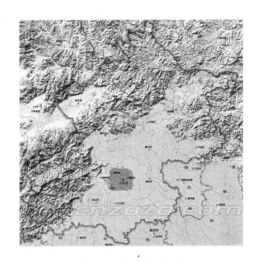

图 2.2　北京市地形图

资料 2.2

永定河切穿了北京西山，形成了长达 180 公里的嵌入曲流，就是人们常说的"官厅山峡"。它在今天门头沟区的三家店附近出山之后，泻在平原之上，并且形成了一个中部微呈隆起，面积广阔的洪（冲）积扇。不仅如此，永定河在从今天的清河，逐步自北而南迁徙至今小清河一线，其间留下了许多湖泊、古河道。我们今天在北京所见到的古典园林，比如圆明园、什刹海、北海、中南海、龙潭湖，乃至南苑等，几乎都是永定河在迁徙过程中所遗留下的古河道、古淀泊，经过人工疏浚、挖掘，加上园林大师们用巧夺天工的建筑技艺建设而成的。所以，从某种意义上讲，如果没有永定河铸就的这一片"北京小平原"，没有永定河源源不断地提供孕育城市发展所需要的水源，就像母亲的"乳汁"一样，喂养、滋润，就不会有北京的诞生，自然也就不会有北京城的昨天和今天。因此，当人们一谈到永定河的时候，就往往会把它比作"北京的母亲河"。

根据这些设计的问题是：永定河为什么是北京的母亲河？学生通过对这一问题的思考和讨论，比较充分地认识了水循环对地表形态的塑造，我再引导学生得出了水循环的意义：使水资源更新、使能量转换、使物质迁移。

第三个情境是"永定河的现在"。使用的是"资料 2.3"。

资料 2.3

20 世纪 80 年代以来，北京一直水资源紧缺，为了满足城市用水，三家店以上永定河水几乎全部引入市区，使三家店以下 70 多公里的河道长年断流，河道两边土地沙化，近些年永定河沙石采盗猖獗，致使河道内沟壑遍布，河床裸露，每到冬春季节，西北风顺河道而下，京城顿时风沙弥漫。由于根本无水补给永定河，加上超采地下水，北京西部地区第四纪地下水已经全部枯干，永定河的生态系统已经受到严重破坏。

高

中地理教师专业能力必修

Gao Zhong Di Li Jiao Shi Zhuan Ye Neng Li Bi Xiu

根据资料2.3，我问学生："永定河的生态系统是怎样受到破坏的？"这就把学生引入到"人类对水循环的利用"的问题中去，最终总结出人类最容易利用的水循环的环节是"地表径流"；人类对地表径流的利用主要是从时间、空间两个方面，通过修水库、跨流域调水等人类活动进行改造和利用的。

这节重新设计的课获得了听课教师的好评。这个不断改进的备课和上课过程也让自己收获了很多。

案例2.3 分析

第二次上课又为什么获得了其他教师的充分肯定？因为这次课很好地体现了联系学生身边的自然地理事物、进行探究性学习、注重地理观察等自然地理学习的特点。

联系学生身边的自然地理事物——永定河和北京城是这节课的特色。通过对永定河"寻源"的方法展开水循环过程的学习；通过对永定河与北京城发展关系的认识，学习"地表径流"这个水循环环节对人类活动的影响。

努力体现探究学习也是这节课受到充分肯定的原因之一。授课教师通过三个情境的创设，引导学生自己去探索水循环的问题，在一定程度上体现出探究学习的"自主性""实践性""过程性""开放性"等特点。

第二次增加了两张地图的使用，这点也很有意义。自然地理教学的主要方法之一就是"观察"，地图则是可以用来"观察"的重要材料。

修炼建议

1. 把握自然地理教学的特点

在高师地理专业的学习中，自然地理课程一般开设得比较多，学习的内容系统且全面，所以一般大学毕业的地理教师都有比较好的自然地理知识和技能基础。年轻教师可以从中提炼出自然地理知识的特点，从而归纳出自然地理教学的特点，这些特点多具有自然科学的共同特点，如知识之间的联系比较密切，即俗话说的"一环套一环"；多通过观察、实验的方式获得等。自然地理知识比起其他自然科学更为宏观，空间和时间的尺度较大不宜把握，自然地理现象的影响因素比较复杂，需要野外工作，注重区域研究等等。

2. 了解高中学生的自然地理知识基础

因为自然地理知识的上述特点，教授新知识前了解学生对自然地理现象有了哪些了解和认识就十分重要，在学生已有知识的基础上进行教学会事半功倍。

3. 总结自然地理教学的主要策略

年轻教师可以先通过间接的方式，如阅读教育科学专著、其他教师的经验总结、观摩地理课来学习自然地理教学的策略。等到自己的教学经验积累到一定程度，可以自己总结特色的教学策略。

根据自然地理知识的特点，结合高中学生的年龄特征，年轻教师可以根据情况先尝试如下的教学策略：探究身边的自然地理现象、多用直观素材进行观察、科学探究的方法、室内实验、室外观察、野外考察、利用计算机软件进行模拟等。

这里仅就新课程后被地理教师倍加关注的探究教学展开说一下。

探究性学习指学生通过类似于科学家科学探究活动的方式获取科学知识，并在这个过程中，学会科学的方法和技能，科学的思维方式，形成科学观点和科学精神。探究性学习是一种学生学习方式的根本改变，学生由过去主要听从教师讲授，从学科的概念、规律开始学习的方式变为学生通过各种事实来发现概念和规律的方式。这种学习方式的中心是针对问题的探究活动，当学生面临各种让他们困惑的问题的时候，他就要作出各种猜测，要想法寻找问题的答案，在解决问题的时候，要对问题进行推理、分析，找出解决问题的方向，然后通过观察、实验来收集事实，也可以通过其他方式（如查阅文献资料、检索等）得到第二手的资料，通过对获得的资料进行归纳、比较、统计分析，形成对问题的解释。最后通过讨论和交流，进一步澄清事实、发现新的问题，对问题进行更深入的研究。

探究式学习作为一种学习方式，它不同于科学家的探究活动。与科学家的探究过程的主要区别在于，探究性学习必须满足学生在短时期内学到学科的基本知识和学科的结构，所以这个过程在许多情况下都要被简化，比如，提出问题这个环节，在大部分的教学活动中，都是由教师提出问题，或由教材提出问题。在获取事实这个环节，常常是由教师和教材来确定研究方法、步骤、所用材料等，这样就省去了学生设计实验的环节。探究性学习中也要给学生提供进行完整科学探究活动的机会，这样的活动虽然要用更多的时间，但对学生体验科学家的探究过程是非常必要的。

问题解决策略是自然地理教学中经常采用的一种课堂探究学习策略。"问题"的设计是"问题解决教学"的关键（如前面所述）。在具体的课堂教学中，问题解决教学课堂操作流程与问题的设计是一个相反的过程。问题的设计过程是考虑怎样设计问题，是从教学内容出发的；而课堂教学过程则是从"问题"出发的，呈现在学生面前的首先是情境，然后是情境中的问题。情境就像土壤，问题就像植被。没有土壤，植被就将不复存在，土壤越肥沃，植被就生长的越茂密。

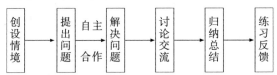

图2.3　问题解决策略操作流程示意

（1）创设情境：创设灵活化的、具有一定复杂性的问题情境，引发学生思考，进入活动状态。所谓"灵活化"就是问题富有开放性，可以引发学生多方面的思考，可以得出多种答案；所谓"复杂性"就是学生依靠某种单方面知识或单方面技能，无法获得圆满解决的问题。

（2）提出问题：提出问题的过程就是进行问题定向的过程，问题可以是教师提前预设，也可以是学生在课堂学习中生成。设计有思维联系和思维含量的"问题链"，引发学生思考，引领学生展开活动。

（3）解决问题：该环节是问题解决教学策略中活动的核心。学生根据提出的问题、任务，结合学习材料，进行自主、合作探究，最终解决问题。教师进行学习方法和学习策略指导，培养学生的"自主、合作、探究"的学习能力。

（4）讨论交流：学生在自主探究的基础上，展示问题的答案或任务达成状况；教师对学生的学习结果进行评价，对疑难问题进行引导，帮助学生解决疑难问题。

（5）归纳总结：每一个活动结束后，教师要引导学生得出相应的地理知识、规律、原理，掌握相应的地理技能；不同的活动结束后，教师要引导学生进行知识体系、能力体系的建构，最终完成教学目标。

（6）练习反馈：这是问题解决策略的最后一个环节。练习的设计应紧扣教学内容和能力培养目标及学生的认知水平。

在问题解决教学中，"活动"的设计是依托，就像种粮食需要土地、土壤一样；"问题"的设计是核心，要注意难度、梯度、密度，最好是形成一个思维的链条。

有教师把问题解决的策略归结为几"化"：知识结构化、结构问题化、问题情境化、情境生活化、生活学科化。

知识结构化：通过分析课标、教材，水循环这一节的教学内容主要包括水循环的概念、水循环的过程、水循环的环节和水循环的意义四部分。案例2.2的教师在最开始的教学中，用的是"水循环的类型"而不是"水循环的环节"，二者还是有很大区别的，类型似乎仍然停留在"学科本位"。

结构问题化：最简单的做法就是在四部分的后面，采取"标题＋问号"的方式，使知识问题化。这一点案例2.2已经做到了。

问题情境化：给问题找一个情境，这也许是最难的一个环节了。高中地理课堂教学的问题情境主要有以下一些类型：

①材料问题情境。教师提供丰富的文字、图像材料，把学生引入到一定的思维空间，以便发现问题、解决问题、建构知识。

②影像问题情境。运用现代化的信息技术手段，如计算机动画模拟、DV资料等，创设问题情境，使问题形象化、具体化，激发学生探讨问题的欲望。

③实验问题情境。新课标实施后，地理实验在教学中逐渐被重视，同时也在实际应用中起到了很好的作用。

④虚拟问题情境：如"假如你是……"在地理决策教学中的应用等。

⑤故事问题情境：如"这瓶矿泉水来自哪里"在水循环教学中的应用等。

⑥实践问题情境：如在正午太阳高度角的教学中，首先让学生进行课外观察，然

后根据这些观察结果设计的教学。

⑦操作问题情境：如利用材料作出三圈环流模式图等。

情境生活化：在教学设计中要设法通过学生感兴趣的、关注的、所熟悉的、身边的、与自己的生活密切相关的"问题"，来引发学生的求知欲、探索欲。例如在正午太阳高度角的教学中，可以把这个问题与"楼距""太阳能集热管"的倾角等生活中实际的问题联系起来展开教学。

生活学科化：地理在生活中，但生活未必皆地理。这一浅显的道理告诉我们，教师应该有一双"地理眼"，善于从生活中发现地理学科特色的生活，这样才能设计出生活味浓郁的地理问题，从而培养出具有"地理眼"的学生。

经过比较，案例2.3选择了实验问题情境，使得教学有了很大改观。

4. 用心钻研

所有优秀地理教师的成长都有一个共同的特点，就是"用心钻研"。就像这位年轻教师，一节课上得不满意，就会下功夫去改进，而不是得过且过。"用心"还有"留心"的意思，也就是说，优秀教师都很关注教育科学新的发展，留意别人创造的经验，也注意积累自己教学的心得，一旦发现更好的经验，就会积极学习，大胆尝试和改进，最终形成具有自己风格的教学策略。教师自己的"有意"和"用心"胜过任何"说教"。

专题三　人文地理教学

一、把握核心知识

案例3.1 阅读

我在讲"农业地域类型"时，完全按照市里指定教材的内容，把世界农业地域类型分为原始农业（包括游牧业、迁移农业和初步定住农业）、传统农业（包括稻作农业、传统旱作谷物农业、传统混合农业和地中海式农业）、现代农业（包括种植园农业、现代旱作谷物农业、现代混合农业、乳畜业、市场园艺业和大牧场放牧业）3大类13种不同的地域类型，然后根据教材，对原始迁移农业、传统旱作谷物农业、现代混合农业进行了案例分析。

让我困惑的事情发生在期末考试以后。我发现不管是期末考试，还是会考，只要是统考，命题者对另一套教科书中描述的农业地域类型比较偏爱。那套教科书与我上课用的在农业地域类型部分内容上差异极大，不仅农业地域类型的名称不同，而且选用的案例也完全不同。那套教科书选用的案例有：以种植业为主的农业地域类型（季风水田农业、商品谷物农业）、以畜牧业为主的农业地域类型（大牧场放牧业、乳畜业），再加上在解释农业地域类型形成时所举的澳大利亚的混合农业、在讲农业区位因素时提到的环地中海地区农业的发展，一共涉及3大类6种农业地域类型，给我的感觉比较典型，对于学生认识农业地域类型帮助也较大，而且统考命题者也喜欢。那我怎么才能准确把握人文地理中的核心知识呢？难道按教材教也会出问题吗？

案例3.1 分析

案例3.1的教学内容与"农业地域类型"有关，课标对该教学内容的要求是："分析农业区位因素，举例说明主要农业地域类型特点及其形成条件。"既然是举例说明，那么似乎举什么例子都可以，各个版本的教科书都没有偏离课标，但地域类型的分类却不一样。这样的例子在人文地理教学中并不鲜见，如"人口专题"中关于人口增长模式的阶段划分、"城市专题"中关于地域文化与城市发展、"工业专题"中关于工业地域类型的表述、"可持续发展专题"中关于走可持续发展的道路等内容，不同版本教科书都存在着很大的差异，或者说不同版本在章节的安排上都截然不同。"一标多本"为人文地理教学带来的问题可以归结为以下几条：

第一条：照本宣科。教材上有什么，教师就讲什么，教学仍然局限在教教材。在"一标多本"的指导思想下，目前使用的高中地理教材有四个版本，不同版本的编者对课标的理解不同、知识背景不同、思维方式不同，所以编出的教材差异较大，特别是人文地理，完全依据手中教材开展教学活动是有很大局限的。例如对于"人口增长模式"教学内容的处理，人教版分为原始型、传统型、现代型三种；中图版则分为"高高低"模式、"三低"模式、过渡模式三种，其中过渡模式又分为快速增长模式、增长下降模式两种；湘教版则又分为"高－高－低"模式、"高－低－高"模式、"低－低－低"模式三种；鲁教版分为原始低增长阶段、加速增长阶段、增长减缓阶段、低速增长阶段等四个阶段。照本宣科的教学还会导致教学过程枯燥乏味，学生课上缺乏兴趣和热情，课下落实靠背条条框框的教学局面，完全与新课程倡导的教育教学理念背道而驰。

第二条：随意增删。教学中有这样的现象，一方面，随意增加教学内容，加重学生负担。例如在《世界农业地域类型》的教学中，部分教师可能会本着贪大求全的心理，将所有的农业地域类型都教给学生，这样就无形中增加了学生的负担。另一方面，随意删掉教学内容，造成课程内容的缺失。例如在《农业生产对地理环境的影响》的教学中，部分教师会觉得这些知识只是一些理念性的东西，让学生读一读就过去了，有些教师可能连读都不让学生读，简单提几句就过去了。殊不知在课标中有"结合实例说明农业生产或工业生产活动对地理环境的影响"这一条，人文地理课标共3大条16小条，这条就是其中的一条，说明了它的重要性。这也正是新课程、新教材强调对学生进行人文素养的培养的主要体现，教师应该认真挖掘其中的教育教学内涵，不可随意删掉和简单处理。

第三条：讲错跑题。由于对一些核心概念的理解出现问题，导致教学中的一些错误出现，这样的例子也比较多。例如对"城市的空间结构"与"城市的地域结构"这两个概念的理解，很容易出现二者混淆，或者把"城市的地域结构"等同于"城市的服务范围"。再如对"环境承载力"与"人口合理容量"两个概念的理解和把握上，课标中的要求是"说出环境承载力与人口合理容量的区别"，一些教师很容易把二者的区别简单化为"最大人口"与"合理人口"的区别，实际上这两个概念中还含有影响因素的区别。环境承载力是区域资源、区域环境的最大值，人均消费的最低值，在这个基础上来谈人口容量，它的影响因素主要是资源的保有量，包括土地资源、水资源、生物资源、矿产资源等，当然科技发展水平、人类文化水平也会影响到环境承载力。人口合理容量是在不降低生活水平、环境质量，同时又不妨碍后代生活质量的前提下来谈人口容量，其影响因素有自然的、社会的、经济的、科技的，还有地域开放程度等等，其社会因素要多于自然因素，这也是人口合理容量与环境承载力的不同。

人文地理教学也容易出现跑题现象。如果某一部分教学内容刚好是教师熟悉的、喜欢的，教师有可能借题发挥，离题万里地"神侃"一通。例如在《人类面临的环境问题》的教学中，针对全球变暖、臭氧层破坏、大气污染与酸雨等环境问题，教师有可能尽情发挥，这样其实也是对课标理解不准确的表现。课标中的要求是"根据有关资料，归纳人类所面临的主要问题"，而并不是对某几个具体的环境问题展开深入的教学。

案例3.2 阅读

课标对这一部分内容的要求是"举例说明地域文化对人口或城市的影响。"我国现有的四套高中地理教科书中，有的版本将这个内容放到"人口"部分，有的放到"城市"部分。旧教材中没有此类教学内容，是高中地理课程标准新增加的教学内容，内容把握上难度较大。我是北京的教师，就结合北京的城市文化上了这么一课。

在对地域文化的概念作了简单的说明之后，我引入著名建筑学家吴良镛的一句话："地域文化积淀、存留于城市和建筑中，融会在人们的生活中，对城市的建造、市民的观念和行为起着无形的影响，是城市和建筑之魂。"我问学生："该如何理解吴良镛先生的话？"学生通过讨论，总结出："这句话说明地域文化可能对城市和建筑的影响很大。"我用这段话建立起"地域文化"与"城市建筑"之间的联系。

我又提出一个问题："对于地域文化的研究，我们选取什么作为研究的切入点？"

学生通过思考，逐渐把思路统一在"建筑"上。我进一步把学生的思路引到"北京"："那我们要研究北京的地域文化与北京城市的关系，可以从什么建筑入手？"学生异口同声："四合院！"我说："北京最突出的建筑是四合院。研究北京市的地域文化，必须从研究四合院开始。那就让四合院告诉我们北京的地域文化是什么。"

引出四合院之后，我并没有直接讲北京的四合院，而是先使用投影让学生观察我国各地的四合院。南方的湖北、湖南、江苏、浙江、安徽、福建、广东、云南等省，北方的北京、山西、陕西、吉林等省、市都有四合院建筑。我这样做是告诉学生，四合院并不是北京特有的建筑，同时也为后面的教学留下了悬念。北京的四合院与全国其他地区的四合院相比，有自己独特的东西，这也就是北京的地域文化的共性和个性所在，只有把握住了北京地域文化的个性，才能真正理解北京的地域文化，也才能解开北京地域文化对北京建筑的影响，进而通过北京市地域文化的特例，理解地域文化对于城市建筑风格的影响，达到课标的教学要求。

同样都是四合院，但其文化背景和文化内涵是有区别的。我拿出三幅四合院的院落图让学生比较，找出不同所在。

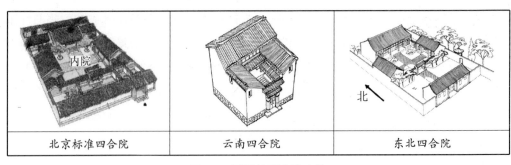

| 北京标准四合院 | 云南四合院 | 东北四合院 |

图 3.1 不同的四合院建筑

比较完成后，我又让学生分别比较位于门头沟区爨底下的山地四合院、北京丰台地区一个四合院和北京传统四合院的不同。学生通过讨论、分析，最后得出结论：位于丰台区的四合院，不是完全符合北京标准四合院的格局，属于北京地域文化的变异；门头沟区爨底下的山地四合院更是与北京市标准四合院不同，是历史上其他地区文化与北京文化交流的结果。

那么，北京城市的建筑体现的到底是北京的什么文化呢？我使用投影打出北京市的故都建筑，让学生理解北京传统四合院所体现的北京市的"都城文化"。

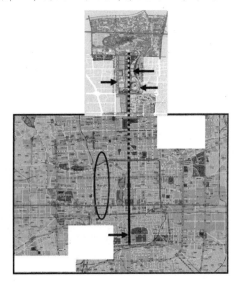

3.2 都城文化对奥林匹克公园建设的影响

课到这里并没有结束，我紧接着引导学生探讨北京市地域文化对现代建筑的影响，具体的例子是都城文化对奥林匹克公园的影响。（见图 3.2）

案例3.2分析

案例 3.2 告诉我们怎样算比较好的把握了核心内容。课标的要求是："举例说明地域文化对人口或城市的影响"，在实际教学中，这个内容容易上成讲"地域文化"，本节课则很好地抓住核心内容，从不同角度深入探究了北京地域文化对北京城市建筑和建筑布局的影响。

这里面可能会产生一个疑问：单个的、具体的案例是不是核心知识？如果是，那么关于"地域文化对城市的影响"可以举出很多例子，这不是又增加了教和学的负担了吗？中学教师在这方面的担心、顾虑、疑问是有道理的。前面已经提到，核心知识不只是陈述性的知识，单个的、具体的案例肯定会涉及大量陈述性知识，但更重要的是还包括大量程序性知识和策略性知识，即通过学习获得的"地理技能"和"地理方法"。我们通过案例教学的目的，主要还在于"程序性知识"和"策略性知识"。例如，学生从对北京、云南、东北四合院的比较到归纳总结北京的地域文化特点，培养了学生的比较能力、观察能力、归纳总结能力。从北京故宫的布局、再到现代化建筑——奥林匹克公园的建设，对北京市的地域文化做了很好的拓展和延伸，充分培养了学生知识的迁移能力，也渗透了情感、态度、价值观的教育。

修炼建议

1. 研读课程标准

人文地理教学中研读地理课程标准仍旧是把握核心知识的基本途径。不同版本教科书对一些人文地理处理有不同的地方，这是正常现象，而且主要是一些细节，如阶段的划分、人类活动的分类等。课程标准要求掌握的往往不是这些细节，而是通过这些细节获得的地理原理和地理方法。

2. 参考不同版本的教科书

不同版本教科书中的素材、活动设计等可以直接用于教学中。例如，关于"根据有关资料，归纳人类所面临的主要环境问题"的课程标准，不同版本的教材处理是不一样的。（见表3.1）

表3.1　不同版本教科书编排举例

人教版（地理2）	中图版（地理2）	鲁教版（地理3）	湘教版（地理2）
二、直面环境问题 1. 环境问题的类型 （1）资源短缺 （2）生态破坏 （3）环境污染 2. 环境问题的原因 3. 环境问题的差异 （1）地区差异 （2）城乡差异 （3）国家差异	探索：地球的委屈、不幸与悲哀 一、全球气候变暖 1. 原因 2. 危害 二、臭氧层的破坏 1. 原因 2. 危害 三、大气污染与酸雨 1. 大气污染 2. 酸雨 案例研究：中国的土地荒漠化问题	（无专门章节，渗透在其他章节之中）	一、环境问题的概念与类型 （一）什么是环境问题 （二）环境问题的类型 二、人类面临的主要环境问题 （一）部分资源趋于枯竭，人均资源拥有量减少 （二）生态破坏，生物多样性受损 （三）环境污染，人类生存环境质量下降

人教版、湘教版均阐述了环境问题产生的原因，并对人类面临的环境问题从总体上做了分类，有利于学生从理论的高度理解环境问题，从总体的角度把握环境问题，也符合高中学生理性思维能力较强的认知特点。中图版则采用案例教学的特点，主要阐述了"全球变暖""臭氧空洞""酸雨"三个主要的环境问题，有助于学生掌握分析环境问题的基本思路和方法，对所涉及的具体环境问题也能做到系统的了解。

在参考不同版本的教科书时，课堂教学总量一定要控制好，避免过度教学。

3. 了解新、旧教材的不同

新课程实验后参加工作的年轻教师本来没有旧教材的概念，但在参加教研活动或观摩老教师课的过程中，肯定会有旧教材的影子，而且人文地理部分新、旧教材的差别比较大。在这个背景下，了解一下新、旧教材的不同也是有好处的。

新课标教材与旧教材相比，在结构、内容、文字、图像、栏目等方面都发生了很大的变化。从结构上看，课标版教材选取了"人口的变化""城市与城市化""农业地域的形成与发展""工业地域的形成与发展""交通运输布局及其影响""人类与环境的协调发展"六部分作为人文地理的必修内容；而大纲版则主要由"人类的生产活动与地理环境""人类的居住地与地理环境""人类活动的地域联系""人类面临的全球性环境问题"等四部分组成。两相比较，差异显著。从内容上看，"人口"在大纲版中是选修1的内容，在课标版中变为必修，这是在内容上最大的变化。在大纲版中，城市部分主要包括城市区位因素、城市化两部分，城市空间结构、城市地域结构都属于选修1的内容；课标版中城市区位因素分析删除，城市空间结构与城市地域结构则变为必修内容。农业、工业、交通等教学内容都发生了很大变化。这就要求教师一定要深入分析，避免旧教材使用习惯和思路对新教材使用的干扰。从栏目上看，课标版增加了"读图思考""活动""阅读""案例"等栏目，形式更多样，有的版本还增加了"问题研究"，教师要充分地关注这些显著的变化，充分地开发其教育教学功能，更好地为教学服务。

4. 加强阅读，坚持学习新的知识

从人文地理知识本身来说，它的复杂性使得人文地理教学难度加大。人文地理由于是在自然地理基础上叠加了人类活动，所以其要素构成、要素之间的相互关系要比自然地理复杂很多；人文地理各要素及其变化也要比自然地理复杂，人文地理现象的形成一般都是在很长的历史时期，综合各种因素形成的。在新课程改革中，高中人文地理的教学内容又发生了巨大的变化。从人文地理教学的特殊性看，因与社会生产生活关系密切，需要不断补充新的知识、利用新闻时事，都需要地理教师具备较高的人文科学素养，所以多看书，扩大自己的知识面，是把握人文地理核心知识，提高人文地理教学的重要途径。

二、熟悉教学策略

案例 3.3 阅读

我在讲"农业区位因素"的时候，一般是依据课本设置问题，学生找到答案后，我再举例进行拓展讲解。例如下面的教学问答：

我：影响农业区位的自然因素有哪些？

我：气候、土壤、地形……

我：气候怎样影响农业区位？

生：首先，气候通过气温影响农业区位。受地球表面温度带的影响，农作物的地带性分布十分明显。

我：例如橡胶作为一种经济作物，它对种植区域的选择不仅要求年平均气温较高，而且要求冬季无寒潮入侵，所以其种植范围受到很大限制。

生：其次，气候通过降水影响农业区位。

我：例如，水稻种植需水量大，主要分布在湿润多雨地区，小麦种植需水量少一些，主要分布在降水较少地区。

我：土壤怎样影响农业区位？

生：土壤不仅是农作物的生长之地，也是农作物所需多种养分的主要来源。因此，土壤的肥沃程度对农业的影响较大。

我：东北的黑土、华北的黄土、南方的红壤……

我：地形怎样影响农业区位？

生：地形平坦的平原地区，土层深厚，易于灌溉，便于耕耘，适宜发展种植业。山地丘陵地带，地形崎岖，不易耕作，开辟农田容易引起水土流失，适宜发展畜牧业和林业。

我：内蒙古高原和青藏高原的畜牧业，三大平原的种植业。

我：影响农业区位的社会经济因素有哪些？

生：市场、交通、政策、劳动力、地价、农业技术……

我：市场怎样影响农业区位？

生：市场对于农产品的需求决定农业生产的类型和规模。因为农产品必须拿到市场上销售，才能实现价值，进而赢利。

我：北京冬季大白菜的生产。

我：交通怎样影响农业区位？

生：交通运输条件历来都是农业区位选择的重要因素。距离市场远，运费就会增加。尤其是对容易腐烂变质的产品，更需要方便快捷的运输条件。

我：现代交通运输与保鲜冷藏技术对集约化农业的影响。

我：政策怎样影响农业区位？

生：政策是各国政府用来调整农业生产、促进农业发展的重要手段。

我：20世纪90年代，德国通过补贴推广向日葵的种植，以提高食用油产量。短短两年之内，向日葵播种面积显著扩大。

我：农业技术对农业区位的影响。

我：社会经济因素的变化。

……

我用这种教学方法上课已经有十几年了，用起来得心应手，学生也没有表现出太多的不适应。

案例3.3分析

案例3.3中的教师依据教材上课，尽管有问有答，但是从总体上看仍然采用的是讲授法，表现出来的教学思想仍然是"学科中心"，没有很好体现对学生能力的培养。而且因为人文地理教学自身的特点，如果策略选择不当，还会出现"讲者乏味、听者索然"的现象。另外一种可能就是有时候教师会觉得没得讲，要讲的书上都写着，于是只能对着书读，至多教师和学生共同来处理教材，更使得整个教学过程平淡乏味，没有思维含量，激发不起学生的学习兴趣。概括来讲，目前人文地理教学的问题主要有以下一些方面：

问题1：教学策略单一

只用讲授法进行人文地理的教学，这是普遍存在的现象。理论上讲，任何一种教学方法只要运用得当，都会取得一定的教学效果。但对于人文地理教学来说，长期使用单一的讲授法教学，缺点也是显而易见的。人文地理中有不少情感、态度、价值观的教育内容，也有不少内容结论是开放的，有助于培养学生的地理思维、独立思考的能力和创新精神。人文地理教学不能仅限于课堂教学，还应该让学生适当地走出课堂。例如，在人口问题教学中，完全可以让学生针对自己家族，展开关于"人口增长"、"人口迁移"的调查。这些调查由于就在学生自己身边，所以操作难度并不是很大，而且学生还很感兴趣，通过调查后让学生在课堂上展示交流，有教师的实践证明效果还是很不错的。

问题2：缺乏情境创设

教学情境的创设在人文地理教学中具有非常重要的地位。好的教学情境能够唤醒学生的个人体验，调动学生的学习激情，尽快进入学习状态；好的教学情境蕴含着丰富的信息，使得课堂教学有血有肉，丰富多彩；好的教学情境充满了矛盾与冲突，能够带给学生具有一定思维含量的问题，点燃学生思维的火花；好的教学情境还具有饱满的情感态度价值观的内容，本身就是对学生的感染和教育。例如，在案例3.3《农业区位因素》的教学中，教师就没有创设教学情境，只是面对教材干巴巴地进行逐条分析，这样的教学必然缺乏吸引力。如果选择一些材料，或者选择一个特定的区域，在具体材料、具体区域之上，老师通过设计问题，让学生充分思考、活动，最后得出结论，其教学效果一定会好于单纯的解析教材。

问题3：问题设计不科学

"问题"是在"情境"之中的，"情境"好像土壤，"问题"好像土壤之上的花朵。案例中《农业区位因素》的教学，看似老师在不断地提出问题，但是这些问题由于缺乏情境的支持，显得了无生机。问题应该是有层次的，从封闭性问题到半开放性问题、再到开放性问题，层层递进；问题应该是有逻辑性的，是沿着一定的知识建构路线展开的思维障碍点，学生如果攻克了这些思维障碍点，就能够获得知识的建构；问题应该是有结构的，问题点、问题线、问题环等，这些问题结构一定程度上就是课堂的结构，就是知识的结构。

问题4："活动"操作性差

新课程改革强调"学习方式转变"的理念，使得课堂活动的设计成为课改的关键。受课堂教学时间、空间的限制，课堂活动主要有学案导学式活动、情境问题式活动、动手操作式活动、辩论表演式活动、调查汇报式活动等。在人文地理教学中，教师设计的活动一定要便于操作，要达到一定的教育教学预期和目的。有些活动过于简单，学生不需要费太大的劲就能很轻而易举地获得。例如让学生读书总结"农业地域类型"，书上已经写得很明白了，学生只需要读读书就可以了。有些活动又太大、太泛、太难，学生无从下手。例如在"可持续发展"教学中，老师会问一些"你认为怎样才能实现可续发展"这样的问题。由于可持续发展包括自然、社会、经济、文化等诸多方面，是一个十分庞大的系统工程，这样的问题会让学生无所适从。

问题5：知识条理性不够

新课程改革后，课标版教材的系统性降低了，但这并不意味着不要系统性。现在很多教学仿佛只要有学生活动就可以了，只要有学生学习方式的转变就可以了，实际上这是一种误解，不管怎样转变学习方式，最终还得让学生形成知识建构。在人文地理教学中，知识的系统性、结构性问题尤其值得关注，这是因为相比自然地理，人文地理的内容变化更大一些。教师在备课的过程中，首先自己要理清知识结构，然后顺着一定的结构选择情境、设置问题、组织活动，这样才能有的放矢。

问题6：与生活联系不紧密

就理论教理论，理论与实践脱节，也是传统教学中存在的主要问题，在新课程改革中，要努力扭转这种局面，让学生学习对"生活有用"、对"生产有用"的地理。我国基础教育最主要的问题是与现实生活、生产相脱节。在人文地理教学中，存在着许多与生产、生活密切相关的知识点，与生活、生产相结合，是地理教学的特色，尤其是人文地理，这是地理教学永不枯竭的动力之源！

"通向可持续发展"的内容，我是以"门头沟区的生态修复"为例进行教学的。为了让学生有一个总体的了解，上课后，请一位学生根据事先准备的幻灯演示文稿介绍门头沟区：山清水秀，地灵人杰，作为北京西部的生态屏障，门头沟区优美的自然风光吸引着每一个学生……就在大家陶醉于优美风光的时候，我话锋一转："经过介绍，大家都会感觉到门头沟太美了！但是，在这美丽的背后，我却听到了这样的故事。"接着我在屏幕上打出一张环境优美的小山村的图片、一张小山村通过炸山取石赚到第一桶金的图片和一张生态破坏导致"蛇进屋"的图片。这三张图片，构成了一个村子发展的故事。故事讲完后，我问学生："为什么会发生发生'金飞来、蛇进屋'的现象呢？怎样解决'蛇进屋'的现象呢？"

学生开始了热烈的讨论。有的说"炸山取石"的过程中，蛇居住的洞穴遭到了破坏；有的说没有植被了，蛇无处藏身了；有些说蛇没有食物了……最后大家一致认为，"炸山取石"破坏了当地的生态环境，要想解决"蛇进屋"的现象，必须恢复当地的生态环境，也就是要搞"生态修复"。

听到这里，我禁不住笑了。话题转到门头沟区。上课前，我曾组织学生分小组，进行了广泛的社会调查。学生们了解到，门头沟区作为北京西部的生态屏障，不光是这个村子需要生态修复，全区还有许多需要进行生态修复的地方。环境优美、人文荟萃的门头沟区怎么会跟"生态修复"联系在一起呢？这是课上要讨论的第二组问题。我请学生汇报自己的调查结果。学生一共分了四个"生态破坏调查"小组，分别调查了"门头沟区的采煤业""门头沟区的石灰业"、"门头沟区的采石业"、"门头沟区的采沙业"。

听完汇报，我对学生说："通过上述几位同学的发言，大家看到了门头沟区面临的环境问题，主要就是采矿业等造成的生态破坏，这与建设生态涵养区很不相符。所以区政府围绕北京市总体规划，确立了'修山补山'的生态修复战略，力争通过较短的时间，恢复门头沟区秀美的山川景观。那么怎么进行生态修复？"我又请"生态修复小组"汇报。负责了解"生态恢复"的小组也是四个，他们分别汇报了"废弃石灰矿修复的典型——潭柘寺灰窑遗址公园"、"采砂废弃地修复的典型——永定大砂坑生态修复工程""废弃采石场修复的典型——妙峰山镇采石场生态修复工程"和"废弃煤矿修复的典型——改造废弃矿洞进行蘑菇养殖"。

下一个问题就是"生态修复之后怎么办"，这个环节我让学生自由发言，我的工作是介绍全区的发展规划。最后大家一致认为，门头沟区发展旅游业、观光农业是符合今后可持续发展方向的。

最后一个环节是理论提升、拓展延伸。我讲了生态修复与经济、社会可持续发展的关系："从可持续发展的基本理论来看，生态修复很好地实现了生态可持续发展，但是如何实现经济可持续发展、社会可持续发展却是问题的关键。如果没有经济可持续发展、社会可持续发展，那么修复的生态也可持续发展不了！门头沟的生态修复只是一个缩影，往大了看，北京市、中国、世界都有着许多等待修复的地方，生态修复大有可为，生态修复是人类走可持续发展道路的必由之路。"

案例 3.4 分析

如何避免前面提到的问题，案例 3.4 给了我们一些启示。关于"协调人地关系的主要途径"的教学，教师可以选取、编写不同的案例，让学生体会到怎样才能结合实际走可持续发展之路。案例 3.4 的教学设计紧紧抓住了学生自己身边的可持续发展素材，指导学生开展社会调查，并且指导学生在课堂上通过展示、交流、总结，提升理论认识水平，整个调查过程就是学生向社会学习的过程，整个演示过程就是学生向同学学习的过程，这种策略就是人文地理教学中的事件调查策略。这节课五个教学环节中，有四个是由学生展示他们的学习成果，内容都是经过社会实践调查得来的。调查的过程就是一个学习的过程，而且学习的不仅仅是知识，还有能力、方法，还有社会和人生的经验。这些东西都是书本上学不来的。在这节课的准备过程中，教师带领学生走访了区环保局、水务局、园林局、规划办、科委、科协等大大小小若干个部门，还带领学生实地去采砂废弃地修复的典型——永定大砂坑生态修复工程、废弃采石场修复的典型——妙峰山镇采石场生态修复工程参观考察。特别是永定大沙坑的生态修复，总书记胡锦涛等九大中共中央常委亲自去植树造林，在首都影响很大，其中还有共和国的将军们造的"将军林"。这些都对学生进行了潜移默化的爱国主义教育。

从案例 3.4 中还可以看到教师是如何转变教学方式的。在这节课中，教师仅仅是一个帮助者、组织者、主持者，主要的任务是烘托气氛、点拨疑难点、进行理论上的总结与提升。当时听课的人员一致认为，授课教师在课堂教学中地位的转型是成功的，值得借鉴。

修炼建议

1. 了解适合人文地理内容的教学策略

案例 3.4 主要采用的是事件调查策略。适合人文地理的教学策略还有很多，下面列出一些，年轻教师可以在模仿的基础上逐步形成具有个人特色的教学策略。

让学生亲身体验。很多人文地理的教学内容都可以让学生去体验，例如动手画，在"联系城市地域结构的有关理论，说明不同规模城市服务功能的差异"课标的教学中，教师设计了以下活动：试着在上海市这张图上，来画一画不同等级城镇的服务范围。一个是上海的中心城，然后找到它的西南方向的青浦县城，青浦县城西南方向的朱家角镇。在画的过程中同学可以体会一下三个不同等级城镇服务范围怎么确定、有什么关系，可以和周围的同学讨论讨论。在画的基础上，就很容易理解城市的中心地理论，并进而理解城市的地域结构。再如动手算，人口环境容量体现了人口的发展与环境可持续发展的基本关系。木桶效应原理告诉我们，这只木桶当桶底的面积确定之后，它能够承载或者说它能够容纳水的多少主要取决于最短的那块。假如木板代表的是自然资源，这个木桶的容量其实就体现了环境的承载力。在进行人口环境容量的教学中，可以给学生一组区域人口、水资源、土地资源的数据，通过学生的分组活动，计算出不同区域的人均资源数，然后确定哪个资源是束缚该区域人口发展的主要因素。这个过程就是一个模拟计算的过程，尽管计算的结论可能不是非常准确，但是通过计算，学生才能体验到人口的发展与环境的可持续发展之间的关系。

问题研究。新课标教材中增加了很多新栏目，比如中图版教材中的"课题"和"案例研究"（见表3.2）。这些栏目并不是可有可无的，也并不是教材的点缀，这些内容都具有非常高的教育教学价值。

表3.2　中图版教科书中的"课题"和"案例研究"

	课题	案例研究
第一章人口的增长、迁移与合理容量	调查家族人口的增长和迁移	◆关注人口变化模式 ◆德国移民 ◆中国人口究竟多少才合适
第二章城市的空间结构与城市化	读地图和照片研究城市变化	◆南京城市用地规模与结构 ◆中国的郊区城市化 ◆徽州文化
第三章生产活动与地域联系	分析生产活动对环境的影响	◆欧洲的农业模型 ◆高新技术产业区的区位选择 ◆石家庄的变化
第四章人类与地理环境的协调发展	关注你身边的环境问题	◆中国的土地沙漠化问题 ◆不同的做法、不同的结果 ◆中国可持续发展15年概述

角色扮演。例如在学生资源观、环境观的教育，尤其是可持续发展思想的教育中，可以选择一个不是特别真实，但是又非常典型的一个案例，让学生发表自己的见解，通过角色扮演，实现三维目标。角色扮演有很多的好处，首先，有助于学生学习理论知识，当学生扮演某个角色时，他就要替这个角色说话，就要有一些理论的依据，准备过程就是学习的一个过程。其次，有助于培养学生交流的能力。再次，教会学生换位思考，培养学生合作意识。在角色扮演中，尽量避免角色过大，比如国务院总理、联合国秘书长之类，尽管对这些角色学生会比较感兴趣，但是宏观的角色实际上并不能真正的激发孩子内心的体验，学生并不很了解这些角色会是一种什么样的状态，会

说些什么，在课堂上就会说一些官话、套话。角色细化，很小，让学生能够通过一个研究，真正了解这个角色，可能就是家长，或者是出租车司机，很小的一种角色，对于他们来讲，可能就好一些。

决策教学。人文地理所讲述的问题绝大多数与人类的"衣食住行"有关，很适合决策教学的开展。例如在"农业"的教学中，老师以《北京的农业发展点啥》为题开展教学，以此带动学生对"农业区位因素"、"农业地域类型"的学习，这就是一个很好的决策主题。决策是一种情境，一种生产的情境、生活的情境，与学生的生活、生产体验相联系，很容易被学生接受；决策是一种任务，会产生课堂教学中的任务驱动力，在这个任务完成过程中，会需要很多的信息、资料，另外，完成任务过程，本身就是一个活动；决策是一个问题，是一种训练学生发现问题、分析问题、解决问题的绝佳角度；决策是一种素质，一种建设者的素质、领导者的素质，对于培养适应未来社会的合格公民具有重要价值。

运用材料。地理资料主要有图像资料和文字资料两种，一般情况下，这两种资料都是配合运用。地理资料的运用可以使教学更加丰满，围绕材料设计问题，根据问题开展自主学习、合作探究，这样的学习活动一方面确立了学生在课堂学习中的主体地位，另一方面又有利于学生能力的培养、情感态度价值观的养成。例如，在城市化的教学中，可以用两则新闻报道作为教学材料。2002年11月29日中新网刊登消息："北京石景山区改革户籍制度万余农民变城镇居民。"当年12月1日，石景山全区为尚为农业户口的15535人，一次性整建制变更为城镇居民。这个举动的背景是：经过改革开放20多年的建设和发展，石景山区已形成"大城市、小农村"的格局，农业人口仅占全区常住人口的5%，农村耕地不足1万亩，城市和农村已融为一体，农村的生产方式和生活方式与城市已基本趋同。石景山区农村的大部分耕地被征用，全区农村产业结构已基本被第二三产业所取代，全区形成了城市包围农村的格局，农村城市化已是必然发展趋势。北京2003年4月2日北京报纸上又登出一条消息："户籍制度重大改革每年京郊五万人农转非。"从2003年4月1日起，北京市郊区新生儿和具有农村户口的在校学生，可自愿转为北京城镇户口。材料给出以后，教师可以引导学生思考，这些消息除了告诉我们北京有越来越多的农村人口转变为城市人口外，还揭示了什么更深层次的东西？教师可以找来这些地区的历史资料，和学生一起分析上述现象出现的背景，分析城市化的进程和特点，进而上升到理解全球的城市化进程和特点。

2. 增加自己的人文修养

专题一中已经提过类似的建议，这里还需要强调一下。新课程实施后我们发现一种现象，就是自然地理部分的教学不管讲多深的内容，教师都认为是应该学的，都不会提到那个知识是否与学生的日常生活有关系，但对人文地理就是另外一种标准，就会有"某某事情是某某部门去做的，要中学生学它干什么"，也许这"某某事情"正是学生每天都生活其中、受其影响的。猛一听，有些不好理解，仔细一想，相对自然地理来说，高师地理专业人文地理教育的历史比较短，课程基础远不如自然地理，特别是老教师，自然地理很熟悉，而人文地理本身新东西很多，对它就比较生疏。有一句话说得有道理："自己都搞不懂的事，怎么去教学生。"教师自己喜欢、自己熟悉的内容，教起来就会得心应手，也容易让学生喜欢；自己不熟悉又不太感兴趣的内容，自然很难让学生也喜欢。所以，人文地理教学修炼的建议，最基本的就是提升教师自己的人文修养，增强自己对人文地理内容的"感觉"，多阅读人文地理方面的书籍、报刊文章，这样才能深入浅出，避免出现教人文地理就是教学生背"条条框框"的局面。

专题四　区域地理教学

　　学生学习了"地理 1""地理 2"后，基本了解了地理环境的组成、地理环境对人类活动的影响、人类活动对地理环境的影响及人地环境协调发展等有关知识，在这个基础上，"地理 3"帮助学生进一步了解如何应用有关的地理原理实现区域的可持续发展。"地理 1"和"地理 2"目的在于使学生能从总体上理解和把握人类与地理环境协调发展的基本原理。"地理 3"则是在上述的基础上，使学生结合"区域可持续发展"，学习将人类与地理环境协调发展的基本原理应用于实践。因此，从"地理 1""地理 2"到"地理 3"，是一个理论应用于实践的过程，是培养学生"学以致用"的过程，更是从区域的角度认识可持续发展的新的学习过程。

一、把握核心知识

案例 4.1 阅读

　　我在教中国江苏省工业化和城市化的探索的内容时，结合教材，设计了如下教学过程。

　　首先，我带领学生学习了工业化与城市化的概念和指标。我解释了工业化的概念：所谓工业化，通常指机器大工业在国民经济中不断发展并达到占主导地位的过程，即国民经济结构发生了从以农业占主导地位向以工业占主导地位的转变。工业化指标是农业产值占国内生产总值的比重降到 15% 以下，农业就业人数占全部就业人数的比重降到 20% 以下。城市化是指城镇人口占总人口的比重超过 60%。居住在城镇地区的人口占总人口比例增长的过程，是农业人口向非农业人口转变并在城市集中的过程。城市化表现为城市数目的增多、城市规模的扩大、城市人口比重的上升。工业化是城市化的动力，城市化又反作用于工业化。我让学生读图并思考：中国目前的工业化、城市化水平与国际通用标准在哪些方面存在差异？要推进中国的工业化、城市化，需要在哪些方面努力？

　　然后我开始和学生一起分析江苏省的工业化和城市化过程。学生通过读江苏省的人口和建制市分布来了解江苏省的城市级别，每个级别的城市数目的多少、有何分布特点。在此基础上由我来讲解江苏省的城市化。我告诉学生，江苏省有全国特大城市和大城市 5 个、中等城市 9 个、小城市（含县城）45 个；约有 12 个地级市、27 个县级市。这些城市大致沿京杭大运河和长江分布，集中在长江三角洲地区。我又让学生读江苏省产业结构的变化表和江苏省工业内部结构的变化表，问学生江苏省是否已经实现了工业化。学生发现，江苏省的农业比重已经低于15%，但农业就业人口仍然高达42.7%，远远高于20%的标准，城市化水平仍然没有达到60%以上。所以江苏省离工业化还有一定的距离。

最后的环节是引导学生探究江苏省工业化和城市化过程中出现的问题及解决措施。问题主要是两个：对城市化的内涵认识不够全面，工业化和城市化过程中产生了环境问题。怎样解决这些问题？我讲解了一些措施，如调整行政区划；"组团式"发展城市群，建设三大"城市圈"；以工业发展促进小城镇的建设；进城农民的利益得到体制和政策的保证等。

案例4.1分析

案例4.1中教师对教学内容的处理，基本上还停留在就教材教教材的水平，本节课结束后，留在学生脑海中的核心知识恐怕就只有"江苏省的工业化与城市化"了。这种教学结果将直接导致学生迁移能力差，因为学生所获得的只是一些"下位知识"，"上位知识"教师没有总结出来，在教学中也没有显示出来。这只是区域发展教学中容易出现的问题之一，此外还有一些经常出现的问题，我们一起列在下面。

问题1：就案例教案例

在高中必修三区域可持续发展教学中，案例本身并不是学习的最终目标，关键是让学生通过案例的学习，获得研究同类问题的思路和方法。可是在教学实践中，我们发现部分老师的眼光总是盯着一个个具体的案例。例如，讲"水土流失"只知道黄土高原，讲"荒漠化"只知道中国西北地区，讲"农业"只知道东北地区，讲"工业化和城市化"只知道珠江三角洲。这种案例教学的结果仅仅是让学生记住了某些具体的案例，可以称作案例教学的灾难。案例4.1的教师基本上就是就案例教案例。教材上有什么，教师就教什么，而且把这些知识点当做教学的最终归宿。这样一节课学习结束后，学生可能会对三个问题有比较清晰的认识：一是工业化与城市化的概念和标志，二是江苏省的工业化和城市化的现状，三是江苏省工业化与城市化的问题和对策。第一个问题仿佛就是为第二、第三个问题做准备的。教师没有提升、没有拓展，就工业化和城市化教工业化和城市化，就江苏省教江苏省。

问题2：主案例把握不准

2003年颁布的《普通高中地理课程标准（实验）》，在第三部分"内容标准"关于地理必修三的说明中，明确提出："'区域可持续发展'部分，选择符合'标准'主题的区域，采用案例分析方式编写教科书和开展教学。本部分至少选择3个中国案例、1个外国案例。"这就使得案例教学成为"区域地理"教学的主要方式。通过对人教版、中图版、鲁教版、湘教版的统计分析，四个版本围绕7个主题，共编写了15个主案例。其中被3个版本选用的有4个案例：鲁尔区、田纳西河、东北地区、珠江三角洲；被 2 个版本选用的有 2 个案例：西北地区、黄土高原；被 1 个版本选用的有 9 个案例：亚马孙热带雨林、洞庭湖、长江流域、美国农业、江苏省、西气东输、南水北调和东亚的产业迁移（见表 4.1）。如果说案例提升、案例拓展是案例教学的第一要务的话，那么关于主案例本身的剖析就是案例教学的第二要务。如果连案例本身的剖析都不够的话，那根本就谈不到提升和拓展。例如在案例 4.1 的教学中，教师可以从江苏省发展工业的区位因素分析入手，先探索江苏省的工业化，再探索江苏省的城市化，然后是工业化与城市化过程中出现的问题和对策，这样的探究线索符合学生的认知过程、符合工业化与城市化的发展过程。

表 4.1   四个版本高中必修三教科书案例的选取

区域可持续发展主题		案例名称	选用版本	课程标准
区域生态环境建设	荒漠化的危害与治理	西北地区	人教版、湘教版	以某区域为例，分析该区域存在的环境与发展问题，诸如水土流失、荒漠化等发生的原因，森林、湿地等开发利用存在的问题，了解其危害和综合治理保护措施。
	水土流失及其治理	黄土高原	中图版、鲁教版	
	森林的开发与保护	亚马孙热带雨林	人教版	
	湿地资源的开发与保护	洞庭湖	湘教版	
区域资源的开发和利用		山西省	人教版	以某区域为例，分析该区域能源和矿产资源的合理开发与区域可持续发展的关系。
		鲁尔区	中图版、鲁教版、湘教版	
流域的综合开发		美国田纳西河	人教版、中图版、湘教版	以某流域为例，分析该流域开发的地理条件，了解该流域开发建设的基本内容，以及综合治理的对策措施。
		长江流域	鲁教版	
区域农业发展		我国东北地区	人教版、中图版、鲁教版	以某区域为例，分析农业生产的条件、布局特点和问题，了解农业持续发展的方法与途径。
		美国农业	湘教版	
区域工业化与城市化		我国珠江三角洲	人教版、鲁教版、湘教版	以某经济发达区域为例，分析该区域工业化和城市化的推进过程，以及在此过程中产生的主要问题，了解解决这些问题的对策措施。
		江苏省	中图版	
资源的跨区域调配		西气东输	人教版	举例说明产业转移和资源跨区域调配对区域地理环境的影响。
		南水北调	鲁教版	
产业转移		东亚	人教版	

问题3：副案例拓展不够

从对四个版本高中地理教材的统计分析看出，拓展案例在不同的版本中是以不同的形式出现的（见表4.2），是对主案例很好的补充。但由于受教学时间的限制，许多教师在这些副案例上所花的时间不够，甚至有些教师会随意省略掉这些副案例，认为这些案例可有可无，有主案例的教学就可以了。

表4.2 四个版本高中必修三教材拓展案例的安排

	人教版	中图版	鲁教版	湘教版
区域环境	问题研究：为什么停止开发北大荒？	案例研究：典型小流域综合治理模式	单元活动：走进数字地球	无
区域资源	无	案例研究：资源枯竭型城市的转型之路		
流域开发	问题研究：河流上该不该建坝？	案例研究：塔里木河流域治理		
区域农业	问题研究：我的家乡怎样发展？	案例研究：生态农业的实践	单元活动：探究区域开发与整治	
区域工业城市		案例研究：密歇根州的复苏		

问题4：条块分割

教学中高中地理的三个模块之间没有建立联系。"地理3"实际上是应用"地理1"和"地理2"所学的那些知识和原理去解决这个问题，去分析这些区域的影响，在把握这个课程标准的时候，一定要处理好这个"地理3"和"地理1""地理2"之间的关系。特别是第二部分区域可持续发展的这五个案例，与"地理1""地理2"所学的基本的原理有非常密切的联系。例如区域环境问题中的水土流失，在"地理1""外力作用对地表形态的塑造"中就提到了流水的侵蚀、搬运、沉积作用，这些知识都是在"地理1"里面所学的原理，只不过把它拿到"地理3"的具体的区域中在分析过程中加以应用。再如区域中河流问题，与"地理1""水循环"也有关系。其他区域主题也是这样，例如，区域工业、农业与"地理2"中的"生产活动与地域联系"、区域城市化与"地理2"中的"人口与城市"等。"地理3"是让学生应用在"地理1""地理2"中学到的基本知识、基本规律、基本原理，同时再叠加上"问题""措施"等可持续发展的内容。

"地理3"案例之间没有建立联系。其实"地理3"案例之间也存在着紧密的联系。例如"区域环境问题"（生态破坏）主要与"区域农业"之间存在着紧密的关系；"区域资源开发"主要与"区域工业化和城市化"之间存在着紧密的关系。"河流"作为一个特殊的区域概念，可能既有"区域农业"的问题，也有"区域工业"的问题。

同一案例之间的联系不紧密。区域案例一般以时间为线索，从区域的自然条件出发，叙述区域的过去、现状和未来。这里面就涉及关于区域案例的探究方法，一般是条件分析（过去问题）、问题分析（现状问题）、措施分析（未来问题），条件、问题、措施就构成了案例教学的基本环节，在同一案例教学中，应该很明显的把这些问题之间的联系体现出来。

问题5：系统性差

也有些教师在"反正不考案例本身"等观念的支配下，片面追求方法的指导、能力的养成，忽视地理原理、地理规律、地理概念的教学，或者对地理原理、地理规律理解不到位。区域地理案例最高层次的地理原理就是"可持续发展原理"，包括生态可持续发展、经济可持续发展、社会可持续发展。第二层次的地理原理，则主要体现在环境问题要突出生态可持续发展；资源、农业、工业突出经济可持续发展；河流可能更加综合一些。第三层次的地理原理，那就具体到环境问题、生态问题、河流问题，主要就是地理环境整体性原理的应用；资源、农业、工业主要突出要素分析、区位分析等地理学的基本原理。

上述问题的核心就是区域可持续发展教学核心知识的把握：到底案例本身是核心知识，还是相应的地理原理是核心知识？

案例4.2 阅读

在讲区域工业化与城市化——以我国珠江三角洲地区为例这节课时，我对教学内容进行了如下处理：先从复习工业区位因素入手，接着出示珠三角区域图和珠三角工业快速发展的资料，引导学生分析珠三角工业化的原因。在工业化教学的基础上，引导学生分析珠三角城市规模、数量、布局的变化，这是珠三角城市化的内容。最后是工业化和城市化过程中出现的问题，引导学生阅读资料，找出珠三角城市化和工业化过程中出现的问题，并提出解决策略。

案例4.2 分析

案例4.2可以帮助我们回答前面的问题。该教学设计把"地理3"建立在"地理2"的基础之上，是在深刻理解了高中地理必修教材"螺旋式上升"结构的基础上开展的教学，对核心知识把握也较准确。在案例4.2的教学中，教师是把工业区位理论作为核心知识的，因为它是分析区域工业发展必备的理论基础，是可以不断迁移的"上位知识"。现在分析的是"珠三角"，如果换成"长三角""京三角"，或者任何一个工业地域，只要提供的图文信息足够，学生运用工业区位理论知识，应该能够分析出该地工业发展的原因。按照这种思路，核心知识还包括城市化的基础理论。城市化的概念、标志、进程、特点、问题、措施等知识都是"地理2"中学过的东西，在分析珠三角城市化的时候，教师完全可以把这些理论知识拿过来用，这些知识是可以不断迁移的知识。城市化与工业化的关系也是核心知识，工业化是城市化的动力，城市化反作用于工业化。像这样一些辩证的关系，也应该让学生理解和掌握，这是一个如何看待工业化和城市化作为目前世界化主要潮流之一的世界观问题。总而言之，区域地理可持续发展的教学中，作为新的陈述性知识是比较少的，而程序性知识和策略性知识较多。教师一定要立足"地理1""地理2"，引导学生学会运用这些地理基本原理，学会迁移和应用的方法。

修炼建议

1. 分析课程标准

把握区域可持续发展教学的核心知识，除了案例4.2教师认为的工业、农业区位原理，这种基础的地理原理外，还需要从区域可持续发展内容本身去寻找核心知识，这一点可以从课程标准的分析中获得。区域可持续发展部分的五条课程标准有个共同特点，就是都能聚焦到区域可持续发展的问题上。有些标准直接用到"问题"一词，有的标准虽然没有出现"问题"，但提及的"综合治理""合理开发"都是针对"问题"而言，而不是泛泛讲某种区域发展现象的发展进程和现状。把"问题"分析透，上可以追溯源头，联系区域地理的一些基本原理，下可以导出解决的措施，而对"问题"的研究，不仅符合案例教学的特点，也可以避免与"地理1""地理2"的教学重复。

核心知识之外，还有核心方法等核心内容，也算作在广义的"知识"内，这一点区域可以持续发展部分非常明确，就是"案例分析法"，这一点后面还会详细论述。

2. 比较不同教科书版本

四个版本的教科书在编排和内容选择上有不小的差别。例如，有关区域农业发展部分，不同的编排方式见表4.3～表4.5。

表4.3 农业生产条件的编排

	人教版（东北）	中图版（东北）	鲁教版（东北）	湘教版（美国）
自然条件	一、地理条件 ●地理位置 ●气候条件 ●地形、土壤条件	一、东北地区的农业生产条件及农业发展 ●土地资源 ●气候资源 ●森林资源 ●草场资源和渔业资源	一、自然环境 ●地貌 ●气候与农作物 ●植被与森林 ●沼泽与冻土 二、土地资源及其开发 ●土壤肥沃 ●土地资源丰富 ●土地开发	一、美国农业生产条件 ●气候 ●地形 ●土壤
社会经济条件	●工业 ●交通 ●人口	●工业条件 ●布局变化	无	●经济效益 ●交通运输条件 ●国家的政策与法规

在农业生产条件的编排方面，有的版本与"地理2"的内容联系紧密，有的没有直接的联系；有的给出了自然条件和社会经济条件，有的只给出了自然条件；有的教科书编者对理论的提升多一些，有的没有明显的理论提升内容；有的辅助资料多一些，有的少一些。

表4.4　农业布局和农业发展

	人教版（东北）	中图版（东北）	鲁教版（东北）	湘教版（美国）
农业布局	二、农业布局特点 ●耕作农业区 ●林业和特产区 ●畜牧业区		三、农业生产和布局 ●全国重要的农林基地（耕作业及分布、林业及分布、牧业、渔业） ●农业布局（从东到西分异、从南到北分异）	美国的农业生产地域专门化阅读：美国农业带思考活动
农业发展	三、大规模专业化生产——商品粮基地的建设 1.大规模机械化生产 2.地区专业化生产			

在农业布局和农业发展方面，农业布局的描绘差别比较大，有的给出了分区，有的主要渗透在农业生产条件之中；有的偏重农业地域的形成，有的更关注农业地域的变化。

表4.5　发展问题和治理措施

人教版（东北）	中图版（东北）	鲁教版（东北）	湘教版（美国）
四、农业发展方向 1.平原区农业发展方向 2.西部草原区农业发展方向 3.山区农业发展方向	二、东北地区农业开发中的问题 1.农业生产比较粗放，耕地破坏严重 2.林地和草地的比重下降，资源利用失调 3.开垦沼泽地，破坏了湿地环境 4.水土流失严重 5.农产品质量和品种不适应市场要求，农业内部结构不尽合理 三、东北地区农业的可持续发展 1.调整农村产业结构 2.推进农业产业化进程 3.加强农业基础设施建设，改善农业生产条件 4.加快农业技术的应用和推广 5.改善农业生态环境，促进农业的可持续发展	四、农业可持续发展 1.黑土开发 2.林业发展 3.湿地保护	三、美国农业可持续发展的对策 阅读：沙尘暴威胁美国农业 阅读：美国农业的可持续发展政策 阅读：保护耕地

51

在发展问题和治理措施方面，有的叙述比较简单，有的使用了大量篇幅；有的将"问题"和"措施"分开讲述，有的融合在一起；有的提供了农业模型，有的没有。

我们在比较不同教科书的过程中，可以发现怎样才是比较好地把握了区域可持续发展部分的核心知识，还可以发现更多可以选择的素材。

3. 整合和补充素材

利用案例分析方法上课的教师，如果认为教科书上的案例不便使用，可以加以改造或从其他资料中选择出适当的材料重新组织案例。特别是教科书上的地理案例，其文字表述一般抽象程度和概括化程度都较高，这样的案例如果不经改造，那么学生学习起来是很困难的。教师应该根据知识结构，根据教材内容，有选择性的补充一些感性的、原始性的第一手材料，让学生通过对材料的阅读、分析，自己得出所要的结论，真正达到案例教学的目的。这些原始材料可能是另外版本的教材上的，也可能是网络上搜集到的，总之，它们是地理案例教学中不可或缺的。

二、熟悉教学策略

案例 4.3 阅读

我上"东北农业的发展"案例分析课时，把整个教学内容分成了三大环节，每一个环节都由资料和问题组成。第一个环节是分析"'北大荒'变'北大仓'"的条件。我给了学生如下资料：

第一部分材料包括东北地区自然条件资料：东北地区地形图；东北地区年平均气温和降水量分布图；东北地区荒地分布图；东北地区黑土、黑钙土分布图；东北地区东西向农业自然条件的差异等和社会经济条件资料（见资料 4.1）.

> 资料 4.1
>
> 东北地区是我国工业发展较早的重工业基地，工业基础雄厚、门类齐全，已形成冶金、机械、化学、石油为主的较为完整的工业体系。发达的农业机械制造，为大面积荒地的开垦提供了工具，更使东北地区农业机械化水平大大提高。
>
> 黑龙江省地处世界三大黑土带之一，其中典型黑土区面积约为 8 万平方千米，占我国典型黑土区总面积的 2/3。为解决我国的粮食自给问题，20 世纪 50 年代后，黑龙江省开始大规模开垦黑土地，经过半个多世纪的开发建设，这里已经形成了年产 250 亿千克粮食的综合生产能力，商品率达到 60%。在 20 世纪 90 年代末，这里的粮食年产量数次突破 300 亿千克大关。由于人口密度较低，农业经营规模远高于全国，较好的生态环境和资源条件更有利于绿色农业和大农业的发展。

我要求学生通过阅读材料后能够回答出三个问题："东北地区年降水量和年平均气温的分布呈现什么规律""东北地区发展种植业的自然条件有哪些"和"东北地区种

植业发展的社会经济条件有哪些"。

第二部分材料是东北地区资源和农牧业分布情况，有东北地区森林分布图，东北地区的主要牧场图，东北地区小麦、水稻、玉米分布图。

我提出的要求是：运用这些资料说出"东北地区森林资源的分布地区和原因"以及"东北地区畜牧业的分布地区和原因"，"分析东北地区专业化生产的优势"并回答"东北地区农业分布有何特点"的问题。

第二个环节是分析"北大仓"变"北大荒"的过程。我提供给学生的资料是一些文字材料（见资料4.2）。

> 资料4.2
>
> 因土质肥沃盛产粮食而闻名世界的"北大仓"，如今正因大量水土流失变得沟壑纵横，黑龙江作为"全国最大粮仓"的生产能力正在受到来自土地恶化的威胁。专家认为，如不从根本上改变现状，"北大荒"在数十年后很可能会变成第二个黄土高原。
>
> 黑土流失"触目惊心"。初垦时，这里的黑土层有60~80厘米厚，最厚的可达1米，当时人们形容这里的黑土"攥一把能流出油"。然而仅过了50多年，这里的黑土层就几乎薄了一半，一些地方只剩下薄薄的一层，颜色也慢慢由黑变黄，个别地方甚至已成为遍布沙石的不毛之地。黑土区每年流失0.5~1厘米的黑土表层，而形成1厘米表土则需要400年时间，如果任其流失，再过50年黑土层将基本消失，黑土区有可能退化成不可逆转、名副其实的"北大荒"。
>
> 黑龙江省现有的930万公顷耕地中，发生水土流失的面积已高达530万公顷。目前，已有93万公顷耕地在14万条侵蚀沟的冲刷下消失了。1992年黑龙江省第二次土壤普查时，全省有机质含量大于4%的一级耕地尚有627.71万公顷，而到了1999年一级耕地只剩下357.86万公顷，减少了约43%。
>
> 黑土流失"恶果累累"：据定点监测和抽样调查推算，黑土耕地表层有机质含量已经下降到2.5%~6.5%，与开垦初期的11.8%相比下降了一半以上。专家指出，如果表层有机质消失，剩下的就将是黄土状亚黏土，这种土农作物几乎无法生长。
>
> 黑龙江全省土壤中每年流失掉的氮磷钾元素折合成标准化肥上百万吨；因水土流失导致粮食减产20亿~40亿千克。

我要求学生从这份资料中找出"东北农业生产面临的问题"。学生经过仔细阅读材料和相互讨论，大都可以发现资料中描述的黑土流失现象。（其他略）

第三个环节是分析"东北地区农业的可持续发展"。我给学生的资料见资料4.3。

1. 保住黑土地亟需综合治理。专家认为，治理黑土地水土流失涉及农业、林业、水利等多个部门，需要采取综合措施进行治理。如果各部门之间能够形成合力，那么在治理黑土流失上就一定能取得事半功倍的效果。目前，国家水利部已经制定规划，开始着力治理东北地区水土流失问题。

2. 生态农业是按照生态学原理和经济学原理，运用现代科学技术成果和现代管理手段，以及传统农业的有效经验建立起来的，能获得较高的经济效益、生态效益和社会效益的现代化农业。

我利用这些资料和学生一起分析东北地区农业发展采取的措施。有些措施实际是我告诉学生的，如平原农业发展方向中的"调整农业产业结构""推进产业化进程""加强农业基础设施建设，改善农业生产条件""改善农业生态环境，促进农业可持续发展"等。

最后我安排了一个"拓展探究"，区域是珠江三角洲。给学生的资料包括珠江三角洲的位置、地势、河网、气候等自然条件以及"广州是古代海上丝绸之路的起始地之一""水产品在广东人的食物结构中占有较大比重"等社会人文条件。学生需要根据这些资料，归纳珠江三角洲发展基塘生产有利的自然条件，并讨论学生所在的地区是否适宜进行基塘生产。如果适宜，基上可选择种植哪些作物或树种。

案例4.3分析

高中地理教学中的主案例一般都是很大的案例，如案例4.3中的东北平原农业生产问题，所以必须分解成几部分进行分析，例如分成生产条件分析、生产布局分析、存在问题分析、应采取措施分析等，相当于把一个大案例分解成几个小案例，每个都重复一遍分析的过程。总的来说，案例4.3中教师的做法基本符合案例分析的程序。具体的表现就是提供学生资料，让学生分析资料发现现象、得出结论，实际就是一个分析案例的过程。案例4.3也反映出在案例分析教学中常见的问题，我们列在下面：

问题1：有些资料不好用

所谓"案例"就是由众多有联系的资料构成的。教师提供给学生的资料，要能反映该区域某个环境主题的概貌，又要有细节；既能从中得出地理原理类的知识，又不能太"直截了当"地点明这些原理；既是地理的案例，又要有很好的可读性。案例4.3中的"资料"就属于比较空泛、抽象、难以利用的资料。拓展案例"珠江三角洲"的一些资料，如"广州是古代海上丝绸之路的起始地之一"，就一句话，用于分析的价值不大。"黑土流失"的资料则相对比较好。

问题2：容易上得枯燥乏味

对高中学生来说，这样的案例中没有"故事"，没有生活经验，没有直接关系，要想把课上得有趣是很不容易的。

问题3：没有明显的地理原理提升过程

分析东北地区农业发展时教师提到了一些问题和措施，也提及了一些农业方面的地理原理，但分析东北地区之后、拓展到珠江三角洲之前，没有一个明显的归纳和"跳出"东北地区的过程，拓展案例的分析就显得理论基础不足，而且和主案例关系不明显。

修炼建议

1. 充分了解什么是案例

区域可持续发展内容的主要教学策略是案例分析。案例教学法最早于1870年由当时担任美国哈佛大学法学院院长的克里斯托弗·朗道尔教授创立，他在《合同法案例》一书的前言中说道："被作为科学的法律是由原则和原理构成的。……每一个原理都是通过逐步的演化才达到现在的地步。换句话说，这是一个漫长的、通过众多的案例取得的发展道路。这一发展经历了一系列的案例。因此，有效地掌握这些原理的最快和最好的，如果不是唯一的途径就是学习那些包含着这些原理的案例。"在这里，他强调了案例教学法对学生学习和掌握知识的重要性，但需要注意的是，这里的"知识"是科学"原理"，而不是案例本身的具体事实性知识。后来这一教学方法被广泛应用于哈佛大学的法律教学和工商管理硕士等专业教育领域的教学，并成为举世闻名的"哈佛模式"的一大特色和内涵。

案例是案例教学的基本载体。案例的编写是否成功关系到案例教学能否成功。一个名副其实的区域可持续发展案例应该包括一个对某区域实际地理情境的描述，在这个情境的描述中，包含有一个或多个需要学生面对的区域可持续发展问题。有的案例还会包含解决这些问题的措施。"情境""问题""措施"三者的关系可以这样描述："情境"和"问题"的关系，就仿佛"土壤"和"植被"的关系，没有土壤，就不可能有植物，而植物是生长在土壤中的，二者不可分离。"措施"与"情境"的关系则是可分、可合。可分的意思是措施可以不出现在案例文本中，而是作为学生分析案例后运用地理原理设想的内容；可合的意思是"措施"本身就是"案例"的组成部分，也是学生分析的内容。在"合"的前提下，"措施"也应和"问题"一样，是融合在"情境"中的，是有待学生去"挖掘"的，而不是被人提炼出来供学生记忆的。

有一个词对于了解案例非常重要，就是"描述"。描述是案例基本的文体形式，它的特点是记录性、原生态、不带感情色彩、不带理性分析。与"描述"相关的，还有案例的"故事"情节相对完整、内容具体、有真实感、独特性等。

但是地理教学中的案例已经无法完全体现这些特点。教科书中的地理教学案例必然带有理性的分析，这些理性分析伴随着概念、特点、原因、问题、措施而出现。例如，在以我国西北地区荒漠化为主题的案例中，我们不可能做到完全原生态地展示西北地区的自然状况，比如告诉学生哪里有什么山、什么河，哪里的气候怎样，有什么样的植被等。我们也不可能完全原生态地展示西北地区有多大面积的沙漠，有哪些人类的农业活动方式，它们随着时间都会有哪些消长等等。严格地讲，案例就应该是一种原生态的东西、客观的东西。我们看到的教材，是通过对荒漠化概念的解读，西北地区自然特征的分析、荒漠化的人为因素的分析、荒漠化防治的对策和措施的介绍等经过处理的文体。正是因为已经经过处理，所以它们其实已经远离了案例的核心内涵，是一种经过加工和改造的案例。这种案例对于老师来说，会觉得不太好操控。因为结论已经有了，学生看看书似乎就能够懂得，对于学生学习方式的选择、改变造成了一定的困难。遇到这种案例，反而需要教师适当"解压缩"一下，尽量重组"原生态"的文本，以为案例分析留下必要的空间。

地理案例还增加了地理的特点，就是使用了大量的地理图表，使得地理案例的形式不再是单一的文字描述。相比高度加工的文本案例，地理图表反而更利于学生从中获取地理原理和分析方法的知识。但是地理图表是另外一种形式的"抽象"，很难有吸引学生的生活情境，所以图表要和文本案例配合使用。

至于地理案例的"故事"性，可能就是一种很高的要求。

2. 充分了解案例教学的目的

受过去地理教学习惯的影响，教师容易形成"凡是讲的东西就是要掌握"，没有明显的"工具知识"的意识。"工具知识"的意思是说有些东西在课堂上使用，只是为了达到这些东西之外的目的，而非这些东西本身。案例分析教学就是典型的"利用案例素材达到素材之外目的"的一种教学。案例教学看上去像"举例"，但实际上是两回事。它们的主要区别是：①在教学中地位不同。案例在案例教学中占中心地位，如运用知识、培养能力、进行品德教育等教学任务；而举例在一般教学活动中则居次要地位。②二者的进行主体不同。案例教学是组织学生进行自我学习、锻炼能力的一种手段，学生处于主要地位；而举例则是辅助教师说明问题的一种手段，教师处于主要地位。③目的不同。案例教学是把学生放在实际情境中，让其通过对周围环境和事件本身的分析、讨论、交流，作出正确的判断和决策，提高分析问题和解决问题的能力；而举例使一个较难理解的理论通俗易懂。④涵盖的范围不同。前者涵盖面更为广泛和精效，具有真实性、完整性、典型性、启发性；后者不一定有这些特点。

3. 多学习、多观摩

关于案例教学的文章已经有不少，可以找来多读读，真正搞明白案例教学的原理和方法。有机会多观摩其他教师的案例教学课，和授课教师交流案例教学的体会。有些案例教学课实际并没有上出案例教学的特点，这种课也可以给人以启示，例如如何避免观摩课上出现的问题。

4. 积累自己案例教学的经验

如果有可能，选择一个空间尺度较小的区域发展案例。小些的案例比较容易组织教学，也容易形成案例分析的氛围。记录下每次案例教学的体会，看看有没有需要改进的地方。也可以为自己计划一个三年方案，每年突破一个案例教学的难点。因为地理案例教学成熟的经验和范例还不多，个人的钻研和经验积累就格外重要。

专题五 地理信息技术应用教学

地理信息技术应用的内容如果用一个字概括的话，就是"新"。因为"新"，这类知识的教学会受到地理教师的知识背景和教学资源的限制，因此把握核心知识和基本的教学策略就更加重要。

一、把握核心知识

案例5.1 阅读

这节课的内容是遥感、全球定位系统和地理信息系统三种技术的应用。一般是从遥感技术讲起，我也是这样设计的。

我先问学生一个问题："首先请大家思考一个问题，我们人的视力有多大，或者视力范围大小取决于什么呢？"

很快又学生回答："视力的好坏。"看来这个问题问得有点不到位，学生给出这样的回答也是很自然的，当然也不是我希望得到的。我没有再问，开始讲解："我们来看看除了视力好坏是不是还有其他因素的影响。"我在大屏幕上打出了几张照片：

"大家看，这张照片是我在我们学校门口拍的，因为我是站在地面上而且周围有高大建筑阻挡，所以我的视力范围就这么大，但是我如果站得高一点儿，大家看一看如果我站在我们周边最高一个建筑物上，我的视力范围是不是变大了？如果我再高一些，是不是视力范围更大了，不但能够看到我们学校，还能看到周边的很多设施，我们还可以更高，在这张照片上能不能找到我们学校？"

"在这儿，这是我们学校。"

"当然了，后面这两张肯定不是我站在某个地方拍摄的，而是借用一项技术实现千里眼的愿望。这项技术就是遥感，大家看这两个字，顾名思义是什么意思？我把它写在黑板上，拆成两部分大家看。遥是遥远的，远距离不直接接触地物，感呢？"

有学生顺口回答："感知。"

"找一个同学把这个遥感技术的定义读一下。"

"遥感就是人们利用航空器或航天器上一定的技术装备，对地表物体进行远距离的感知。"

"我们能不能通过阅读遥感的定义，来看出来遥感技术的用途呢？大家想一想遥远的感知，是不是相当于我们人的视力的延伸？它的主要用途是什么？"

学生小声议论着，并不能确定自己的想法对不对。

我抓住听到的一个声音："获取信息。"

"非常好。遥感技术它的重要用途就是获取信息。那么在多远的地方获取信息呢？"我在屏幕上调出两张照片："我们来看，这就是常见的两种航空器，像高空气球、飞机等都是航空器。"

接着我又展示了一张遥感的关键装置——传感器的照片："大家看一下传感器，就是这个装置，它是安置在航空器上。传感器先接收地面物体反射或者辐射电磁波信息，转换成图像记录下来，然后传送给地面接收站，再由专业人员进行处理和判读，这就是遥感的主要环节。"

我又打出一张图，"我们接着往下看，大家看，这是 2008 年北京土地利用遥感监测图，思考一个问题，在没有遥感的年代，或者说如果我们不使用遥感技术，而是用像照片这种传统测绘方法去调查北京土地利用现状，那这个工作大概需要多久才能完成？"

学生猜测着，有的说"几年"，有的说"十几年"，有的说"好几十年。"

"同学们说多少年的都有。当然，用多少年还要取决于你工作的效率。其实在北京开展这项工作还不是特别困难，为什么呢？刚才有同学提到了平原地形，而且气候也适宜，交通也便利了。但是如果是在像照片里这样气候条件非常恶劣，而且人迹罕至的高山高原地带是不是非常困难了？有了遥感技术，这些困难就可以迎刃而解了，我们只需要从航空器上或者说航天器上航拍一张照片，整个地区的土地利用现状一目了然，非常方便。"

讲到这里我停了一下："现在大家把学案拿出来，看随堂练习，从遥感监测范围、速度以及人力、物力投入来看，它有哪些特点？非常简单，你看，遥感获取范围、速度以及人力、物力投入分别有什么特点呢？监测范围怎么样？"

"监测范围广。"

"速度呢？"

"快。"

"人力、物力投入呢？"

"小。"

"大家看，我们要归纳出来遥感的特点，监测范围广，速度快以及成本低。因为人力、物力投入小，是不是成本低？"

学生异口同声地回答"对。"

"我们看一下遥感技术在气象研究中的应用，这是某年在我国登陆的一次台风，大家能不能看出来是在我国哪里登陆的？大家注意一下右下角的日期，从 7 月 29 日一直到 7 月 31 日整个台风运行路径全部被记录监测下来，大家想一想，和刚才我们看到的静态北京土地利用监测图相比，这个运用说明了遥感还有什么特点？"

"动态的。"

"它可以动态监测。通过分析这两个例子，我们知道了遥感技术它监测范围广、速度快，而且还可以动态监测，所以在一些区域地理环境中一些动态变化就能很快反应出来，而且还能及时做出预报。大家看一个练习，找一个同学读一下图，还记得吗？读图第一步是读什么，第二步是什么呢？"我不忘随时巩固学生读图的技能。

我先叫了两个学生，一个因为看不清图，另一个不会答，都没有说出什么。第三个学生有答案了："这个图是大兴安岭气象卫星火情监测图，绿色表示陆地，红色表示火点。"

"大家思考一个问题，根据右图的信息判断火情发生的季节和火点附近居民撤离方向。首先大家能不能看到这个白色的，是一个什么意思，代表什么呢？白色的烟。那么烟的走向表明什么方向？"

"风向。"

"这是什么风向？风向就是风吹来的方向，什么方向？东南风，东南风说明在哪个季节呢？"

"夏季。"

"很好。说明在夏季。那么再来判断一下第二个问题，火点附近居民撤离方向。你肯定不能朝着火势蔓延的方向撤离，往哪个方向？东南方向。我们知道火灾是森林大敌，利用遥感技术不但能够显示出来已经燃烧起来的大火，而且还能够探测到非常小的小火情，所以遥感技术在扑灭森林大火过程当中，能够发挥重要的作用。当然除了监测森林火灾，还可以监测很多自然灾害，大家看这是2003年印度洋海啸前后遥感影像，这是2003年1月份的，是海啸发生之前的，这是2003年12月29号，海啸发生以后的，我找同学说一下，能不能发现这两张遥感图片的变化？"

被叫到学生很快答出来了："首先是土地有一部分被淹没了。"

我及时肯定："非常好。"

"其次是绿色变少了，都是灰色、棕色的。"

"对，请坐。这说明印度洋沿岸的大面积土地已经被淹没了，这是遥感技术在自然灾害监测方面的应用。我们来看一下，第二个随堂练习，这是1999年南极的冰架，这是2007年南极拉森冰架，首先请同学们观察南极冰架的变化。这个是冰架白色区域。你们发现什么变化了？"

"变小了。"

"非常好。大家注意看，截至2007年，南极冰区冰架融化现象已经非常明显了，尤其是半岛边缘这两个面积非常大的冰架是不是已经融化了？大家思考一下，这是什么原因呢？这两张照片前后强烈的对比，就是全球变暖的证据。这就是遥感技术在环境变化监测方面的应用，当然除了环境变化的监测、自然灾害的监测，遥感技术还可以应用到很多领域，比如说，它可以监测各种各样人文经济活动，在农业中利用遥感技术可以监测小麦的长势。下面请同学读图。"

一个学生回答："红色代表好，黄色代表良好，绿色代表一般，粉色代表较差，紫色代表差。"

教师继续引导着学生："那么你看一下，从4月份到5月份这个地区冬小麦长势发生什么变化？"

"变差了。"

"大家能看出来吗，为什么变差了？请大家思考一下，猜想一下，可能是什么原因导致它的长势发生变化呢？"

"干旱。"

"干旱，还可能是什么原因呢？首先可能是旱灾，是不是因为虫灾？如果这一片小麦生病了，它的叶子出现异常，那么这片小麦反射电磁波谱和健康小麦就不一样，在遥感图像上就呈现不同的颜色，我们利用遥感技术来监测小麦的长势，可以及时知道什么时候该施肥了，什么时候该灌溉了，从而可以指导农业生产。遥感技术还可以监测工程建设，大家看，这是2005年北京奥运场馆，这是2008年夏季现代化场馆，有了遥感技术以后，很多遥感照片已经成为历史记录，我们可以通过这些照片了解这些地区几年前甚至几十年前的样子。"

遥感技术的应用，我就讲这么多。作为一个阶段结束，我带着学生做了几道选择题，然后转到下个主题。

"大家想一想如果遥感技术已经监测到森林大火了，接下来我们应该干吗去？"

"救火。"

"那么是不是应该知道这个火点具体在什么位置呢？为了更方便更快捷发现火点的位置，确定火点的位置，我们还需要另外一种地理信息技术：全球定位系统，简称GPS。"我请一位学生读GPS的定义："利用卫星在全球范围内实行实时技术导航定位系统，称为全球定位系统。"

"你通过阅读这个定义，能不能发现全球定位系统的应用，或者说功能，是用来干什么的？"

"定位。"

"还有呢？"没有学生回答。

"导航。现在大家把书翻到第8页，在第8页全球定位系统标题下面有几段文字，旁边还有一张图，现在大家通过阅读这一段文字和旁边图示完成学案中学习主题2的练习。"我又通过让学生做题的方式学习GPS的特点。

"给大家看几种常见GPS信号接收机，样子是不是和手机差不多，今天我也给大家带来两个，大家看一下，这就是GPS用户接收部分，就是GPS信号接收机，大家可以传着看一下。因为GPS信号接收器的信号不能穿透墙壁，所以在教室里面不能给大家演示，但是在课前，我找几个同学在室外演示一下它的使用，我们一起来看一下视频，在看视频过程当中，一定要注意思考 GPS 两大功能，一个是定位，一个是导航。"

看完学生自己拍摄的录像片段后，我又提出一个问题："大家能不能说一说 GPS 在日常生活中的使用情况？"

学生很快回答出："汽车。"

"谁见过，谁用过？你说一说。"

被叫到学生看来还很熟悉车载 GPS："想去一个地方如果不认识路的话，先打开车载导航，然后自动锁定一下自己现在的位置，再输入你想去的位置，系统就会给你提供一条途径，你顺着路走就行了。"

"非常好。他提到的车载 GPS 确实使用了全球定位系统，但是它还使用另外一种地理信息技术，地理信息系统简称 GIS，那我们来看一下地理信息系统它的定义。"我利用学生的回答，很巧妙地把学习内容转到第三种技术——地理信息系统，也就是 GIS。我还是请一位同学读了一下定义："专门处理地理空间数据的计算机系统称为地理信息系统。"

"你能不能看出来地理信息系统它主要用途是什么呢？"

"处理地理空间数据。"

"非常好。地理信息系统的用途就是分析处理信息。我们知道各个行业涉及的信息都和地理空间位置有或多或少的联系，当行业应用和地理空间位置相结合时，我们就可以使用地理信息系统。"为了帮助学生理解，我举了一个应用的例子。

"有没有同学上过这个网页？这是北京地理查询网，这个网能为大家提供哪些帮助呢？可以查询路线，我们点击进入。哪位同学上来给大家演示一下，就是从家上学，乘车路线怎么来查询呢？"一位同学上来演示了一下。

"这个查询过程使用的就是地理信息系统。系统对数据进行了处理和分析，然后将结果呈现出来。现在请大家思考，地理信息系统是不是就是我们看到的电子地图？现在我们看下书，大家把书翻到第 10 页，上面有一个图 1.0，地理信息系统简要程序，大家看一下，一边看一边思考这个问题，大家想一想，刚才我们讲了地理信息系统的用途是处理分析信息，这个过程我们能看见吗？"

"看不见。"

"那电子地图我们能够看见吗？"

"能。"

"实际上电子地图应该是 GIS 程序的哪一部分？"

"表达。"

"除了查询线路，我们还可以查询实时路况，大家请看这。我点击北京实时路况，现在显示出来 9 时 23 分北京实时路况，大家请看绿色表示什么意思？"

"畅通。"

"红色呢？"

"拥堵。"

"如果我们要出行，我们可以看一下这个实时路况，知道哪些路段现在是畅通的，哪些路段现在是拥挤的，从而可以指导我们的出行，那么除了查询功能之外，地理信息系统还很多其他的功能，比如说，更新信息。咱们班同学上学是不是坐过 511 路？"

"我坐过。"

"511 路前一段删改线路你知道吗？"

"知道。"

"现在不走哪个桥呢？"

"不走方庄桥了。"

"现在走哪个桥呢？我们来看一看，我可以查询一下 511 路现在的路线。大家看到这就是 511 现在行车路线，这个地方是东铁营桥，原来 511 路是从方庄往北，这就是为什么现在好多同学觉得坐 511 路上学不方便了，下了车要走的路途远了一些。我们可以看到这个系统已经及时更新了 511 路信息，这就是地理信息系统更新信息的功能。其实呢，地理信息系统它的应用领域非常非常广，像城市管理、资源管理、社会经济，还有其他领域。刚才我们举这个例子属于地理信息系统在城市管理领域中的哪个方面应用？道路交通。在社会经济中，公安系统可以利用地理信息科学随时掌握居民信息；在资源管理领域，比如说土地管理部门可以利用它及时掌握土地利用现状；我们最常见的旅游，用地理信息系统可以干什么？"

学生回答："导航。"

我接着讲述："还可以查询旅游景点。可以这么说，凡是应用的地图，或者说需要进行地理空间数据处理的领域，都可以借助地理信息系统。"

又到了做习题的环节。

案例 5.1 分析

从课的内容上看，案例 5.1 用一节课的时间把三种技术都讲完了，还包括了数字地球。还有一种比较普遍的处理方法是使用两节课的时间讲这些内容。这种"压缩"处理似乎并不符合高中课程的设计。在"地理 3"的内容标准中，地理信息技术的应用有四个"黑点"，即四条标准，占了"地理 3"将近 1/3 的数量，"地理 3"的全部教学时间应该是 36 课时或 34 课时，将近 1/3 的内容却只用了 1/34 或 1/17 的时间来完成；再有，地理信息技术应用属于比较新的知识，内容很丰富，理解起来也需要费些功夫，从这个角度说时间也不应该用到这么少。但是考虑到中学实际情况，这样的"压缩"就可以被理解了。主要原因有三个，一个是会考、高考等重要的考试中地理信息技术应用的内容所占比例很小，这是最主要的原因；一个是很多地理教师对这个内容不是很熟悉，能把教科书上写出的东西讲好就不错了，这是次要原因。一个是有

高

中地理教师专业能力必修

Gao Zhong Di Li Jiao Shi Zhuan Ye Neng Li Bi Xiu

些学校要提前结束地理课准备考试，使实际上课时间没有达到计划的课时数，这是部分学校的现状。

地理教师的修炼只能有助于克服第二个困难：对地理信息技术应用知识不熟悉。这个问题的根源在于知识本身新而师范大学相应课程的设置不足。教龄时间比较长的地理教师中，很多人更是在大学时没有接触过地理信息系统和全球定位系统的知识，有些教师甚至不善于操作计算机。这使得他们在面对这个内容时有力不从心的感觉。

再看使用的教学方法，案例 5.1 全堂采用的是讲解方式，从遥感技术到地理信息系统，逐个介绍每种技术的功能和作用，其中穿插使用图片、录像、网络电子地图等素材和简单的提问，并紧扣教科书和为考试用的练习题，可以算教师们常说的"常规课"。

我们再看看教学过程的设计。案例 5.1 因为要在一节课上讲三种技术，就很注意三种技术之间的过渡。遥感是第一个讲的，需要使学生从自身感受联系到遥感技术。教师的设计很独特，使用了两张自己拍摄的照片和两张遥感照片，通过拍摄高度和范围的变化，引出遥感技术的特点。在分析火灾遥感图像时，很自然地联系到定位，这就引出了 GPS 的内容；在讲解 GPS 的数据处理时，又提到了 GIS。前面提到，案例 5.1 只用了一节课，但实际上教师在课前就做了准备，让几个学生在校园里操作手持 GPS 并把操作过程拍成录像供课上使用，这也应算在课时里面。自己的同学使用 GPS 过程会让学生觉得所学内容与自己很近，会有比较强的认同感。

案例 5.1 还反映了"常规课"的一个特点，就是随时随地联系考试需要。这节课上，几次出现教师带领学生完成练习题的环节，这些练习题主要是选择题型，很显然是为适应以后的会考或高考设计的学习活动。这也是一种保证学生学习有"时效"的做法。

案例 5.2 阅读

今天这课对我是个挑战，内容是我并不十分熟悉的地理信息系统的应用。不仅内容很新，涉及到的计算机操作我也不是很擅长。但我备课很充分，开始先联系了一下上节课讲的内容："咱们前两天学习了关于地理信息技术两种技术，还记得什么吗？一个是 GPS，一个是 RS。我们前面说到的 GPS 跟咱们的生活关系挺密切的，现在越来越多的人在使用这个技术。还有一种是 RS，地理信息技术还有一项，我们今天来了解，就是地理信息系统。它和 GPS 和 RS 并称为地理的'3S'技术。我们首先得先知道一下地理信息系统是怎么回事？看这个名字，几个词组成？"从这里开始了我和学生的对话：

"三个。"

"哪三个？地理、信息、系统。首先说系统的事，一说到系统的事给你的感觉是什么？"

"整体。"

"整体是通过谁来组成的呢？要素、信息组成的。这个信息以什么方式呈现呢？咱们同学们用过这样的信息系统吗？没用过吗？我们高一的时候，你们要往电脑里输入你们自己的自我评价，有印象吗？那是整个北京市对中学生的一个信息管理系统，那就是一个信息系统，我们今天要说的这件事，跟你往里输的整个北京市中学生的信息管理平台有什么不一样的地方呢？那个系统叫中学生地理信息系统，没这么说吧！那是你们的一个信息管理平台。这个冠以'地理'。冠以'地理'说明什么？咱们书上有一个案例研究，我们在课上不做过多的了解，你们可以回去看。同学对2003年的'非典'还有印象吧！这里做了一个什么？国家SARS疫情控制与预警地理信息系统，你说SARS跟地理有什么关系啊？不是一个疾病疫情吗？它怎么后缀也是地理信息系统呢？我们地理的最突出的特征是什么？应用广泛。这是你理解的，还有吗？"

"区域性。"

"说得已经有点沾边了，区域性其实反映的是我们地理学的一个突出特点。你看这里面要解决SARS的什么问题呢？对这些病人、疑似病人进行什么标定？空间标定。咱们老说的地理事物是怎么分布的，地理学科最突出的特征就是空间特征。所以我们说地理信息系统把这三个加在一起，系统加信息加分布，以数据的形式呈现。冠以'地理'最重要的就是体现它的空间特性。实际上就是这些数据彼此之间能够建立一个空间的联系。我们要解决的问题就是体现它们空间的联系，这个用地理信息系统可以来完成。"解释完概念，我开始给学生布置任务："我们今天来体验一把，看地理信息系统到底是怎么来呈现这个过程的。我们来解决一个地理问题。就说我们北京，北京发展变化特别快，日新月异。我们北京在不断地做城市的规划。比如说对北京的农业做一个规划，各位都是规划专家，咱们说两件最简单的事。咱们吃的主食小麦，种小麦在哪儿？一个是苹果，我看有同学每天都吃。就做这两件事，看看小麦在北京种在什么地方比较合适，还有果树在什么地方。做之前思考一个问题，如果考虑规划农业区的话，我需要考虑哪些条件？比如种小麦我需要考虑什么？"

学生用上了必修二学习的农业区位因素："地形、气候、土壤、水源……"

"不错，自然地理的几个因素都想到了。还有吗？"

"市场、交通。"

"还有吗？"

"地价。"

"这个挺重要的。"

"劳动力。"

我提示他们考虑政策的因素："你们是做规划的。你们规划完了要干嘛？要给政府提供参考意见，然后政府用它做政策的决定，所以还有政策的因素。那些因素咱们今天得简化，要不然工程太庞大，我们只考虑几个重要的因素，比如说我已经决定在北

高
中地理教师专业能力必修
Gao Zhong Di Li Jiao Shi Zhuan Ye Neng Li Bi Xiu

京这里种小麦，北京本身地不大，那今天就不考虑气候了。同学们说的第一个因素，地形，北京还是有区别的，土壤我们考虑一下，还有就是北京市的城市土地利用类型得考虑一下。我给同学四张图，一个是北京的行政区划，我怕同学不知道哪是哪，所以标一下，其实你们应该知道。我们现在分成两大组来做这件事，就从中间分开，这边三个组，种小麦，这边三个组种果树。大组里给了两份图，大家可以几个人合在一起看，可以分成小组，共同讨论，最后给我一个决策，就是你们的意见。地形图我们简化了，它分三个等级，地形用坡度表示，坡度的等级数值越高，说明这里越缓，我说明一下，因为图例上没写。剩下的土壤类型和土地利用类型的等级越高，越适合作为农业区。现在就讨论，然后归纳出一个意见。"

过了十几分钟，学生讨论的差不多了，我让两个组各找一个代表到前面汇报。"小麦"组先汇报，一个女生拿着他们画的图走到讲台前："第一张图是坡度的图，因为种小麦需要一个平原，就是地势比较平坦，所以我们根据坡度的图，大家看到红线的部分就是我们圈出来的，在北京地势比较平坦的区域，我们就从这个区域的里面找适合种小麦的地方。"

"他们考虑的第一是坡度，比较平缓的地方种小麦。"我找重要的地方重复一下学生的考虑。

"第二张图是土壤性质。"

"他们画了四个点来固定这张图，因为这三个图幅一样，实际上就是把这两张图重叠。"

"土壤性质是红颜色最高的地方说明土壤比较好，然后我们根据刚才圈出来的，在红的区域范围附近圈出一些红颜色的土地，大家可以看蓝框。"

"就是两个交集的地方。"

"两个交集地方，就是这两个条件都满足。第三张就是土地利用的图，这一张是黑颜色的线，也是重叠部分，大家可以看这画了一个很大范围，因为可以看到有部分绿色，我们把部分绿色给抛出去了，因为我们觉得三块地方上面的这两块地好，水好，自然条件非常好，这一块主要是依赖于它的交通，因为它离市区比较近，正好又在广阔的平原上，所以交通比较方便，把这个部分圈出来可以种植小麦。"

我结束了他们的汇报："这是他们组的。她实际上把三张图叠在一起，来做一个选择，然后得出这样一个最佳的结论、意见。好了，政府知道这个意见了。下面请种果树的组来。"

"果树"组上来的也是个女生："我们选的是种果树。根据平时学的知识，一般山地里面比较适合种果树，所以把坡度比较陡的地方用黑色的笔圈出来了，就是黑色笔部分区域都符合条件，然后我们考虑了一下土壤性质，就是说等级越高的地方越适合农业，我们就用蓝色的阴影把土壤比较适合的地方涂成蓝色阴影。然后再综合土地利用我们发现，我们所圈出来的黑色部分大多数地方全都符合我们要求，又综合以上几个因素，用红色把我们认为比较适合的区域给圈了出来，大概有四个区域符合我们的条件，主要是在怀柔、平谷、延庆、门头沟到昌平的西南。"

我开始和学生讨论："在北京的北边、西边，西部地区，非常好，他们在做的过程把几个图再叠加，叠加以后我们就发现实际上考虑的是三个要素在空间上有一个最佳的组合区域。我理解的对吗？你们是这么考虑的？但是这个最佳组合当中有一个主导因素，比如种小麦，你们考虑这三个要素中主导是谁呢？"

"地形。"

"是地形，你们这边呢？也是地形。果树组说坡度比较陡一些的地方适合种果树。我想问问坡度缓的地方难道不适合种果树？也适合。但是他们说留给你们种小麦了，因为坡度陡的地方要种小麦不是太适合，所以要谢谢他们。这是同学们做的一个过程。"

下面，我接着学生选择的结果，转到了地理信息系统上来："其实你们做的过程，就是地理信息系统也可以完成。在没有这个系统之前，没有这种技术之前，人们就要这样来做，那我们刚才考虑的要素，其实是很少的。实际上要素非常多，做规划不是那么简单。如果有了这个系统，它会怎么帮助我们来完成呢？你们体验一下，看看跟你们选择的过程有哪些相同和不同的地方。看我这，这也是四幅图，跟你手里的一样，我们第一个把行政区划调出来，把颜色变透明了，这样比较容易看到，重点把区的界限标出来，能看出来吧！第二个调出土地利用图，看看有什么变化，这张图跟你们的也是一个意思，我再把土壤性质的图调出来，看到变化没有？这三图现在发生什么关系了？连起来了？叠加了。这就是一个图层叠加的过程，有变化吗？变化了。现在叠加了以后，我就能做选择了。刚才大家做了一个定性分析，现在这个技术能帮我们做定量分析，比如考虑一个主导因素，如果我们同学做就觉得这数据太多了。计算机怎么帮我们做呢？刚才大家说了，我们在选择的时候，比如我们先种小麦，最重要的主导因素是什么？坡度。坡度影响最大，所以给坡度的权重最高，占 0.6，其他两个各占 0.2 就可以了。计算机做的跟我们刚才的过程有哪些不一样？"

这时计算机在进行运算，屏幕上可以看到计算机运算的进度显示，我提示学生："这就是计算机按照我们赋予它的权重在做空间分析，把这些要素在空间上建立一个联系。"计算机给出结果后，我又把它做一个等级划分，让学生看看哪些地区最适合种小麦。我告诉学生："越是发红的颜色等级越高，等级最高的说明最适合种小麦。跟你们刚才选择的地区是不是比较接近？还是略有一点差异性。这是我们刚才种小麦的过程。种果树呢？我们再看计算机做这个过程。跟种小麦不太一样，这里不用怎么考虑坡度，因为在什么地方都比较适合，我让它占权重比较小一些。土地利用类型比较重要，我让它权重稍微高一些。我们再看土壤性质，它们三个之和得是 1，看一下我们最后的结果，想想你们做的这两个过程和计算机做的有什么不一样的地方？我们刚才还要分两个组来做，现在机器自己很快就都完成了。"为了体现计算机的功能，我仍然把结果分成五级，绿颜色越深的等级越高。我指着最不适合种果树的区域问学生："这个区域最不适合种果树，为什么呢？"

学生看出来了，回答："是城区。"

"对，这是城区，城区就不能大面积种果树了。现在来看，利用地理信息系统作规划和你们作有什么相同、什么不同呢？相同的是什么？都是通过图层叠加，反映地理事物的空间联系。不同呢？太明显了，计算机速度太快了，不仅仅速度快，还精确，更科学，可以定量来计算。还有吗？想想我这上面还可以叠加其他要素，只要我有数据，我是不是还可以增加？有了海量的数据可以把所有的要素做一个综合的分析，它是不是比我们人工更强大。因此我们想完成规划这件事，我们首先得知道什么？发展农业我首先知道什么？就是需要知道区位的各种数据。我们看看计算机怎样体现出强大的数据处理能力。土壤类型你们刚才只有三个等级，用计算机处理，就可以分为这么多个等级，我们为了让同学们体验一个过程还是给它简化了很多。"

"我们可以看出来，地理信息系统通过数据分析告诉我们的最重要的东西，是这些要素的空间联系。"让学生看到计算机处理与手工处理的差别后，我简单介绍了一下地理信息系统的工作流程，就把话题转到地理信息系统在城市管理中的应用："我们北京因为2008年的奥运，在城市建设上做了很多大手笔，其中一个大手笔就是首钢搬迁了。因为首钢对我们北京确实污染比较严重。钢铁企业最大的污染是什么？是对大气的污染。很多人都特关心，首钢污染会不会影响到我们这个地区。我们就可以做这么一个模拟。同学看我这，我要想知道有哪些地区会被污染的话，先把乡镇的界限定出来。当然我们模拟的范围比较小。乡镇界限还可以把名称给它标注出来。标注名称，字稍微大一点，然后用红字。看到名称了吧，这个比较快，然后还可以把建筑物标注出来，这里淡淡的蓝颜色表示有建筑物的地方。水系也可以标上，道路什么的都可以叠加上，最重要的是把首钢显示出来。首钢在哪呢？看到了吗？太小了，给它放大一点就看到了。看见首钢了吗？现在假定污染的范围有五公里。看看有哪些建筑物在这五公里的范围之内，当然你也可以做十公里，咱就五公里。五公里的范围，看看哪些地区会受到它的影响呢？"

我边操作计算机边解释，学生都看着大屏幕："看到了吗？我把颜色变成无色的你就看清楚了，现在在这个区域圈里的都是会影响到的建筑物，这就是做了一个模拟。这些建筑物都是什么建筑？如果做得特别细的话，这个也会显示。建筑物的名称在这里都可以看得到，所有建筑物都有编号，我可以标注是哪个小区、哪楼、几门都可以。另外还可以标注什么呢？受影响的这个范围，我把它涂成这种亮色。现在涂成亮色的就是在这五公里范围之内会被影响的地区。"

模拟的范围确定后，我提出了要考虑的影响因素问题："做大气污染这个模拟的话，我需要考虑什么因素？"这个问题不难，学生很快答出："风。"但是比较笼统，我追问了一下："风的什么？"学生陆续补充说出风向、风力、风速等。我又问："还有什么?"学生有答"植被的状况",有答"地形是否有阻挡",多少都有点关系,但和要模拟的事物关系不很密切。看来学生是想不到了,我告诉学生:"还要考虑大烟囱的高度。烟囱的高度不同,影响的范围是不一样的。所以这是我们模拟要考虑的重要因素。"

演示完地理信息系统对首钢污染周围大气环境的模拟,我总结了一下:"这个模拟实际反映的是 GIS 在城市环境管理中的应用。地理信息系统还会做什么模拟呢?比如说北京到夏季是进入了洪水期、汛期,那我还可以做什么模拟?灾害趋势分析,可以模拟什么啊?这次降雨有多大量,雨量太大了,涨五米了,哪些区域可能会被淹没?可以做吗?没问题。GIS 的功能是非常强大的。最重要的一点,就是帮我们做各种事物的空间分析。同学们肯定觉得这事太深的。肯定是专家做的,跟我们有什么关系?刚才城市污染跟咱有什么关系?有点关系,也许更多是政府部门、环境管理部门。比如灾害、救灾跟我们会有一些关系。还有哪些应用跟我们日常生活有关系?你觉得GIS 能帮你做什么?"我提出这个问题是为了后面介绍电子地图的应用。

案例 5.2 分析

为了寻找提高地理教师适应新课程中新内容的能力,我们进行了一个中学教师借助大学专业教师帮助提升自己地理信息技术知识水平的探索。案例 5.2 和后面的案例 5.3 就是探索的成果。先看案例 5.2 的教学内容。授课教师用了一节课的时间教授地理信息系统(GIS)在城市管理中的应用,使得学习的内容得以展开。

在教学方法方面,案例 5.2 采用了学生分组讨论、设计和教师讲解结合的方法。前半节课,教师安排学生"规划"北京小麦和苹果的种植地区,但要求使用纸质地图和投影片而不是计算机。后半节课教师操作计算机软件"规划"北京小麦和苹果的种植地区,接着又使用了首钢废气污染的例子展示了地理信息系统在管理城市环境方面的作用。

案例 5.2 在教学设计上有如下几个特点:

第一点,突出了地理空间问题,强调地理信息系统的应用是为了解决实际地理问题,学生要学的也主要是应用方面的内容,而不是计算机技术的知识。所以地理信息技术应用课必须要跟计算机课区分开来,教师要教的是这种技术有哪些地理特性,在解决地理问题中如何应用。课中教师让学生以北京农业用地为例做图形叠加,就是让学生感受地理学科本质思想是各种事物在空间上的联系,地理信息系统可以帮助人们做这种空间的分析,发现地理事物之间的各种联系。

第二点,在讲地理信息系统前,先让学生用手工绘图进行图形叠加,再与计算机图形进行比较,通过二者的不同引出地理信息系统的应用,这是一个巧妙的设计,可以让学生在比较中体会地理信息系统的独特作用,这种对比的方法使学生的兴趣更加浓厚。当教师操作计算机时,学生就了解到计算机处理海量数据的能力,而学生体验的纸制地图的图层叠加过程只能是一个定性的分析，定量的分析学生基本做不了。教师课后反思，如果学生能够亲自上机来操作，甚至可能会影响到他今后的专业选择。

教师课后回忆自己的设计过程，曾经反复思考什么时候开始使用 GIS 软件。这个教学时机很重要，如果出现太早，学生不一定能很好地感受 GIS 工作的过程，最后决定先让学生体验图层叠加的过程后再展示 GIS 的工作流程，学生就会联系自己刚刚做过的工作来理解。

第三点，教师把不同的教学手段结合起来，既有传统的教学手段，也有新的教学手段，二者的结合很自然。

第四点，整节课的思维、层次、逻辑感非常强，先是地理信息系统的概念定义，再到空间分析功能的介绍，最后是具体的应用，通过电子地图的展示，把整个地理信息系统大致的理论框架基本上都展示给学生了，使地理信息系统这门技术的学习，从基本的原理，到它具体的应用，整个的思路非常清晰，完全符合中学生掌握的层次。

第五点，抓住关键内容。教师把现在地理信息系统当中关键、核心的技术，能够非常熟练地应用到课堂上，是下了很大功夫的。地理信息系统这门课，在大学师范专业至少需要几个月的时间去学。现在放到中学用一个课时去学的话，所教的内容是很少的，关键是要突出几个最典型的东西和特点，例如，什么是地理信息系统。同时，要尽量简单，讲地理信息系统应用的时候，一定要和大学课程区别开来，例如，数据选取的时候，量一定不要大，但要有代表性。案例 5.2 采用的办法是把全北京的数据首先从空间尺度上进行简化，简化后的数据更便于课堂演示操作，使计算机的速度非常快。再就是类型的简化，本身可能有几十个类型内容，教师将它们简化成三个类型：适宜、不适宜和中等，这样学生既能够体会到不同程度的层次感，同时又不陷于非常庞大的数据当中。

第六点，结合学生的实际设计教学。首先是选择学生易于理解和接受的事例。要把 GIS 在城市管理中的应用讲好，就要结合具体实例讲解，不能只介绍概念和原理。教师选择首钢这个实例，就是考虑到北京的学生都知道有一个首钢，而且这个班有一个学生家长就是首钢的。其次是考虑文科班的实际。教师认为，地理信息技术应用这个内容，文科班和理科班的教学应该有所不同。对于文科班学生来说，这个内容不仅必须学习，而且高考也会遇到。所以对文科学生的要求要稍微要高一点。

最后还要对比一下两节课上的学生和教学条件。从教学实录可以推测出，两个学校的学生特点不同。因为学生的差异，才有了两位地理教师教学设计的差异，明确这一点，就能比较容易理解两节课的许多不同点。但是两个学校的教学条件相差不大，两位教师也都使用了多媒体教学设备。不同的是案例 5.2 使用了专门为这节课设计的 GIS 软件，而案例 5.1 使用的是从网络等资源搜集的材料。

上面列出的若干点可以说主要是课的优点。列出了这么多优点，是不是就是一节"好"课了呢？其实反对者的意见也很尖锐，持反对意见的教师认为案例 5.2 的致命问题是"专业杀手"，意思是说课上得太专业化了。仔细想想，反对意见也是有道理的。案例 5.2 中哪些内容或处理方式具有"专业杀手"的性质呢？我们分析，恐怕主要是指课上使用的 GIS 软件。在必修课上，一般教师最多使用一下电子地图，很少有教师能用到 GIS 软件，因为这种可以用于中学课堂的软件很难找到，教师更不可能自己去制作。或许还有"图层"叠加的概念，听上去也很专业。

这里就有问题了：教师备课时没有阅读课程标准吗？教师不怕讲得太专业学生无法接受吗？教师是不是计算机高手可以自己制作 GIS 软件？我们从头说说这个经过。下面是授课教师和教研员公共备课的片段：

这天，地理教研组请来教研部门的老师一起商量如何设计地理信息系统在城市管理中作用的研究课。我先谈了教研组的想法：理科班和文科班各上一节课，一样的内容，但用两种课型，我先说文科班的课。

我为什么挑文科班呢？我准备用的模式属于很传统的，因为我毕业时间比较长了，上大学那会儿基本上没怎么学"3S"技术，那会儿只有遥感课程，遥感图像还是要拿两张照片对着看的那种。我自己的计算机水平也比较低，对于我这样的老师来说，上这种课确实有难度。

文科班除了会考要求以外，还要有高考的要求，所以我想让学生大致能够运用一些资料，了解地理信息系统在城市管理中的各种功能。学生要运用资料来了解，在这之前应该知道一下地理信息系统最基本的原理，例如图层叠加的过程。我想用最传统的那种手段，比如说普通传统地图的叠加，或者用案例形式，给他一个任务，设置一个情境，让他们体会图层叠加的过程，然后再解决一个地理问题，我觉得对于文科班的学生来说，可能体会这个过程比较重要。

另外，他们要在解决地理问题的过程中体会地理事物之间的相互联系，还需要了解反映这些地理事物信息的图像。所以我想以我们生活的家乡入手，研究北京，给他们一些传统的地图，让他们做一些像城市布局规划这类的活动。在这个过程中他要考虑需要哪些地理信息、哪些图像，将图像进行叠加，最后看布局的合理还是不合理，然后再看地理信息系统是怎么应用的。教学过程的重点是让学生体会地理信息系统应用成果的形成过程。

除此之外的其他城市管理功能，可以让学生通过实际生活来了解，让他们明白，地理信息系统离他们不遥远，跟他们的生活密切相关，比如他的一些衣食住行各方面，他们需要解决的一些实际问题，如何通过电子地图来解决，这在生活当中是切实可行的。大概我那个教学的过程就分这么两部分来呈现：学生做的过程用传统手段，然后再让他体会地理信息系统的优势。我觉得这样对我来说就相对容易一点，因为我们依托专业老师可以把那个应用成果做出来，我简单操作就行了。对于文科班的学生来说，更重要是了解大概、简单的应用过程就可以了，因为他们不具备理科技术方面的优势，让他们上计算机操作，也不一定能够做出多高的水平，所以就更强调了一个实际应用上面的效果。

　　归纳一下上述讨论，授课教师的意思是：本课针对高二文科班学生设计。文科班学生与理科班学生在地理学习过程中，特点有所不同，首先需要不断培养文科学生学习地理的兴趣，因为兴趣的培养能够提高地理学习效率，特别是高考复习的效率；其次，文科学生除具备普通公民必备的地理素养外，还应该具备了解地理信息技术以及初步运用地理信息技术解决实际问题的能力，其中运用地理信息系统解决学生实际生活中的问题更为重要，这是《课程标准》的基本理念，也是高考文综《考试说明》的要求；第三，文科学生要应对高考的检验，因此文科学生应该具有运用地理信息系统原理解决地理问题的解题思路训练，所以了解地理信息系统的原理也是文科班教学的重点内容，这也是高考文综《考试说明》的要求。鉴于以上认识，案例 5.2 选择学生生活的北京为背景，所选案例都是从学生身边出发，使学生有亲切感，可以激发其研究的欲望。对于地理信息系统原理的学习则采用了传统地图叠加和 ArcGIS 课件对比的方式，依托学生已具备的工农业区位选择等地理知识，将 GIS 图层叠加的过程由学生运用传统地图叠加的方式进行体验，从中找出 GIS 与传统地图简单叠加的差异。对这个环节的设计主要体现过程性学习，也体现通过亲身体验获得学习经验等新课程理念。

　　课后，授课教师反思，这堂课学生的学习积极性较高，基本达到了事前设定的教学目标。课上也出现了一些问题，但主要是分组讨论组织方面的，并没有涉及到内容方面。

　　从这节课形成的背景看，我们也许应该更多地从教师专业发展的角度来认识这节研究课，当初安排这个主题课例的时候，是想到要探讨一下高中地理教师在教这些原本很不熟悉的内容时，自己专业能力是怎么得到发展的，是怎么解决遇到的困难的。地理信息技术安排在高中地理必修课程中，体现了地理新课程的一个时代性，但是很多教师因为对技术本身不熟悉，甚至在大学里就没有学过，所以对这部分本身要求并不高的教学内容，心里也很没底，这点案例 5.2 授课教师在介绍自己想法的时候，已经说得很明白。在准备这节课的过程中，也请了大学地理信息系统专业的教师提供了技术支持和指导，其中最重要的是帮助教师编制了一个简化的地理信息系统演示软件，这个软件可以用来说明地理信息系统在生产生活中的应用，这种中学与大学相关专业之间的联系，也是我们这个课例要讨论的问题之一。

修炼建议

1. 理解课程标准对"地理信息技术应用"的要求

　　高中地理课程关于信息技术的基本理念是这样表述的："充分考虑信息技术对地理教学的影响，营造有利于学生形成地理信息意识和能力的教学环境。"现代信息技术对高中地理教学影响的重要方式之一，就是在必修和选修课程中都安排了"地理信息技术应用"的内容。考虑到我国高中地理师资的现状和各地教学条件的差异，课程标准的"课程设计思路"中写明：对于地理选修课，部分学校因条件不具备，可暂缓开设"地理信息技术应用"。必修课中"地理信息技术应用"的教学要求比较简单，主要定位在了解"3S"技术在生产、生活中的应用，而且这是其中的特定应用，例如，遥感在资源普查、环境和灾害监测中的应用、全球定位系统在定位导航中的应用、地理信息系统在城市管理中的功能。即使学校什么技术条件也没有，依靠高中地理教科书也是可以完成基本的教学要求的。

2. 把握地理信息技术应用的核心知识

参照课程标准解读的介绍，地理信息技术应用的核心知识包括以下几方面：

三种技术及数字地球的基本概念。虽然课程标准中没有要求学生记忆这些概念，但很显然，知道这些技术名称的含义是了解它们应用领域的基础。

三种技术应用的基本或简单过程。这里的过程是指三种技术在生产、生活中应用的程序，不是指技术内部的"工作机制"，也不是指计算机程序的操作过程。例如，遥感技术，学生大致知道遥感是如何获取地理信息，人们如何通过判读遥感图像进行环境、灾害等地理事物和过程的监测就可以了，至于遥感技术的成图原理等，就不是必学的。教师是否教授这些原理要看学生的基础和需求。

三种技术的应用范围。这个是课程标准明确要求的内容。三种技术应用的基本或简单过程实际已经算是技术应用的部分。除此之外，学生还需要了解技术应用的范围，这一点课程标准的要求并不高，遥感技术只要求了解它在资源普查、环境和灾害监测中的应用，全球定位系统只要求在定位导航中的应用，地理信息系统只要求在城市管理中的应用。在此之外的其他应用，则由教师根据自己学生的情况决定，例如案例5.2使用了北京农业用地的例子，这完全出于课的需要。

数字地球的含义。这个内容是课程标准要求的，虽然知识点很小，但却很重要，它不仅是对前面三种技术应用学习的综合，也是密切联系了技术发展带来的社会生活的变化，日常生活中的网购、电子货币、网银、电子商务、远程教育、远程医疗、数字博物馆、数字图书馆、电子游戏、手机阅读、手机付费等，都是数字地球在日常生活中的表现，学生只要对数字时代发展有个基本概念和了解就可以了。

3. 提高自己的专业修养

即便必修课中比较简单的内容，大部分教师在讲到这部分时也有畏难情绪，主要是因为自己的相关知识背景不足，讲起来心里没底，例如，除了地理教科书中举的例子，这些技术还能做什么？毛泽东当年有句话全国人民都知道：手里有粮，心里不慌。现在教师一点知识"储备"都没有，上课当然要"心慌"了。所以高中地理教师要花些精力补充"粮食"。具体方法要依个人条件而定，案例5.2中的教师在提升自己地理信息技术修养时采用了"做中学"的途径，使得自己能在比较短的时间内由"没学过 GIS"、"不熟悉计算机"到熟练地完成这节课。"做中学"的核心就是先开始做起

高

中地理教师专业能力必修

Gao Zhong Di Li Jiao Shi Zhuan Ye Neng Li Bi Xiu

来，在尝试新课的过程中遇到什么问题，就去学习相应的知识，最终形成一个新知识的网络。

4. 互助学习

互助学习是比较容易采用的方式，例如，案例5.2起码在授课教师所在地区就可以成为其他教师学习的材料，如果能拿到那个微型软件的话，先模仿、再创新，把这个内容讲得"活灵活现"是没有问题的。拿不到那样的软件，使用网络上的电子地图，或找些介绍地理信息技术应用实例的录像，也完全可以上好这节课。

5. 避免成为"专业杀手"

尽管案例5.2有自己的形成背景和学生基础，但"专业杀手"的批评是特别值得我们警惕的事情。高中地理课毕竟只是在给学生一些公民素养教育，我们要多考虑学生要成长为能够适应社会生存的公民，从地理课的角度能给予哪些教育，用不着过多追求地理学术角度的"专业"。

二、熟悉教学策略

案例5.3 阅读

我就是案例5.2中那位教师的同事，我们上的是一个主题，但使用了不同的策略。不过导入是相同的，先联系了一下前面学过的内容："上节课咱们学习了 GPS 和 RS，大家还有没有印象？GPS 是干什么的？"

学生没有忘："全球定位"。

"还有一个是 RS，遥感，遥感是干什么的？由于它可以拍出很多的影像，所以它可以进行资源的调查，还有灾害的预警预报，做很多这样的事情。今天我们来学习第三个 S，就是地理信息系统。实际上 GIS 离我们并不遥远，我们平时很多人都会用电子地图，你们会不会用呢？今天我来检验一下，现在打开你们电脑当中的 Google，先看我的。有人可能上得少一点。打开 Google，点开'地图'，看见了吗？上面有一幅地图，打开电子地图给你们布置两个任务。先看看这两个任务：一个是咱们班里有一同学家住回龙观的云趣园三区，这个任务是让你帮着他寻找一条从家到学校的最佳路线，包括公交方式和自驾车方式。还有一个，这孩子觉得家离得太远了，所以他想在学校附近租房子，月租金他想控制在 1000 元到 2000 元之内。请你们帮他找一个合适的租房子的地点，这是一个任务。第二个任务同学们看一下。我们学校来了一个韩国交流的学生，这学生家住在中海凯旋，你们帮助他解决一下日常生活的几个问题。第一个，他平时吃饭需要找一下附近的韩国料理餐厅，还有超市。另外还有一个大问题，就是他的父亲在北京市朝阳区金隅国际上班，这地方你得查查，想问问你们他自己开车的行车路线当中，可能会有哪些交通流量大的地方。咱班分成两边，我左手这边做第一个任务，右边做第二个任务。抓紧时间。"

过了十几分钟，学生自己研究得差不多了，我就请一个男同学到前面操作计算机演示解决问题的过程，他边操作边解释："首先，先登陆公交站点，因为咱们要查询的是公交换乘，对于换乘方面来说用公交这个网站比较好。进入这个网站以后比较明显的是看到这个文本框。一个是输入起点，一个是输入终点，我们输了一个是回龙观，一个是实验中学，这个公交我查的比较省事，所以直接输入回龙观，选的不是三区选的是回龙观派出所。"

我问学生："你怎么知道回龙观派出所和回龙观云趣园三区离的很近呢？"

学生解释："因为我用 Google 查了一下。其实如果大家要再试一下的话，查回龙观站一般是可以查到三区那一站。"

我概括地重复了一下学生操作："他是先查到哪条线之后又查的哪一站，这个注意一下。好了。现在解决第二个问题。"

学生继续说："用 Google 比较方便。我输的是 Man. Google. com，不是 ditu. Google. com。现在看这个地图，这个地图里有一个叫生活搜索，查房租。"

我帮助学生说明："把 1000～2000 元输到价格里，然后按照你的价格选择，再输进去关键字比如说'西单'，如果再近一点，就输入'二龙路'，输入后，它会显示出相应的地点。"我叫这个学生把鼠标放在当中的一个点上，"我们还可以看见什么呢？我们可以看见这房子到底怎么样，它周围的环境如何，地图上都会有介绍。"

第一组的任务到这里就完成了。因为时间关系，我把第二组的演示任务简化一下："就做一件事，现在我想告诉他父亲，从家到单位这个路途当中，现在可能会有多大的交通流量，比较大的地方有哪些？怎么来做？我请一个同学来演示。"

这次是女同学，她到前面边操作边说明："先在电脑里输入……。然后要看流量。"

我帮助补充说明："对，要看交通流量，主要是看从家到单位，注意点一下交通流量就会出现，它是滚动的、实时的，不同的颜色代表不同的状况。"

我让学生接着做："再选择国际金隅。"她问我："查选择的两地之间的吗？""对。"

"这个我还没做呢。"

我启发学生："实际上查两地之间的流量是不是可以按照第一组的思路来做？从某地出发到某地就可以把路线显示出来，同时可以看出来流量，这是完全可以做到的。通过咱们查找电子地图，你们告诉我电子地图到底有哪些功能？查询的功能对吧？还有吗？"

学生说出"公交线路的选择""附近超市的查询""附近的餐厅""住宿"等，我总结到："也就是说，我需要什么就可以把这些都调出来，查询是个基本功能。还有刚才同学做的时候从这个地方到另外一个地方，之间会选择线路，选择线路的同时，旁边还会告诉你什么呢？多少公里，这是什么？"学生回答："路程。"我说："有量算的功能。还有刚才你们说了可以按照自己的需求进行查找，这个叫空间分析。我在这个空间之内，这个附近有哪些我需要的要素我都可以查出来。还有一种功能我们没有实践，这里面数据可能还有欠缺，比如，我给了你某个区它原来的人口，再给你现在的人口，然后算出它的一个发展趋势，可以预测未来这个区的人口情况或者人口流动的情况。也就是说GIS还有一个基本功能叫趋势分析和模拟，做这个的前提是有足够多数据，有不同时间的数据。还有个问题我想问一下，电子地图和咱们平时用的纸质地图有什么区别呢？电子地图可以根据你的需要放大缩小，对吧？我想放多大就可以放多大。还有吗？"一个学生想到了数据量："信息量很大。"我回应："信息量大，海量的数据对吧，只要它有我都可以获得。还有吗？"学生又想到一个："更明确。"我继续回应："更明确、更便捷，对吧？找起来很方便。还有吗？比如说我想要餐厅我就有餐厅，我想要商场我就有商场，这个是什么？"学生明白了我的意思："它会分类。"我补充道："它会分类。对吧？它会按不同的类别给你展示，按照你的需求来展示，这是电子地图和纸质地图很大的一个区别。刚才你们说的都对，GIS的最大特点，就是分类。大家看一张电子地图，不是我们想象的，直接找一张图就完事，它是按照不同的类别进行图层的叠加，当你需要某一层的时候，你就直接调用这一层就可以解决问题了，这是一个很重要的功能。"

我又提出了一个问题："地理信息系统和我们平时说的一般的信息管理系统有什么区别？比如说咱们班同学的基本情况，姓名、性别、学号、家庭住址，还有很多其他的信息，这种信息和我们刚才看的电子地图的那些信息，有什么区别呢？"学生因为一直在操作电子地图，所以很快回答："地理信息系统有图。"这个回答让我不太满意，就反问了一下学生："那我可以把图输进去，比如输入咱们班的一张照片，甚至把咱们班的座位图输进去算不算一个电子地图或者说地理信息系统图？"学生被这个问题弄糊涂了，有的说有区别，有的说没有，还有的学生表示"说不好"。我请一位同学试着说一下，他的看法是："以那个地图为基础，在地图上一点就演示出来了。"

还是没有回答到位，我就直接解释了："可能这个问题同学们觉得难回答，看一下'地理信息系统'，你们得拆字。一般的信息系统它会有数据，是一个完整的管理系统，我们把它叠加在空间上，我在查询的时候只需要点地图上的某个地方，就可以查到相应的信息，同时还有这些信息彼此之间在空间上的关系。这个问题我们搞清楚之后，大家可能对地理信息系统就有一个初步的认识。"

我又讲到一个新问题："地理信息系统如果想有强大的功能，最关键的事物是什么？比如说我就想查实验中学周围有哪些买好吃的地方，有什么好吃的，需要有大量的信息是吧？最关键的问题就是数据，就是说要有一个庞大的数据，也就是数据库。"

我给学生介绍了数据库中的数据的来源："通过卫星调查可以得到数据，就是利用刚才我们提到的RS的技术。比如说图上有个实验中学，它是个什么样的学校，需要有信息的调查，所以第一步需要有大量的信息输入。输入之后，比如说把一张实验中学地图扫描到计算机里，你是不是就可以点出那个班？不是。如果想让它具有这种功能，必须要把这种数据转化成数字形式，不能是图片，所以它有一个数据处理的步骤。处理好数据之后这个数据库才真正的建成。我们可以用这个数据干什么呢？刚才又查询又分析，实际上我们在做一件什么事呢？就是进行空间的分析。"

案例 5.3 分析

谈到地理信息技术应用知识的教学策略，就必须把前面三个案例放在一起分析。

案例 5.3 中教师采用的策略是实践：上机操作加"任务驱动"。如果有条件，学生上机操作和"任务驱动"式学习相结合是学习地理信息技术应用知识比较理想的途径。

案例 5.3 的教师让学生操作的是网络上的电子地图，任务是查询本班同学或教师"需要"的地点、交通、路程的信息。实际上这个"任务"并不困难，教师在学生完成这个任务的同时，还渗透了一些地理信息系统功能的知识，如"图层叠加""空间分析""数据处理"等概念。

案例 5.2 的前半节课其实也是"任务驱动"式教学，不同的是教师并没有安排学生使用计算机，而是使用的纸质地图和投影片。

如果综合三个案例中使用的方式方法或称策略，除了"任务驱动"，还有一个就是使用实例。这个策略在案例 5.1 中体现得比较充分。我们归纳一下案例 5.1 中出现的实例：2008 年北京土地利用遥感监测图、某年在我国登陆的一次台风遥感图、大兴安岭气象卫星火情监测图、2003 年印度洋海啸前后遥感影像、1999 年南极冰架和 2007 年南极拉森冰架遥感图、小麦长势遥感图、2005 年北京奥运场馆场地遥感图、2008 年夏季现代化场馆遥感图、北京地理查询网。案例 5.2 和案例 5.3 由于主题和学习方式原因，使用的实例少一些。如果从实际生活的角度看，地理信息系统和全球定位系统与学生关系应该更密切，但地理教师更容易找到的反而是遥感图像，所以在地理信息技术应用的课堂上，GPS 和 GIS 应用的例子一般较少。

修炼建议

1. 试用"任务驱动法"进行地理信息技术应用的教学

"任务驱动"是指教师布置给学生一些要解决的实际问题，就像布置给学生一些"任务"，要完成"任务"，就必须用到某些知识和技术，通过完成"任务"来学习相应的知识和技术。就像我们学习使用计算机的绘图软件，教师也许会给我们一个任务：绘制一张图画。假设画图的第一个步骤是画一个圆形，我们就学习怎么使用画笔画出一个圆形；第二个步骤是为这个圆形着色，我们就学习着色的工具，这样一步步画出图形也学会了使用绘图软件，这就是"任务驱动"式学习。同它相对的学习方式是

"系统"学习，教师先把绘图软件的每个组成、每个工具都按照软件的结构一一介绍。如果软件比较复杂、工具比较多，这样的学习往往学了后面忘了前面，真正用时还要重新来一遍，所以技术的学习，使用任务驱动比较有效。此外，"任务驱动"式学习也会使学习有些探索的性质。

具体到地理信息技术应用的学习，三种技术的"任务驱动"也各有特点。比较适合使用任务驱动学习的是全球定位系统和地理信息系统，前者可以布置定位和导航的任务，后者可以布置查询、计算、空间分析等任务。

2. 注意搜集和保存应用实例

地理信息技术应用的学习中"实例"占有很重要的位置。如果没有实例，泛泛而谈，学生会觉得很乏味，也难以理解，最终是学了无用。

就三种技术来说，遥感图像的获取比较容易，从网络上就可以搜集，录制电视节目也是一个途径。全球定位系统的实例也可以从媒体报道中获得，但需要特别用心去关注，例如物流中的应用、野外救援中的应用等。地理信息系统应用的实例除了网络电子地图比较容易获得外，其他大量应用实例需要通过专业渠道搜集，例如 GIS 在社区管理、城市排水系统、城市急救系统等多种行业中的应用，这些实例从媒体上只能知道个大概。前面课上使用的管理系统，就是大学专业教师帮助开发的。曾经有地理教师利用大学期间从自己老师那里要来的软件和数据开设地理信息技术应用的选修课，上出了其他人无法达到的效果，就是得益于有心搜集实例和数据。解决这个困难的方法之一就是和自己所在地区大学地理信息系统专业的教师建立联系，获得他们的专业技术支持。不具备这些条件的学校，把教科书上的实例理解透彻，也可以完成课程标准的基本要求。

除了这两点外，"核心知识"中提到的一些"修炼"，如努力提高地理信息技术应用知识水平同样适用于"策略"的修炼。

技 能 修 炼

地理教师要在教学中正确体现课程标准的精神，就必须加强教学技能的修练，包括教学设计能力、课堂组织能力、资源利用能力、教学评价能力的修练。

专题一　教学设计

教学设计是教师应具备的基本技能。人们常把课堂教学比喻为"表演"，把教师比喻为"导演"，这样的话，教学设计就好比是"剧本"，其重要性就不必细说。但是把教学比作"表演"并不那么恰当。"表演"总归是为了给观众看的，必定有很多的装饰和"虚假"；而课堂教学是一种真实的、特殊的人类活动，不是为了给别人看的。所以课堂教学避免不了"意外"和"生成"，课前的教学设计也就必须做好两件事：预设合理的教学过程和为教学生成留下空间。

一、了解和描述学情

认知建构主义认为，学习过程是知识不断重建的过程，这一过程必须以学生原有的认知结构为基础。因此，教师在教学设计中，必须要认真分析学生的情况，根据学情确定教学的方向、重难点。那么，"学情分析"如何在教案中体现呢？

实例 6.1 阅读

下面设计片段的主题是"水循环和洋流"。

【教材分析】

本课主要讲述水的运动及对地理环境的影响。包括两部分内容：一是水循环，主要包括水循环的过程和环节、水循环的地理意义。二是海水运动的主要形式——洋流。着重介绍洋流的分布规律和对地理环境的影响，并举实例说明。

【学情分析】

以学生已有的认知水平和能力状况为基础，发现学生在学习新知识过程中存在的问题，通过师生互动、生生互动，帮助学生掌握新知识和培养新能力。

实例 6.1 分析

可以看出，教师在教学设计时意识到学情分析的重要性，但对学情的分析仅停留在抽象笼统层面上，不能反映本班学生的特色，也不能体现出面对不同教学内容时学生的情况。因此，这种学情分析对教学的指导作用就只能是"镜中花，水中月"。之所以有这种空泛的学情分析，最主要原因是老师缺少对教案中"学情分析"具体操作方法和措施的了解，有学情意识但无从下手。类似的还有这样的学情分析，主题是

"河流地貌发育"："通过前面的学习，高一的学生已具备基本的读图能力及从地图上提取、分析、归纳地理信息的能力，但是由于阅历浅，知识面还不够宽等原因，看问题的层次有待进一步提高。"

两个学情分析都比较空泛，不过相对于许多在教案上还没有"学情分析"的教师（这类老师可以说占了很大比重）来说已经进步了很多，因为他们在撰写教案时有了学情分析的意识，这是非常重要的一步。关键是在教案中如何体现学情呢？

实例6.2 阅读

下面举的例子主题是"人类与环境的协调发展"。

学生通过学习人口、城市、工业、农业及交通等人文地理的知识，基本掌握了一定的区位分析能力，对目前存在的一些环境问题已有一个清晰的认识。因此，如何由理论知识上升为切身的体会并付诸行动去实现人与环境的和谐统一，是我们着重思考的问题。回顾过去，了解现在是为了引起学生的共鸣，明确可持续发展的内涵以及进行实践的必要性。

实例6.2 分析

实例6.2的"学情分析"注意了以下几点：

一是关注了学生已有的知识结构。学生的知识结构决定着个体同化外界影响、重构自身知识的能力，进而影响到自己后续学习活动的广度和深度。我们在学情分析时，就要了解学生对这些知识是否了解，对这些知识的辨识能力达到了什么样的程度。实例6.2根据学生已经学过"人口、城市、工业、农业及交通等人文地理的知识"，推知学生已经知道了工业、农业、交通、城市发展中存在的一些环境问题，从而确定本节的侧重点不在于重复这些生态环境问题，而是"由理论知识上升为切身的体会并付诸行动去实现人与环境的和谐统一"，即"领悟走可持续发展之路是人类的必然选择；认识在可持续发展过程中个人应具备的态度和责任"。

二是关注学生的能力系统。学习能力是学生在学习活动过程中逐渐形成的，这些能力能够提高学生学习活动的成效。实例6.2认为学生基本掌握了一定的区位分析能力，在分析环境问题的区位特征时具备自主学习能力。因此，在后面的教学设计中，教师重点培养学生读图、析图能力，特别是教材中运用了联系框图和生产流程图来展现事物间的联系，理解这种联系图对学生能力要求较高，这是本课学生学习的难点。对于这一难点的处理，教师认为要把握住主导因素，层层深入，递进分析地理事物或现象的发展变化过程。而对于生产流程图，除了要注意各个环节之间的投入——产出关系，把握中心环节，系统地理解整个生产过程外，还可以用学生已有的工农业区位分析能力来分析其合理性。

三是"学情分析"能够体现在重难点呈现及教学过程的设计上。许多教师在学情分析时很具体很详细，从学生的原有知识、年龄特征、能力基础等加以阐述，但在实际教学中仍自行其是，学情分析成了一种教案中的摆设，表现出他们心底教师本位的思想仍然没有改变。设计实例6.2的教师能在接下来的教案设计中体现出学情优先的思想，如分析新情境、用联系框图体现可持续发展理念等，下面是这位教师教案中的知识框架：

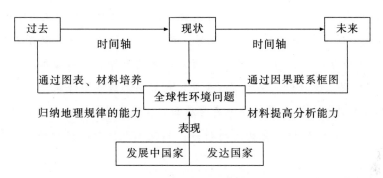

图6.1　"人类与环境的协调发展"设计框架

实例 6.3 阅读

学情分析也可以在地理教案的每一个教学步骤中加以体现，下面的"工业地域的形成"教案设计就很好地体现了这一点（教学程序后括号里的内容为学情具体分析及对策）。

【学情分析】

学生在学习本节内容之前，对工业区位因素已有所了解；在实际生活中，对不同类型的工业区域，如经济开发区等有所耳闻，但是真正要理解其含义不是件容易的事情，有的学生能接触到一些工厂，但并不能了解到整个生产过程，更难以知道工厂发展的过程及今后的方向。从这方面看，教材过于简单、抽象，学生对本节内容缺乏感性认识。另外，本节课内容专业性和理论性都很强，教材处理过于简单、抽象，很多名词晦涩难懂，所以学生理解起来困难，读不懂，也没有兴趣读，对本节内容缺乏感性认识。

【教学程序】

1. 课前准备

（1）结合我校教辅材料中的"主干梳理"预习课文，熟悉本节内容。

（2）利用各种信息渠道搜集资料，了解厦门工业发展情况。

（考虑到学生基础较差和本节的难度，做好准备工作。）

2. 复习导入：工业区位因素的选择。（由于学生已学，点到为止，加深学生对已有工业知识的印象，利于本节课的探究。）

3. 呈现探究案例（海沧台商投资区三大工业群），提问：反映了投资区内各企业间在分布上有什么特点？它们之间有什么联系？

（考虑加深学生的探究兴趣，以乡土题材优化问题情境。经过前面的学习训练，学生的材料分析能力较好，但考虑到学生对许多专业名词不太理解，教师需要作简要提示，如地域空间上的联系、工序上的联系等。）

4. 过渡及提问：从材料1分析中我们发现，具有工业联系的一些工厂往往近距离地集聚起来，形成工业集聚现象。工业集聚会带来什么好处呢？学生自学回答。

（由于学生对工业集聚内涵不容易理解，教师一方面以"学生集聚在同一教室的好处"为例诱发学生思考，另一方面以"开厂的目的是什么"来增加思维深度。）

5. 提问：根据上述分析，思考哪些企业比较容易形成集聚现象？

（考虑到问题比较抽象，学生还没有学后面的传统工业区和新工业区内容，因此这里需给出相应材料让学生对比分析。材料一：钢铁工业区介绍；材料二：高新技术区介绍。）

6. 工业地域案例分析

背景材料：灌南机械工业集中区形成条件及发展特点；厦门五大功能产区图和厦门政区图（含交通线）；厦门机械工业集中区介绍；金龙客车落户厦门机械工业集中区。

探究任务：分析机械工业集中区里的核心工业金龙客车的工业区位因素；探究许多厂家追随金龙客车厂落户的原因。

（学生已经学过工业区位选择，通过材料分析可以达到知识和能力的有机统一；同时，在已学习工业集聚的基础上是可以很好完成第二个探究任务的。而且结合身边的例子，学生有感性认识，有探究兴趣。）

7. 以美国工业区为例探讨工业的分散（略）

（这里选择美国工业区作为案例是因为上一章讲商品谷物农业地域类型时对美国的基本情况做了介绍，学生对美国的基本地理知识已有所了解。）

8. 教师利用板书小结。（学生的探究结果是零散的，班级很多学生没有记录的习惯，需要教师总结形成知识体系，也利于学生记录。）

……

实例 6.3 分析

这份教案设计中处处考虑了学情，从课前布置预习到乡土案例的展现，从探究的辅助提示或材料到板书小结，都有学情基础上的原因说明。正因为在备课中心中想着学生，我们也能想象教师的课一定会受到学生的欢迎，一定是有效的。

修炼建议

著名特级教师靳家彦曾经讲过："顺应学情，是教育的生命线。"以上两个案例说明了在撰写教案时如何考虑学情，不仅在"学情分析"栏目中，甚至在"教学过程"的每一个环节中，都可以体现着学情的影响。当然，在撰写教案的学情分析时，也需要注意以下几点：

1. 学情分析应该有两大层面，一是对于学生的群体共性的分析，另一个是对于班级个性和学生个体差异的分析。前者指当地学生或学校、班级学生的整体知识经验和认知水平，包括学生生活地的地理特征、学生的生活体验、学生已有的知识、学生的兴趣等，后者指学生个体在基础知识、地理思维能力、性格特征和学习动力等方面存在的差异，也包括"学时学情"。

2. 教师在学情分析时最易忽略的是班级个体差异，前面的几个案例中均没有提及。如班级男同学对逻辑关系图的认知、分析能力要超过女同学，而女同学在"人类活动对不同时代自然环境的影响"这些地理事实中更表现出感性的一面，学习兴趣更高。另一方面，班级学生的差异还包括交往学习能力的差异。如有的学生性格内向，不善于与同桌交流，有的学生又生性活泼，容易把话题扯到探究主题之外。因此，在教案的学情分析中适当关注班级内部差异，了解学生在学习动机上和能力上的实际状态，有利于教师及时采取教育措施给予调整。

3. 撰写学情分析时最好要结合对策，以利于操作。如在学情分析的基础上，提出"针对这种情况，可以采取……的设计"。在案例中，有一句"回顾过去，了解现在是为了引起学生的共鸣，明确可持续发展的内涵以及实践的必要性"，这实质是一种在学情基础上的教学对策（但缺乏学情分析作为铺垫）。

二、理解课程标准的内容标准

有人做过一个形象的比喻，把课程标准比作圆心，教学目标是半径，教学方法是绘图的技巧，无论圆多大，无论圆怎么画，都离不开圆心。而内容标准是课程标准最主要和最关键的组成部分，堪称圆心中的核心。圆心找不准，我们的教学就谈不上有效和高效。因此，理解课程标准就是找准圆心，理解课程标准的内容标准就是把握核心要素，而这也决定了教学的方向。

但在教学中，对课程标准理解出现偏差的例子比比皆是。下面一节"海水的运动"的常态课，我们来看看教师在设计时是如何处理内容标准的。

提问：什么是洋流？

读图分析：海水为什么会大规模、定向流动？有哪些影响因素？

总结：大气运动和近地面风带、密度差异、流体的连续性形成的补偿作用、陆地的形状和地球自转产生的地转偏向力。其中，盛行风是形成洋流的主要动力。

复习：全球气压带、风带的分布，理解风海流。（学生举例）

提问：何为密度流？

课件演示："直布罗陀海峡两侧海水盐度剖面及海水流动"

总结：由于海水盐度的差异，引起海水密度分布不均匀，导致海水从盐度低的海区流向盐度高的海区。

解释：温度的差异也可以形成密度流（教师举例：日本暖流、墨西哥暖流、巴西暖流，学生有点晕头转向）

讨论：地中海底部海水怎么流？这属于什么成因类型的洋流？（学生根据课件图片讨论）

总结：从地中海流向大西洋，这是补偿流，以补偿大西洋流出的海水。

多媒体显示：补偿流的形成，分析离岸风对秘鲁寒流形成的影响以及秘鲁渔场的形成。

总结：洋流的成因分类：风海流、密度流、补偿流。

提问：洋流根据性质可分为哪两种？何为暖流、寒流？

过渡：世界洋流的分布是复杂的，也是有规律的。世界洋流形成的最主要的原因是盛行风引起的，我们以太平洋为例，了解世界洋流的分布及规律。

动画演示：世界海洋表层洋流的分布及规律

总结：全球三圈大洋环流的分布规律，并要求学生记住图中的洋流名称。

……

实例6.4 分析

这节课的课程内容标准是：运用地图，归纳世界洋流分布规律，说明洋流对地理环境的影响。对照课标内容，教师的设计存在比较多的问题。

问题1：超越课标内容标准的范围

很明显，新的内容标准就知识点来说只有两个，就是"世界洋流的分布规律"和"洋流对地理环境的影响"。教师增加了洋流的成因这部分内容，而且盲目加深，如密度流除了盐度差异形成外，还增加了"温度差异形成说"，脱离了探究主题，消耗了学生的探究精力和热情。

高
Gao Zhong Di Li Jiao Shi Zhuan Ye Neng Li Bi Xiu
中地理教师专业能力必修

问题 2：忽视内容标准的行为动词

新课标是学生学习高中地理课程必须达到的要求，是写给学生的。"运用"是指学生运用地图，由学生根据地图归纳世界洋流的分布规律，而不是由教师代劳。教师给学生展示了世界海洋表层洋流的分布及规律的动画，并总结了洋流分布的四大规律，使学生成为被动的接受者，失去了探究机会，这与课程内容标准的要求是不相符的。

问题 3：时间分配不科学

这一节课，洋流的概念用了 2 分钟，洋流的成因（包括气压带、风带的复习）用了 25 分钟，洋流的性质用了 3 分钟，洋流的分布规律用了 7 分钟，其余时间是预习提问、课堂训练。内容标准中最主要的知识点"洋流的分布规律"只用了六分之一的时间，而不作要求的洋流的成因却用了一半以上的时间，导致课堂的失衡。另外需要讨论的是，同样是内容标准中没有体现的，洋流的性质要不要讲？教师的处理方式是通过提问一笔带过。其实，与洋流的成因不同，洋流的性质是需要花时间让学生探究，因为其判别会影响后面的知识——洋流对地理环境的影响。

出现上述问题，究其原因，写出实例 6.4 教案的教师和许多其他教师一样，上课之前没有去研究课程标准，对课程标准内容的变化把握不好，不了解"洋流的成因"等内容已经删除。另外，对课程标准选择的内容的依据理解不够，即不清楚新课标为什么这样变。比如说，删除大量知识点是因为它们繁、难、旧、偏，也是为了给学生探究活动腾出空间，为增加人地关系思考让出时间。第三，教师也不清楚在教学中应该怎样表现课程内容标准的这些变化。尽管也使用多媒体，但仍然按照传统的方式进行教学。

那么，如何在教学中体现对课程标准内容标准的正确理解呢？我们可以对本条"标准"进行"解读"。课程标准从对于自然环境和人类活动的意义来考虑，只关注环境意义最为重大的海洋水的运动形式之一——洋流。洋流一直是高中地理的重要内容之一。本条"标准"将洋流的学习归结为"世界洋流分布规律"和"洋流对地理环境的影响"两个方面，对传统高中地理中有关的洋流知识作了大量的简化，不必对洋流知识（如洋流的成因、洋流的名称、季风洋流等）进行加深和扩展。从知识的内在联系看，"洋流对地理环境的影响"是学习目的，而"世界洋流分布规律"是知识基础。结合内容标准，在具体教学中，可以让学生在阅读"世界洋流分布图"的基础上，把世界洋流的分布模式化，绘制分布简图并归纳世界洋流分布的一般规律。在掌握洋流分布的基础上，结合具体材料，再引导学生分析洋流对沿岸气候等地理环境的影响。

下面我们来分析"农业地域类型"的设计，看看教师在处理课程内容标准时是怎么做的。该课的课程标准是"分析农业区位因素；举例说明主要农业地域类型的特点及其形成条件"。

实例 6.5 阅读

教学设计前我先解读了课程标准的内容标准，对与农业地域类型有关的标准进行分解，确认其"行为动词""行为条件""认知内容"是什么。我从这条标准中看出："举例、分析、说明"属于行为动词，"农业区位因素、农业地域类型特点及现场条件"属于认知的内容。然后我再依据国家课程标准中的学习水平与行为动词的相应关系，确定相应的学习水平。其中"分析""说明"均属于理解水平，所以本课学生的学习水平也应达到理解水平，即对所学的地理基础知识、地理事物及现象有正确的理会，能够解释、举例或变形、推断，并能利用知识解决（如解释或说明）问题。我用下面这张逻辑关系图形梳理"行为动词""行为条件""认知内容"三者的关系，明确教学要求。（见图6.2）

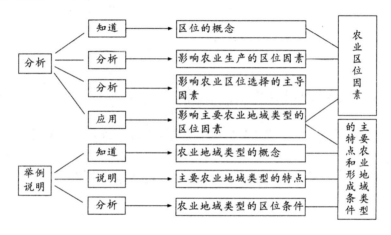

图6.2 行为动词与知识内容之间关系示意

按照我的理解，每一个认知内容中都包括下一级的知识要点，如农业区位因素包括区位的概念、影响农业生产的区位因素、农业区位选择的主导因素等，尽管总体"行为动词"是"分析"，但各知识要点的要求是不同的，区位的概念只需要"知道"就可，"影响农业的区位因素"及"农业区位选择"则需要对实例进行"分析"，而影响主要农业地域类型的区位因素则属于"应用"，属于课程标准中较高的要求。同样，"农业地域类型的概念"只需要"知道"，"主要农业地域类型的特点"要求达到"说明"这一理解水平，对"农业地域类型的区位条件"则能够达到"分析"要求，综合三点，该内容条目总体上属于"说明"水平。

"农业地域类型"主要是帮助学生掌握课程标准后面部分内容——举例说明主要农业地域类型特点及其形成条件。在对课程标准详细解读后，我开始根据对内容标准的分析进行教学设计。

我打算先用与学生聊家常的方式开始上课，问问学生："每天早饭一般我们都吃些什么？中午和晚上的主食呢？"当地的普通主食是白粥和米饭，预计学生一般会答出这

高

中地理教师专业能力必修

Gao Zhong Di Li Jiao Shi Zhuan Ye Neng Li Bi Xiu

两种。如果没有意外，我就接着问："大家知道本地市场上的大米都是哪里来的吗？"这个问题学生可能回答不出来，只能起吸引学生注意的作用。我可以"自问自答"，准备几种大米包装袋的图片给学生看，其中有本地大米、东北大米，还有泰国大米等大米的包装袋。从大米的不同产地引出水稻种植业的大致分布区域，这时我要呈现一些图片，如季风水田农业的分布、季风气候亚洲分布图、亚洲地形图等，然后带着学生一起归纳水稻种植业分布的区位自然条件。

在分析水稻种植业的社会经济条件时还需要补充一些资料。我想先问问学生，或让学生相互间讨论一下需要哪些补充的资料。学生可能会答出人口密度、交通线、市场、消费水平、政策等等。学生回答后，我将让学生通过学习水稻种植业的特点来自我分析，判断自己的回答是否有道理。

下面六张图片（图6.3）是准备呈现出来供学生讨论用的。我希望学生能通过观察这些图片，说出亚洲水稻种植业的特点。考虑到学生接触农村较少，除了图片外，我还在学案中提供了"米的加工过程""我国水稻生产概况"材料。

图6.3 与水稻生产有关的照片

在学生了解了水稻种植业的特点后，再引导他们看看哪些因素是影响水稻种植业的社会经济因素，我的目的是希望学生了解：市场、交通、政策、经济水平等因素对水稻种植业的影响并不大。在带领学生总结亚洲水稻种植业的条件、特点后，我准备抛出一个问题："牛奶会天天出现在我们的餐桌上吗？为什么？"这当然是为了下面探究"乳畜业"。

实例6.5分析

可以说实例6.5的设计体现了对课程标准的理解。

1. 对课标行为动词的处理得当，如通过图片和文字材料让学生"说明"水稻种植业的特点，通过对资料图片的讨论探究让学生"分析"水稻种植业的区位条件，对于难理解的社会经济条件，还"迂回"处理，真正达到了让学生理解的目的。

2. 对行为条件的处理到位，这里的行为条件是"举例"，教师并没有完全按照教材，而是按照学生的餐桌，根据学生的认知远近选取了"水稻种植业"和"乳畜业"，完全符合课程标准。

3. 对"认知内容"的把握合理。教师把该课标内容分成三小点，由于在前一节课已经和学生学习了"农业地域类型"的概念，因此本节课以水稻种植业和乳畜业两个不同类型的农业地域类型为例，重点探讨了它们的条件和特点，有利于学生在不同情境下的应用。

修炼建议

课程标准是一个圆心，但这个圆有多大，取决于在内容标准和学情基础上设立的教学目标。实例6.5的设计者在总体上应用了最低标准，没有进行过多的拓展，但在学生的探究能力方面有较高的要求。作为一线教师，为加强对内容标准的理解，一方面要仔细研读"课标解读"，另一方面也可以利用备课组或学科中心组的力量对课程标准进行逐条解读，为上好每一节课打下基础。要大胆摒弃课标不作要求的内容，但对有些内容标准不作具体要求、但作为辅助必须要讲的知识，如区域地理、气团等，需要合理安排。有些省份颁布了"地理新课标教学要求"，对教师更好地理解内容标准、更有针对性地操作提供了很好的帮助。

三、设计教学目标

教学是促使学习者朝着目标所规定的方向产生变化的过程，所以，教学设计必须确立清晰的学习目标。这个目标实质上是学习者在教学之后相比教学之前产生的变化。在新课程改革之后，课程的三维目标被广大一线地理老师所应用，但实际效果还有很大差异。

我们先来看一个"山地的形成"中的教学目标。

实例 6.6 阅读

1. 知识和技能：

（1）使学生理解褶皱山、断块山与火山的形成，了解山地对交通运输的影响，激发探究地理问题的兴趣，养成求真求实的科学态度。

（2）区分背斜与向斜及其形成的地貌，小组合作交流自己的探究成果。

（3）知道火山的形成、结构和规模，掌握火山的分布规律。

2. 过程与方法：

（1）结合实例，分析造成地表形态变化的内力、外力因素。

（2）自由组合形成学习共同体，进行信息的采集、分类、分析等活动。

（3）通过案例，尝试联系实际，培养动手演示、判读图像、比较、分析、归纳的能力。

3. 情感态度价值观：

通过学习山地的形成，理解人类赖以生存的自然地理环境的主要特征，使学生树立保护地球、热爱家乡的情感。

实例 6.6 分析

实例 6.6 的课程目标设计存在着以下四大问题。

问题 1：没有明确目标行为的主体

高中地理新课程目标是国家对未来社会的公民在地理方面应该具有的基本素质的规定，因此，在检验地理水平是否达到标准时，被检验的对象是学生，这就决定了在课程目标的表述中，其行为主体必然是学生。在案例 6.6 的目标中，"使学生"、"培养学生"等词眼蕴含着行为主体是教师，这与新课程的理念背道而驰。

问题 2：没有区分三个维度

知识指事实、原理、规律等；技能指观察、信息提取、绘图、调查、实验等能力；过程与方法指认知、科学探究的过程与使用的方法，本身的价值在于使学生经历一个认知结构的过程，带给学生探究体验、创新尝试的实践机会。情感态度价值观强调通过学生亲身的活动，感受活动的价值，从而形成稳定的态度和个性化的价值观念。实例 6.6 中"激发探究地理问题的兴趣，养成求真求实的科学态度"属于情感态度价值观范畴，但教师把它放在知识技能目标中。

问题 3：定位宽泛，没有针对性

实例 6.6 课程目标中有"自由组合形成学习共同体，进行信息的采集、分类、分析等活动"及"通过案例，尝试联系实际，培养动手演示、判读图像、比较、分析、归纳的能力"等目标内容，如果不看标题，根本无法知道本课的课题是什么。另外，在大部分的目标呈现中都是泛泛而谈，如"使学生理解褶皱山、断块山与火山的形成"，课程目标对具体教学的指导性不强。

问题 4：过度挖掘教材，无视课标

本课的课程标准是"结合实例，分析造成地表形态变化的内力、外力因素"。褶皱山、断块山及火山只是说明内力作用对地表形态形成的影响的案例，并不是要求学生具体学习某一种山地。实例 6.6 的课程目标中有"火山的结构、规模及分布"，就火山讲火山，与课标的要求产生了偏差。

修炼建议

1. 正确撰写三维目标需要明确三个维度的不同要求

（1）知识与技能目标

知识与技能目标是各目标的基础，知识目标指学生要学习的学科知识、意会知识、信息知识。技能是指通过练习而形成的对完成某种任务所必须的活动方式。

仍然以"山地的形成"为例，看另一位教师撰写的"知识与技能"目标。

①结合具体图像，了解褶皱山的形成及基本形态特征。

②能在示意图上识别和判断背斜和向斜。

③理解内外力共同作用下形成的"背斜成谷，向斜成山"，并能够明白其形成的原因。

④能够结合具体实例，理解断块山的形成及基本特征。

⑤根据火山的分布规律知道火山的形成原因。

该目标具体明了，指向明确，对教学的指导性强，有利于操作。根据课标内容，并结合所用教材的安排，确立了①、④、⑤三个基本知识目标（以褶皱山、断块山和火山的形成对应"分析地表形态变化的内外力因素"这一课标内容），因为课程标准是对学生的最基本要求，加入"背斜、向斜"构造的形成及形成地形，有利于提升学生的知识水平及应用能力。本目标也包含了技能要求，如"能在示意图上识别和判断""结合具体实例""根据火山分布规律推导成因"等，均体现了对学生的能力要求。

（2）过程与方法目标

我们再来看另一位教师在"地理环境的差异性"一节中是如何设立"过程与方法"目标的：

①从赏析开始，体验世界各地自然带景观图片。

②根据几种生长在不同地理环境中的植物，探究不同地理环境生长的植物差异形成的原因。

③以中国陆地自然带分布图和中国行政区划图为背景，探究从中国的东北黑龙江出发分别向南和向西所经历的自然景观的变化，思考其规律。

④阅读世界陆地自然带分布图，讨论分析亚洲东部从赤道到两极的主要自然带变化的规律及原因。

⑤对照"世界气候类型分布模式图"与课本"世界陆地自然带分布图"，探讨世界自然带与世界气候类型的联系，表达自然带水平分布规律。

⑥以"水葫芦的变迁"探讨差异产生的自然地理原因，学以致用。

"过程和方法"目标是许多老师在备课时表达最不清晰的部分。这位教师的"过程与方法"目标非常详细，体现了课堂的过程，体现了教师引导下的学生的六个探究过程，清晰明了，操作性强。这一目标引导了教学的具体环节。因为三维目标不是三个孤立的目标，而是相互联系的，"过程和方法"起着最为关键的作用，按照余文森教授的说法，"在过程中掌握方法，获取知识，形成能力，培养情感态度和价值观"。过程和方法强调的是了解和体验问题探究的过程和方法，并初步掌握发现问题、思考问题和解决问题的基本方法，真正学会学习。可以想象，通过具体明了的"过程与方法"目标，课堂教学思路一定非常清晰，教学效果可想而知。

（3）情感态度与价值观目标

主题还是"山地的形成"：

①通过"背斜成谷，向斜成山"教学，树立事物是运动的，是不断发展变化的辩证唯物主义观点。

②通过"山地对交通的影响"的学习，使学生认识到人类活动应和环境和谐统一，人类需要遵地之规。

这个"情感态度与价值观"目标最大的特点是具体，与许多教师经常写的"学生树立保护地球、热爱家乡的情感"等比较起来更加言之有物，更有针对性。当然，"情感态度与价值观"目标在课堂上不一定展现，但教案设计中必须有其地位，这样，教师才能在课堂上有计划地、不失时机地渗透情感教学内容。

三维目标设立的目的是让课程标准清晰化，便于梳理，也利于教师利用课程目标组织教学。而实际上，对于一个具体的教学内容来说，三维目标是综合地蕴含其中的，你中有我，我中有你，很难一是一、二是二加以区分，所以设计教学目标时，也可以是综合在一起编写。例如下面的写法（主题是"城市与地理环境"）：

通过阅读图片了解城市聚落进化的一般规律；根据材料，分组讨论不同城市的异同；理解影响城市区位选择和城市空间结构的因素；学会从历史发展的角度认识现代城市的存在。

通过观看新闻、专题片等视频，讨论现代城市发展带来的城市问题；探讨解决问题的可能方法，形成关注现实社会问题的习惯，增强社会责任感。

通过阅读和品评大师、哲人对现代城市发展的反思，学会摆脱成见，独立思考；通过换个角度看待问题，突破常规思维，开拓出新的知识空间。

如果一定要细分的话，我们可以看出在上述目标中包含着三个不同的目标。如"学生通过阅读图片"是技能目标，"城市聚落进化的一般规律"是知识目标，"根据材料分组讨论不同城市的异同"是"过程与方法"目标，"学会摆脱成见，独立思考"是"情感态度与价值观"目标。在具体写法上，这个综合目标略显凌乱，可以考虑重新划分条目。

2. 间接形成一些策略

第一，目标要牢牢依据课程标准制定，也要参考使用的教材。

第二，目标可以三维单独分列，也可以糅合在一起表述。

第三，把握目标陈述的五个基本要素：行为主体、行为动词、行为条件、行为对象和行为程度。这里的行为主体（学生）往往被省略，行为程度的有无则视目标的具体内容而定。

第四，制定教学目标不能笼统、模糊，要清楚、具体，有可测试性，要注意目标的分解和细化，有利于教师根据目标组织教学。

第五，目标一般不宜太琐碎太杂，否则教学易机械、呆板，使学生思维受到限制。

第六，以自学为主的课程最好课前展示目标，以起到组织策略的作用。

四、分析教学内容

实例 6.7 阅读

这节课的主题是必修三"能源资源的开发——以我国山西省为例"，教学内容的分析如下：

本节教材由四部分组成：一是资源开发条件，主要是通过案例分析，来探讨能源和矿产资源的开发与可持续发展的关系；二是能源基地建设，山西能源基地建设既面临机遇，又充满了挑战；三是能源的综合利用，煤炭在我国乃至世界的能源结构中都占重要地位，对其综合利用有很重要的意义；四是环境的保护和治理，初中地理教学中主要关注于煤在使用过程中（如燃烧煤发电、取暖、做饭）对环境造成的污染，本节内容更多的涉及到开采过程，所以对生态环境的保护和重建很重要。

实例 6.7 分析

实例 6.7 的教学内容分析总体上来说是有参考价值的，但深究起来，还是存在着一些问题。

问题 1：教学内容分析等同于教材分析

设计者与很多教师一样，在教学内容分析时紧密结合教材进行，教材分成几个部分，教学也分成几个分段。甚至有教师把"教学内容分析"写成了"教材内容分析"，这在一定程度体现了他们仍然是"以教材为中心"的教学思想。选择教学内容的依据不是教材，而是课程标准。

问题 2：没有说明本节教学内容在模块体系中的地位

分析教学内容在模块体系中的地位，有助于教师在教学中高屋建瓴，把握全貌。本课的课程标准是："以某区域为例，分析该区域能源和矿产资源的合理开发与区域可持续发展的关系。"根据课标结构，把本节内容分析放在区域可持续发展的大背景中考虑。

问题 3：教学内容分析中没有体现重难点

这份教学内容分析中，把教材的四部分内容同等看待，在课堂教学中的表现就是平均使用力量。本课的重点是什么？首先应该是让学生掌握分析研究区域可持续发展的一般方法：分析区域特征→探寻区域可持续发展的有利因素和制约因素→选择发展战略和确定具体策略，应用这个方法去分析山西省煤炭开发的具体案例。难点就是应用从案例中提炼的地理原理实现探究的迁移，如研究德国鲁尔区的能源资源开发。

教学内容分析体现了教师对课标的把握程度，也影响着教学方法的使用。我们不需要每个教师都用千篇一律的分析方法，就如"有一千个读者就有一千个哈姆雷特"一样，不同的教学内容分析产生了不同的个性的课堂。但教学内容分析也有一些共同的原则和要求。下面通过几个例子来帮助我们理解。

实例 6.8 阅读

这份设计的主题是"大气的热力作用"。这部分内容是本节课的基础，核心结论"地面是近地面大气主要的直接热源"是学习热力环流的基础，只有理解了地面是近地面大气主要的直接热源而不是太阳辐射，才能正确理解热力环流的形成原因和后果。

1. 本段内容主要阐明以下几个有着逻辑关系的内容要点：

（1）太阳辐射能是地球大气最重要的能量来源；

（2）太阳辐射穿过大气层的过程；

（3）到达地面的太阳辐射能被地面吸收而使地面增温，同时又以长波辐射的形式把热量传递给大气；

（4）结论：地面是近地面大气主要的直接热源。

2. 大气受热过程的环节多，如大气吸收、大气反射、大气散射、地面辐射、地面反射、大气辐射、大气逆辐射、长波辐射、短波辐射；要求注意理解其概念基础上尤其理解辐射的方向、造成的结果。

3. 大气的两个作用——大气对太阳辐射的削弱作用、大气对地面的保温作用，过多的名词、过多的环节及环节的前后顺序使这部分内容成为学习上的难点。大气对地面的保温作用又与"气候变暖"有直接的联系，因此是一个重点内容。

实例 6.8 分析

与实例 6.8 主题相关的课标要求是："运用图表说明大气的受热过程。""运用图表"是技能要求，"大气的受热过程"是认知内容，属于知识范畴。教学内容分析就是对这一课标知识点进行分析。可以说，实例 6.8 的这段教学内容分析相当于一次自己与自己的深刻对话，也体现了他对"大气的受热过程"的深刻理解。其特点有：

1. 说明了该部分内容在整节课中的地位和影响。"大气的受热过程"是基础，只有理解了地面是近地面大气主要的直接热源，才能正确理解热力环流的形成原因和后果。

2. 分析了内容要点之间的逻辑关系。这种逻辑关系使教师能够在把握教学内容时更游刃有余，也更能设计出利于学生自主探究系列问题的教学内容。

3. 注重教学内容中的概念分析，在理解相关地理概念的基础上整体把握内容要点。

4. 在内容分析中呈现出重点难点，并能分析之所以成为重点或难点的理由。

如果说实例 6.8 的教学内容分析属于"完整细致"型的话，下面一份内容分析就属于"言简意赅"型，我们来看一下这份"全球气候变化"一节的教学内容分析：

本课以全球气候变化为案例，说明自然界外部条件的变化对人类活动的影响。全球气候变暖对人类的经济活动及生存的影响很大，当今世界各国及科学界十分关注。

课标要求：根据有关资料，说明全球气候变化对人类活动的影响。因此，本课教学的重点是"利用资料、图表分析全球气候变暖对地理环境和人类活动的影响"。这方面可以利用近期发生的热点资料。但要深刻理解这一影响，还需要学生了解和分析"全球气候变化（特别是近一百年以来）的特点""全球气候变化的原因"等知识。

上述教学内容的分析字数不多，但"麻雀虽小，五脏俱全"，教学内容分析的各个要素都包含在了里面。一、二句话点明了本节的位置及与单元主题的关系，中间部分点明了课标要求及根据课标要求确定的教学重点，并简要提到了处理方法。最后点明了其他知识点与重点内容的关系，利于课堂上的整体把握。

修炼建议

要在教案编写中很好地完成"教学内容分析"这一块，教师首先应做一下下面几个"头脑风暴"：

1. 对于本节内容，请写出你认为最重要的核心词。

2. 在课程标准中，本节课的学习包括哪些内容？这些内容与过去有哪些变化？这种变化的意义是什么？几个部分之间的关系是什么？

3. 教材内容与课标内容的相关性如何？你将做哪些取舍？

4. 在这部分教学内容中，你还有哪些困惑的问题？你认为应该浓墨重彩的能让学生举一反三的内容有哪些？

要解答好上述问题，教师需要做好以下"修炼"：

1. 学习课程标准，特别是认真研读"地理课程标准解读"，有利于宏观、科学把握教学内容。在教学内容分析中写好"课程标准对学习本节的要求"。

2. 认真分析教材，对教材的知识内容进行整体解读和分项解读。如一位教师在"城市内部空间结构"一节中是这样解读教材的：

本节内容课标要求是"运用实例，分析城市的空间结构，解释其形成的原因"。本条"标准"有三个层次的能力要求：①会在城市地图上说出城市具有什么土地利用方式和功能分区，并归纳出这种分布的特点；②会解释这种结构特点的形成原因；③会使用实例进行分析说明。为了达成课标要求，人教版教材一是依据"分析和综合"的地理思想，按照"整体→局部→整体"的思维脉络，先后编写了层层递进的三部分内容："城市形态、城市土地利用和功能分区、城市内部空间结构的形成和变化"，使学生对城市的有关理论知识有一个较为全面的认识。其中，"城市内部空间结构的形成和变化"是全节重点。二是采用"个→类→个"的案例分析思想，选取了大量图表，先后设计了"北京市的不同功能区举例→三种基本功能区区位特点→香港城市功能区的空间分布特点"等内容，使学生对"城市土地利用和功能分区"这一重点从感性认识升华到理性认识，再用理论指导实践。由于内容多，容量大，本课时内容划定为"城市形态、城市土地利用和功能分区"两部分，在《城市与城市化》一章中处于基础地位。其中，"城市土地利用和功能分区"是本课时重点。

3. 根据实际情况对教材的案例进行筛选，取舍。如一位教师在对教材"城市化"一节教学内容分析后做出如下的变化：取——城市化概念、世界城市化水平图；舍——人口迁移的推力和拉力、长江三角洲城市的发展、英国城市化进程案例等；增——城市化的特征（通过模型构建）、城市化的人文影响、乡土案例（当地城市化报道及规划）、情感态度价值观教育（关注农民工）等；变——"S"型曲线模式的呈现方式、中国城市化进程等。

4. 重视知识点之间的关系，构建关联网络，梳理出核心知识点，并提出让学生掌握该知识点的基本策略。

5. 关注学生，尝试从学生的角度分析教学内容。如根据学生的认知规律重新编排教学内容的顺序、增加帮助学生探究的知识台阶等等。

五、选择教学方法

任何一种教学方法的最核心作用，就是为实现教学目标和教学任务服务。教学方法把教师的教学、学生的学习和教学的内容有效地连接起来，使教学的基本要素能够在教学活动中发挥功能和作用，从而实现预期的教学目标，达成预期的教学效果。

实例 6.9 阅读

【教学方法】（主题是"地理环境对区域发展的影响"）

1. 分析某个区域地理环境对区域发展的影响，应从两方面考虑：

（1）分析区域自然地理环境：地理位置、地形、气候、土地和矿产资源等对区域发展的有利及不利影响。

（2）分析社会经济地理环境：人口、工业、农业、商业、旅游业和交通运输状况等因素的有利和不利条件。

（3）最后总结。

2. 对区域不同阶段与地理环境关系的分析，是沿着历史发展过程的。

3. 列表比较，全面、简洁地探索各区域地理环境差异，把区域经济发展特点展示出来。

再看一下"地理环境的差异性"一节的"教学方法"。

【教学方法】

依据教学目标和学情分析，以及建构主义学习理论和新课程理念确定的教学方法为：探究合作式教学法和读图分析法。

实例 6.9 分析

实例 6.9 中的两个教学方法设计均存在明显的问题，说明两位老师对什么是教学方法及在教案设计时如何呈现教学方法存在着误解。

第一个设计把教学方法误解为具体的地理问题分析方法，如如何分析自然地理环境、如何分析社会经济地理环境。另外，教学内容分析（如"对区域不同阶段与地理环境关系的分析，是沿着历史发展过程的。"）也成了"教学方法"，说明设计者对教学方法的内涵理解不清。第二个设计提出了"探究合作式教学法"和"读图分析法"两种教学方法，但对"为什么应用"及"如何应用"缺乏说明，导致方法泛化，没有针对性。

实例 6.10 阅读

这份设计的主题是"产业转移"。

【教学方法】

1. 引导发现法：借助产业结构图和产业转移案例等提出问题——师生或生生间探究解决问题——教师引导拓展迁移。

背景思想：教学是一个唤醒学生已知、建构新知和发展新技能的过程，在图表和案例的分析探讨中，通过问题情境的创设引导学习主体——学生思维的高度参与，并通过不断的问题追问，将讨论引导深入，逐渐接近知识的本质。在获得新知的同时，提高思维能力和地理图表解读能力等。

2. 多媒体教学：通过 PPT 现代媒体手段，有效呈现教师依据课程标准和学生实际开发的课程资源（如产业结构图和产业转移案例等）。

背景思想：有效课程资源的开发是地理新课程教学的重要组成部分。良好的课程资源呈现平台有利于学生集中注意，保障学习的效率；多媒体的介入，有利于教师根据教学进程和学生特点，按需创设教学情境。如学习不同的地理表达方式，提高读图技能和图表应用能力是地理教学的基本目标，多媒体则为教学目标的实现创造可能。

实例 6.10 分析

实例 6.10 的设计者在选择教学方法时，具体有效，对教学的指导性强。

1. 明确提出了应用的教学方法——引导发现法和多媒体教学法。

2. 结合教学内容具体说明了教学方法的使用。如"借助产业结构图和产业转移案例等提出问题"来引导探究。

3. 能说明选择该类教学方法的理由或背景。如由于本课需要展现较多的课程资源，必须要用到多媒体技术。

4. 体现本节教学内容的特点。要真正理解和感悟"产业转移"现象及其影响，不是依靠教师的讲解或学生的阅读，而是需要依靠大量鲜活的材料，根据图表材料步步追问，诱发思考而获得。而这就需要上述两种教学方法。可以说，与许多喜欢堆砌"教学方法术语"的教师相比，本节课教学方法用得不多，但非常实在、有效。

修炼建议

选择教学方法是为了使学生更好地掌握课标所要求的地理知识和地理原理。如何有效选择教学方法，需要关注以下几个问题。

1. 选择的教学方法是否有利于学生的主动参与

学生的学习活动是一种主体参与的活动，选择的教学方法是否有效的标准就是能否引导学生自主地学习、自愿地投入到探究中。讲授式的教学方法在这里就明显劣于问题探究式的教学方法，而训练实践式的教学方法更有利于学生的主动参与，但对后者的滥用也会引起学生的"参与倦怠"。

2. 教学手段和教学媒体的运用是否确实提高了教学效率

有效教学关注教学效益，要求教师考虑投入与产出的对比。"活动式"、"讨论式"的教学方法可以加强学生的体验，加深对地理知识的理解，但并不是所有的地理知识和地理原理都适合用这种方法，"是什么"类的陈述性知识、简单的地理原理、概念就不适合这种方法。同理，多媒体教学并不是适合于每一节地理课或适合于课堂的每一个教学段，尽管它在增加课堂容量、提供直观的图片和动画等给地理课堂带来了新鲜的血液和新的效率，但它也有明显的弊端，如信息保留时间短、难以形成一个知识系统等等。因此，传统的地理板图、板画在教学方法的选择时也是需要考虑的。

3. 选择的探究材料是否具有潜力

选择"案例教学"或"情境教学"时，要考虑选择背景材料是否是陈旧的、没有生命力的、呆板的。如果那样，就没有恰当的思维触发点，学生学习的思维就不能启动。因此，选择教学方法也要考虑配套的素材、图片、案例的潜力，从学生熟悉的日常生活、社会生活出发，真实可信，利于"挖掘"。

4. 教学中问题的设置是否有效

如在问题启发式教学中，教师设计的问题是否不断激发了学生内在的需要？问题和材料的设置是否有效提示了学习的方向？问题是否有效地指导了学生的学习和探究？这是值得教师在设计教法时关注和思考的。

5. 选择教学方法时是否关注了学情

从学生的年龄特征看，不同年级的学生在认知过程中的各个方面如感觉、知觉、记忆和思维都有很大的不同。研究表明，高一年级学生的思维（特别是刚升入高中的时候）主要是经验型的，而不是理论型的。他们思维中的抽象概括、推理论证在很大程度上依靠具体材料，还不善于从理论上进行抽象概括。自然地理课正是在高一上学期开始，特别是第一章接触的地球运动非常抽象，对空间思维的要求高，教师应考虑高一学生思维的特点，选择直观材料让学生感悟实践，结合学生的生活实际进行教学。

同时，关注学生的地域差异。在城市可以采取野外实践式的教学方法带领学生分析城市的空间区位、交通对城市商业的影响，而城市的学生学习农业区位、农业地域类型则需要教师呈现大量的素材、图片，实施"材料讨论法"、"图片分析法"。关注学生的能力基础。选择问题探究式教学法，如学生基础较差，则需铺设辅助台阶，问题分解，来靠近学生的最近发展区。

六、设计教学过程

在一节课的教学目标、教学内容和教学方法确定后，下一步就是设计如何在一堂课中用所选择的方法去实现预定目标，这就是地理教学过程设计。

实例 6.11 阅读

这份设计的主题是"以畜牧业为主的农业地域类型"。

【教学过程】

授课内容、过程	授课方法
1. 大牧场放牧业主要分布在哪些国家？ 悬挂世界地图，让学生指出这些国家 2. 为什么这些国家可以发展大牧场放牧业呢？ 悬挂世界气候图，找出这些国家气候特征 3. 大牧场放牧业有什么特点？ 展示大牧场放牧业景观图 4. 阿根廷大牧场放牧业形成的区位条件是什么？ 分别展示温度、降水、人口密度、交通图 归纳提升：思考大牧场放牧业区位因素分析方法 5. 阿根廷人促进牧牛业发展的措施有哪些？ 利用图片、文字适当解释	进入新课后，提出五个问题，学生阅读教材及案例④后，临近同学互相讨论，教师进入小组听取讨论，适当答疑。 教师让每一组回答一个问题。 针对每一问题，展示相关材料进行说明，补充。 让学生观察图片，培养读图分析能力。 核心是学会从自然、人文两方面分析这种农业地域类型区位条件。 对于学生课堂上的质疑，让其他多个同学先解释，教师再补充。
6. 阿根廷大牧场放牧业在气候、位置和交通、生产和经营方式、商品化、专业化、经济效益等方面与我国内蒙古、新疆等地区畜牧业有什么差别？ 引用大量两个区域畜牧业景观图进行比较 7. 我国内蒙古、新疆等地区能否发展大牧场放牧业？ 学生回答后给出答案供参考	学生思考、讨论比较，以填表形式完成。 学生讨论完成。

实例 6.11 分析

实例 6.11 的教学过程设计优点很多，如以表格的形式出现，简洁清晰，以问题作为引导展开教学等等，但从教学过程设计的要求看，还存在着以下几个问题。

问题 1：在教学过程设计结构还有需完善的地方

本教学过程设计中共列出七个教学程序，每一点授课内容和方法中最好对应补充选取的理由（背景思想），这种理由是基于学情分析，也体现出需要达到的目标。另外，在"授课内容、过程"栏目中也混有"授课方法"，如"利用图片、文字适当解释"，而

"授课方法"中也包含有学生活动，如"学生思考、讨论比较，以填表形式完成"。

问题2：过程表述太简略，操作性受到影响

如"我国内蒙古、新疆等地区能否发展大牧场放牧业"，设计中只提到让学生讨论后完成，但学生如何讨论、学生根据哪些材料信息进行讨论等，设计中均没有明确。如果在设计中写明利用"我国四大牧区图"、"中国干湿地区图"、"中国人口分布图"等图像，利用"我国内蒙古、新疆等地区的生活经济资料"来进行问题研究就显得更具体，更适于操作。

问题3：缺乏过程设计的思辨过程

教师在教学过程设计时，是一种自己与自己，自己与学生的一种"无声的对话"，这种"对话"下可能产生"肯定——否定——调整——再肯定"等思维过程，理想的教学过程设计需要体现这一种思维，以使教师在教学中有更清晰的思路和方向。设计者只列出了每一个问题的要点及简单的处理方法，没有体现出一种设计的思辨过程。

问题4：在课堂教学活动中没有体现"反馈训练"

新课程课堂要求控制教师授课的时间，要求给学生更多的思维空间和迁移训练机会。在案例6.11教学过程设计中没有有机穿插相应的巩固训练，让学生有机会消化反思所学的内容，教师也可根据学生对训练的结果及时调整教学进度。这也体现了一个从特殊（案例）到一般（地理规律、原理），再由一般回到特殊（新情境下的训练题）中去的思想方法。如下面所举的是一位老师在撰写完"冷锋与暖锋"的教学过程后，设计了以下"反馈训练"题。设计的思路是紧扣主题，由浅入深，适当综合。

反馈训练

探究一、读下图思考下列问题：

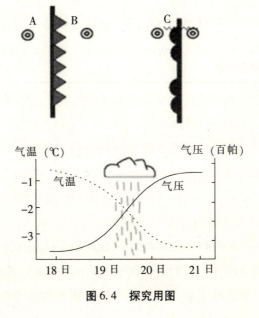

图6.4 探究用图

1. 比较 A 地与 B 地、C 地与 D 地的气温高低。

2. 比较 A 地与 B 地、C 地与 D 地的降水。

探究二、上图是我国某地气象站某月 18～21 日气温和气压变化图，思考下列问题：

1. 在这几天内，气压、气温怎样变化？

2. 19、20 日前后出现降水天气的原因是什么？

3. 描述 21 日前后该地的天气状况。

4. 图所示时期，我国南方地区(　　　)

A. 低温少雨　　　B. 温和多雨　　　C. 炎热干燥　　　D. 炎热多雨

再如，在分析了几种自然地理分异规律后，一位教师在教学过程中加了【拓展迁移，学以致用】条目：

1. 赏析下列古诗词，分析其体现的地域分异规律。

才从塞北踏春雪，又向江南看杏花。

羌笛何须怨杨柳，春风不度玉门关。

人间四月芳菲尽，山寺桃花始盛开。

戈壁沙滩变良田，积雪溶化灌农庄。

2. 北京奥运提出的口号是"绿色奥运"。有人曾建议在北京大量种植常绿阔叶树种，这样做合适吗？

实例 6.12 阅读

这份设计的主题是"城市内部空间结构"。

1. 给学生出示一组教师通过调查获得的地租数据

思考：本来想让学生自主选择调查地点，考虑到对学生来说目标太大，太散，难度太大，因此，我采取了老师指定具体位置的方法，让学生分组调查本市部分点的地租数据的做法，但又考虑到学生活动一次就只调查几个点的地租，活动效率较低，地租数据就直接由教师自己去获得，学生身边的事实也具有说服力。

2. 探究距市中心远近对地租的影响

思考：让学生根据从城市中心沿渤海七路往北走调查的 A、B、C、D 四点的地租大小，绘制从市中心沿渤海七路向北的地租变化坐标图。意图让学生通过绘制表格获得"地租在市中心最高，并由市中心向城市外缘递减"的规律。(如甲图)

3. 探究交通通达度对地租的影响

思考：因为 B、C 两点又位于街角路口，本来也可以反映交通对地租的影响，但考虑到由于选取的调查点太少，这种特殊性可能显示不出来，因此我增加调查了 E、F 两点的地租大小，再让学生绘制六个点的地租数据反映出的地租变化，应该可以得出

"在交通干线和环线的交汇处会形成次高点，并由次高点向城市外缘递减"的结论。
（如乙图）

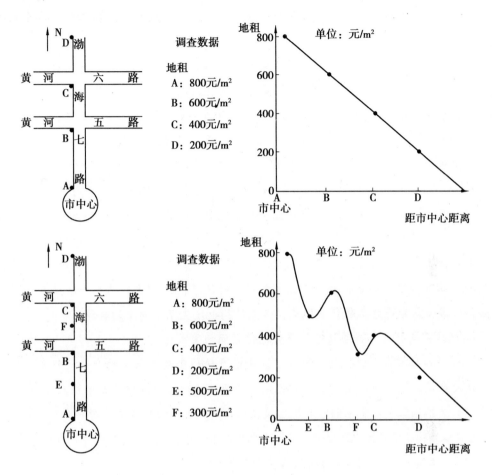

图6.5　"城市空间结构"教学用图

实例6.12 分析

实例6.12的最突出的特点，就是反映出教师在备课过程中自己的思辨过程。

实例6.13 阅读

这份设计的主题是"产业转移"。

（一）阅读教材，思考什么是产业升级？什么是产业转移？产业升级、产业转移和产业优化之间存在怎样的关联？

【背景思想】阅读和概括能力是学生学习能力的基本组成，在阅读中归纳总结是十分有效的学习方法。学生通过归纳总结可以了解自己学到了多少，进一步巩固所学内容并使之升华。指导学生带着问题阅读、归纳和总结是好的教学方法。

预计学生阅读后，可以通过教师引导讨论，进行以下分析：

1. 什么是产业升级

（1）产业结构升级是指在产业结构中第一产业、第二产业比重下降，第三产业比重升高的过程，也就是第一产业剩余人口向第二、第三产业转移，第二产业剩余人口向第三产业转移的过程。

（2）在产业升级的进程中，劳动力首先从第一产业向第二产业转移，并进而向第三产业转移。随着社会经济发展，一个地区的产业结构不断升级，从事第一产业的就业人口大幅减少，第一产业在国民经济总产值中的比重也随之下降，第二产业的就业人口也相应减少，产值在国民经济总产值中的比重也持续下降，第三产业的就业人口和产值明显增大。

2. 什么是产业转移

（1）产业转移是指较低层次的产业由先发达地区向后发展地区迁移的过程。

（2）先发达地区随着生产力的进一步发展，产业从劳动力密集产业向技术密集、资本密集产业发展。原来的劳动力密集产业、资源密集产业等随之迁移到后发展地区。

（3）伴随劳动力密集产业、资源密集产业的迁移，先发达地区原先较低层次的产业结构，成为后发展地区的产业结构，产业结构也发生了空间上的转移。

3. 区域产业升级和产业转移、产业优化之间的关系

（1）产业转移是产业优化的前提。区域通过转移出较低层次的产业，转入和发展较高层次产业，使本地产业结构不断优化。产业结构升级是区域产业结构优化的结果。

（2）发达国家或发展中国家的先发展区域，产业逐步向技术密集型和资本密集型过渡，在产业结构的不断优化过程中，实行产业结构升级，第三产业逐步成为区域主导产业。

（二）案例分析：珠江三角洲的两次产业转移

【背景思想】案例教学是一种教学方法，也是一种教育思想和观念。案例是基本知识的承载实例，是把部分真实生活引入课堂从而可使教师和学生对之进行分析和学习的工具。地理案例教学使教学内容更加具体化和典型化，能引导学生从"个"推知"类"，掌握地理研究的方法，归纳分析普遍性的地理规律。

1. 改革开放初期，香港制造业大量向珠三角转移的原因是什么？这种转移对香港、珠三角地区的影响分别是什么？

【背景思想】"唤醒"学生"已知"，引导学生运用工业区位知识，分析产业转移的原因和产业转移对转出和转入地区产业结构变化的影响。

预计学生可以通过教师引导讨论，进行以下分析：

（1）改革开放初期，珠江三角洲经济发展水平低，与香港比较，劳动力价格低廉、资源丰富，具有巨大的劳动密集型产业的发展优势。

（2）大量服装、纺织、塑料制品、电子元件等劳动密集型产业的转移，使得珠江三角洲的产业结构发生变化，第一产业比重下降，第二产业比重迅速上升，产业结构

升级，劳动力就业大量增加，经济迅速发展。但同时也造成环境污染加重。

（3）第一次产业转移将珠江三角洲带进了国际分工的舞台。

（4）香港将大量劳动密集型产业迁移到珠江三角洲后，技术密集型产业和资本密集型产业逐渐成为第二产业主体，促进了本地区产业结构的优化，在这一产业结构的优化过程中，产业结构向高级方向发展，促进产业结构升级。同时，从产业发展方面带来的环境压力减少，环境得到有效改善。

2. 珠三角地区第二次产业转移发生时区位条件有了怎样的变化？这次产业转移对珠三角地区和广东边远山区分别带来哪些影响？

【背景思想】引导学生逐渐认识产业转移和升级发展变化的基本规律：随着区域经济发展，区域产业结构随之发生相应改变，与区域资源环境优势或者社会经济优势相适应的产业不断出现并得到发展强化，反之，与区域资源环境和社会经济发展不相适应、丧失优势的产业逐渐调整，向其它区域转移（如"上海棉纺织工业转移"），区域通过产业转移优化产业结构，产业结构不断升级。

（1）珠江三角洲经过近20年的发展，生产成本已逐渐升高，发展劳动密集型产业的空间变得越来越小。同时，随着经济水平的提高，交通通讯等基础设施的进一步完善，科技迅速发展，进一步融入世界产业分工，高新技术产业发展的区位条件日渐成熟。

教师也可运用"上海棉纺织工业转移"的补充材料，引导学生开展上述讨论分析。

（2）与产业区位条件的改变相适应，珠江三角洲地区计算机、信息技术、生物工程等高新技术产业日渐发展壮大，在区域工业产业中的产值和地位日渐上升，而原先的劳动、资源密集型企业逐步向边缘粤东、粤北和粤西后发展地带转移。珠江三角洲的产业结构得到优化，在这一过程中，产业结构逐渐升级。

（3）随着区域产业结构的进一步优化和产业逐步升级，改善环境质量成为区域发展的基本选择。

（4）珠江三角洲的第二次产业转移带动了广东边远山区的发展，使得这些原本贫困落后的地区也能参与到国际和区域的分工之中，产业得到升级，有利于推进区域整体的资源优势发挥和不同地域的协调发展。但也会对广东边缘山区等地的环境造成较大压力。

3. 通过两次产业转移，对珠三角地区的发展带来了怎样的影响？

【背景思想】学习产业转移的目的并不仅仅是讲产业是如何转移及为什么要转移等，更重要的教学指向是引导学生认识产业转移对区域地理环境的影响。即，学习地理的目的是引导学生认识人地关系。

（1）对产业结构的影响

使珠江三角洲的产业结构不断得到优化，有利发挥信息、交通和科技等方面的优势，从而获得更高的经济和技术效益，并在这一过程中实现产业结构的升级：第一产业比重继续降低，第二产业中的技术、资金密集型产业不断发展，第一和第二产业中更多的劳动力向第三产业迁移，第三产业比重不断提高。

（2）对区域环境的影响

随着劳动密集型产业向周边地区的迁移，珠江三角洲原先比较紧张的产业发展与环境退化之间的矛盾关系有所缓和，高新技术产业的发展有利于积累资金和发展环保技术，为促进区域生态环境的改善创设了条件。

（3）对周边山区的影响

由于接纳了珠江三角洲较多较低层次产业的移入，增加了第二产业的劳动力就业，有利改善经济条件。但同时，也带来了更大的资源和环境压力，因此在发展经济的同时，要特别注意处理好经济发展与环境压力增加之间的关系。

（三）阅读"近十年来我国的产业转移的两大特点"材料，概括、总结"产业转移的基本规律"。

【背景思想】通过材料阅读、思考，引导学生进一步验证自己对产业转移和产业结构升级的认识，概括总结产业转移的基本规律。

预计学生阅读后，在教师引导下，可以加深以下认识：

（1）在国家之间，主要是发达国家的劳动密集型产业和资源密集型产业向发展中国家和地区转移。

（2）在同一国家的不同地区之间，劳动密集型产业和资源密集型产业由先发展地区向后发展地区转移。

（四）其他课程资源：

【背景思想】课程资源开发是地理教学的基本组成。因为各种原因，实际进行的课堂教学未必能全部进入教师的"预设"，随需而变是课堂教学的常态。因此，在教学准备的时候，教师应该准备更多与课堂教学主题相关的备用课程资源。如，教师可以运用"上海要加快产业结构优化升级"材料引导学生深入认识产业结构优化的基本内涵、认识产业结构优化和升级立足于区域区位优势、立足于区域生产力发展阶段的基本规律等。

资源一：上海与世界各类国家三大产业结构比较表。

资源二：上海产业结构与就业结构的演变表

资源三：我国劳动力就业结构变化图

资源四："上海要加快产业结构优化升级"政府工作报告

……

实例 6.13 分析

教学过程是整个教案的主体部分，其设计某种程度上反映了课堂的预期和课堂的效果。但"教学过程"不能代表整个课堂的实际情况，在课堂的实际教学中还需要考虑教师的课堂管理能力、教师自身的导学能力和表达能力，同时，课堂不全是"预设"，还会有种种的生成。但不管怎样，一个好的"教学过程"设计是教学成功的基础和保障，有了好的"教学过程"设计课堂教学不一定成功，但不成功的"教学过程"设计下的课堂一定不成功。那么，我们该如何进行"教学过程"的设计呢？实例6.13是个很好的例子。纵观实例6.13的教学过程设计，有以下几个突出特色：

1. 加入了设计思想

设计思想是教学设计的灵魂，本节课的设计思想体现在"背景思想"条目中。从教学的背景到教学方法的诠释，从教学方法选择的理由，到该过程设计的预期效果，对每一个教学步骤作了深入的思考，这一方面反映设计者的深厚教学功底，另一方面也反映了设计者严谨的治学和教学作风。

2. 加入了学生的预期回答

实例6.11的教学过程设计只提供了问题，没有体现学生的可能的回答，不利于教师把握课堂。教师在备课时要充分考虑到学生的各种可能回答的角度，以便预先做出应对的准备。实例6.13的过程中有"预计学生可以通过教师引导讨论，进行以下分析"或"预计学生阅读后，在教师引导下，可以加深以下认识"，充分考虑了学生的反应，体现了师生双主体的地位。

3. 注意到了课堂的"生成"

在教案设计时很难考虑到学生的"生成"，但教师可以根据学生的特点"预估"课堂可能发生的变化。实例6.13通过准备额外的"课程资源"来应对可能的生成。考虑到学生可能的追问或回答问题的偏差，教师准备了本土的、拓宽的、加深的材料，不仅在教学过程设计中呈现，也附加在制作的PPT中。

4. 逻辑结构明确，条理清晰

实例6.13以"教材分析"、"珠三角两次产业转移案例"和"上海棉纺织工业转移"三个角度带领学生分析了三个大问题，每个大问题都有若干个小问题，并注意了各问题之间的逻辑关系。这种结构便于学生形成清楚的知识体系，也利于教师课后的总结梳理。

修炼建议

教学过程的设计体现了教师的教学思路，引导着课堂的走向，因此，要设计好"教学过程"，从形式到内涵，教师需要练好内功，并注意以下问题：

1. "教学过程"要体现设计的逻辑关系

为体现教学过程设计的逻辑关系，展现更清晰的教学思路，我们可以用设计流程图来归纳。

下图为一位教师设计的"交通运输方式和布局"教学过程流程图，从图中可以清楚地看出课堂的教学环节。

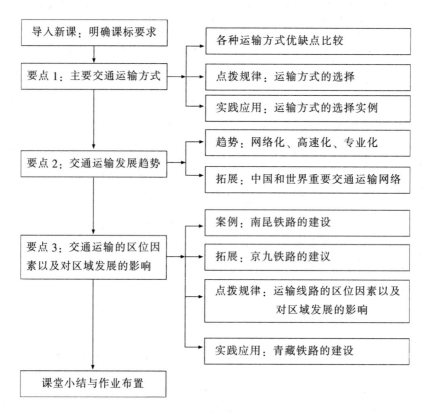

图6.6　"交通运输方式和布局"教学过程流程图

教学流程图即是用系统的方法将教学过程中教师、学生、教学内容与教学方式及教学媒体等几个基本要素有机地统一起来，这份流程图中还缺乏学生的活动及多媒体的应用。相比较，下面的"海洋资源"教学过程流程就更值得推荐，这个流程强调了学生利用网络资源进行的自主探究活动，更体现了新背景下的学生的主体地位。在该流程图中，教师的作用是释疑、调控、总结、归纳、辅导评价。

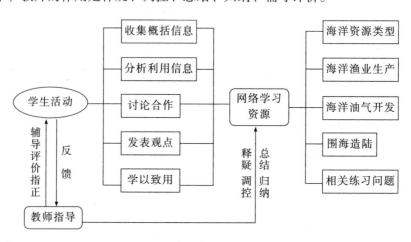

图6.7　"海洋资源"教学过程流程图

编制地理教学流程图需注意如下几点：

（1）编制教学流程图必须考虑教师和学生两个主体，同时结合课程目标，考虑教学内容的组织编排、教学方式、方法和媒体的运用等各个方面以及它们之间的相互联系，寻求总体功能的最优。

（2）编制教学流程图可以是教学过程的预先总体设计，在编制好流程图的基础上撰写教学过程，可以使教学过程形成一个完整而又合乎逻辑的体系。

（3）编制教学流程图要便于教师对教学方式、方法和媒体的操作使用，并且要有反馈和调控。

（4）编制教学流程图要使用规定的几种符号，使教学设计工艺化，便于交流和共享。如◯代表学生活动，◇代表教师的逻辑判断，□代表多媒体应用等等。

另外，应用表格式的教学过程设计，也利于体现一种课程知识体系。如一位教师以表格形式设计了"水资源的合理利用"教学过程，非常清晰流畅、富有启发性。

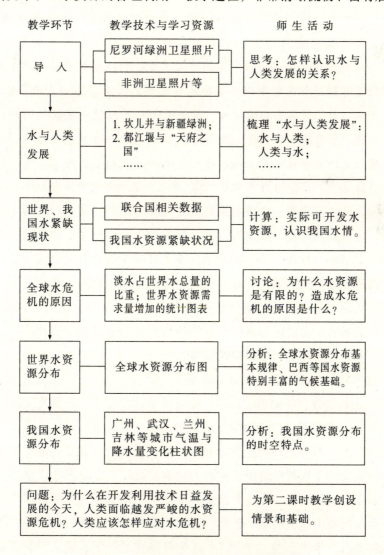

图 6.8 水资源的合理利用教学过程流程图

2. 教学过程设计既要吃透教材，又要不拘泥于教材

可以说，没有对教材的熟悉和深刻理解是不可能设计出好的教案的，这已被无数的事实所证实。因为教材本身也是根据课程标准进行编写，其编写目的也是为了帮助学生更好地掌握课标要求的知识，获得课标要求的技能。因此，认真分析教材对设计教学过程非常重要。但同时，我们必须把握以标为本的原则，在教学过程设计时不拘泥于教材。从实例6.13教学过程设计看，老师没有完全以教材中的案例作为引导学生学习的主要载体，而是以极具典型性的"珠江三角洲的二次产业转移"及学生熟悉的"上海市棉纺织工业的转移"为例，体现了这一原则。我们在教学设计时可以大胆利用或设置学生感兴趣的新情境、新案例，设置新的探究主线来引导探究。

我们来看一位教师的探究拓展案例，其对应的内容是"区域工业化、城市化"。

李守银老家在皖北江淮平原上。20世纪80年代初李守银一家来到珠江三角洲开始新的生活。一开始，与其他当地农民一样，李守银还从事一些蔗基鱼塘农业生产。但没过几年，附近的基塘农田被一家家工厂所取代，许多农田种起了蔬菜、花卉。1988年，李守银的儿子洗净泥腿放下裤管进入了当地的一家外资箱包厂工作，与他一同进入该厂的还有数百个来自中西部省份的外来务工人员。20世纪90年代，当地开办了几家电子厂，为了获得更高的收入，李守银的儿子经过一段时间的培训后，进了一家电子厂工作，每月收入从800元提高到了2500元。由于吸引电子电器类投资不断增加，当地规划建造高新技术产业园，李守银的房子被拆迁，现在，李守银一家住在附近新建的公寓房中，房价为每平方米8000多元，是十年前的4倍。

这位教师以珠江三角洲一户普通家庭的变迁作为案例，来探讨区域工业化、城市化及其影响。这个案例，是"准真实"的，即案例本身的故事，包括其中的人名、地名、具体情节等都是"杜撰"的，但故事反映的社会发展进程是真实的。通过这个个案，可以说明珠江三角洲区域化、城市化对普通人生活的影响，小中见大，体现新课程地理贴近生活的理念。通过对案例层层设问，培养了学生归纳与分析能力。另外，可以将李守银的老家皖北地区与珠江三角洲进行对比分析研究，提出今后工业化、城市化的方向及应避免的问题，达到知识迁移的作用。

3. 教学过程设计中要把握以生为本的原则

以"学"定教是教育学的核心内容，也是教学过程设计中需要关注的。

（1）设计的教学过程可以因为学生的需求做相应的改变

有位教师在上"自然地理环境的差异性"课时，进行了精心的教学过程设计，以一次由某国际旅行社全程赞助的免费旅游为情境，设计了三条旅行线路：先是A线路由亚洲中纬最东端到最西端，再是B线路由非洲赤道向北至地中海沿岸，最后是C线路由喜马拉雅山南坡山麓至山顶。教师一开始为激发学生兴趣，问学生三条线路中最想去哪条线路旅行，学生齐答"非洲"。这位教师愣了一下，说："非洲确实景色不错，不过让我们还是先来看一下我们亚洲。"接下来按照教师预先设计的教学计划实施教学，从 A 线路到 B 线路再到 C 线路。

设计的教学过程可以灵活处理。上述课例表面上看教师也考虑到了学生，但一旦学生的要求与自身的教学顺序产生矛盾时，不敢尝试，仍然按原计划行事。这反映了教师没有从根本上改变以教师为中心的传统教学观念，没有真正以学生为中心、以学生发展为根本。

（2）教学过程设计时要考虑学生的地域特点

一位教师在上"农业的区位选择"时，直接以教材"活动"中的北京为例，利用北京的气温与降水量资料，与水稻生长所需的热量水分进行对比，得出农业区位选择受气候条件影响的结论。这就忽视了学情中的"乡土学情"，学生所在地（苏南）的自然条件远比北京更适合水稻的生长，展示学生所熟悉的当地气候特征，结合学生熟知的水稻种植业，更利于学生对农业区位影响因素的理解和把握。

还有一位教师设计了一节"地理信息技术"的校内公开课。这一节内容包含遥感技术（RS）、全球定位系统（GPS）、地理信息系统（GIS）以及数字地球四个方面，课标要求重点掌握三种地理信息技术的应用和功能。教师首先以汶川地震卫星图片，京、津、冀跨省市的冬小麦估产试验来引导学生理解遥感技术的应用。然后，以超过半节课的时间带领学生学习 GPS 的基本概念、工作原理、基本组成和基本特点，并拿出车载 GPS 演示 GPS 的导航和定位功能。在讲地理信息系统和数字地球时，由于时间紧迫，只讲了一些基本原理，缺乏应用实例的探讨。

"地理信息技术"一节课的容量较大，教师总体上完成了教学任务，但在随后的检测中，发现学生对 GIS 的功能和应用仍然一知半解，答题错误率高。可以说，教师在教学内容的时间分配上出了问题，其根源在于缺乏对学情的了解。学校所在的地区为苏南发达地区，汽车拥有率高，许多学生家里的汽车都有车载 GPS，对 GPS 的功能已有了一定的了解，且从学生的认知能力看，在三种地理信息技术中，GPS 是学生最易理解和掌握的，这位教师忽视了这一学情，选择自己最熟悉的 GPS 作为重点内容，表面上看课堂很热闹，但课堂效果不佳。因此需要在教学过程设计时确定以学生接触少、理解难度大的 GIS 为重点，即所谓"教不懂的，不教已懂的"。

另一位教师在上"城市化"时，给出了如下学情分析：①学生的地区特征：所在学校是地处沿海地区城区的重点中学，班里许多学生由农村初中考入。②学生的知识准备：学生刚刚学习过"人口迁移"，有助于更好理解城市化。城区学生比农村学生对城市化过程更有切身体验。③学生的认知水平：作为重点中学的学生对《城市化》一节内容可以达到初步理解的水平。④学生的个性特点：总体上活泼好动，但主动学习意识不强。据此，教师确定了以下的教学过程设计：利用班级学生的城乡差异引入城市化的特征，结合人口迁移探讨城市化的概念和进程。让学生通过资料、图表分析城市化的过程、特点，培养主动学习的能力。以让学生上黑板填写"我所知道的城市化"和"我想知道的城市化"来让学生主动展现已知的，主动提出问题（前者偏重城区学生，后者偏重农村学生）。教师最后串联有关知识点，把知识网络呈现给学生。

（3）根据学生认知能力差异在教学过程设计时加以分层引导

由于班级学生存在个体差异，因此在教学过程设计中可以分层提出要求。如上《城市空间形态与城乡布局》一课时，教师根据学生的认知能力差异把班里学生分成A、B、C三组，分别完成不同的任务。C组学生：通过所在城市的交通旅游图，描述城市的空间形态特点，并绘制城市不同轴向用地功能剖面图。B组学生：结合地图沿着教师指定的路线实地调查，分析空间布局特征，同时描绘发现的问题；另外，根据周围工业的布局、城市的发展余地、腹地等方面研究城市的空间发展变化趋势。A组学生：完成不同城市、城乡之间的空间布局对比分析。通过分层引导，促进了不同层次学生的发展。

教师在设计地理教学过程时，要尽量进入学生的角色，精心安排自己的教学过程，要考虑学生的已有知识经验，要考虑学生的个体差异，要创造性地用地理教材，并在使用教材的过程中融入自己的科学精神和智慧，对新教材知识进行重组和整合，选取更好的、更贴近学生的内容对教材深加工，充分有效地把教材蕴含的知识激活。

4. 教学过程设计要把握探究为主线的原则

新课程理念的核心是学生的自主、合作、探究。以问题探究为主线的设计可以使教学过程更流畅，使学生在不知不觉中获得智能的发展。把握探究主线的设计的关键是创设问题情境、设立探究任务。布鲁纳指出，对学生的最好刺激是对所学材料的兴趣。教学实践告诉我们，学习兴趣是学生顺利完成学习任务的心理前提。因此，运用各种教学媒体创设情境，可以帮助学生通过具体形象的感知形成地理表象，掌握地理知识，并且通过具体场景的体验，激发积极的情感。

下面所举教学过程设计主题是"山地的形成"，教师在设计中设立了十一个环环相扣的情境和十一个任务，组成了一条探究主线。

情境一：中国国家地理封面 - 奇路中国（图1）

作用：新课导入，引入"地形对交通的影响"，诱发思考。

图1　　　　　　图2　　　　　　　　图3

情境二：台湾卫星图片（图2）

作用：探究地形对交通线路的影响

任务1：根据地形绘制台湾的聚落及交通线路，并与实际线路相比较。在等高线图中分析交通线路及聚落的分布。

情境三："成山的故事"图片（图3）

作用：导入山地的形成，诱导思考。

任务2：由学生分组用手头材料（书本、窗帘）演示内力作用的各种形式（水平挤压、垂直运动等），组内同学根据演示记录填写"内力作用与地形的关系"表。

情境四：褶皱山脉景观图、褶皱山脉形成视频

作用：验证演示，形成内力作用形成褶皱山脉的直观印象。

图4　　　　　　　图5　　　　　　　图6

任务3：根据学案上的板块构造图（附有挤压和拉张的箭头），在图中的认为可能存在褶皱山脉的位置画出山脉标记。

情境五：学生用硬纸板制作的岩层结构盒（图4）

作用：引发背斜、向斜判别的思考。

任务4：从岩层形态、岩层新老关系等角度区分，填写相应表格。

情境六：北京房山背斜顶部的裂口（图5）

作用：引导学生思考外力作用对山地的影响，为探究背斜成谷、向斜成山埋下伏笔。

任务5：由学生代表在黑板上用粉笔擦演示背斜成谷向斜成山过程（在黑板上有已画好的褶曲图，用粉笔擦不断"侵蚀"背斜以致成谷），其余同学观察思考并在学案上填写记录。

地质构造	原地貌	受力	后地貌	结论
背斜	山岭	张力	谷地	背斜顶部受张力，易被侵蚀成谷地
向斜	谷地	挤压力	山岭	向斜槽部受挤压，物质坚实不易被侵蚀，反成山岭

情境七：2010年春我国西南大旱地质勘探队寻找适合打井的区域；日本的纸桥（图6）

作用：前者是引起学生进一步探究的兴趣，后者是背斜结构稳固的佐证。

任务6：探究背斜、向斜在储水、挖隧道方面的差异，填写完成学案中的表格。

情境八：褶皱山和断块山实景图片

作用：承前启后，并根据学情，由学生探究两类山地的区别。

任务7：描述两类山脉的区别；做挤压泡沫塑料的演示，分析断块山断层面的形成。

任务8：学生代表上黑板把教师预先贴在黑板上的褶曲泡沫塑料纸改拼成断层（先撕后移）。其余学生在学案活动栏中完成断层形成的文字说明，并绘出简易示意图。

情境九：华山、渭河平原；汾河谷地图片

任务9：对应实例探究断块山和谷地、低地形成的原因。

承转：当岩层发生断裂时，断层面就成为岩层最薄弱的地方，岩石圈下面涌动着的灼热岩浆就会在巨大的压力下会沿着地表的薄弱地带喷出地表，形成火山。

情境十：火山喷发视频及火山喷发图片

作用：引导学生思考火山的成因。

任务10：教师先演示：把啤酒瓶摇晃，然后迅速打开盖子，啤酒泡沫快速喷出瓶口。让学生讨论：能否用啤酒瓶模拟火山喷发？教师刚才的演示与火山喷发的相同和不同点？（从动力、结构、流动方向、喷发物等角度）

情境十一：自编福尔摩斯推理故事

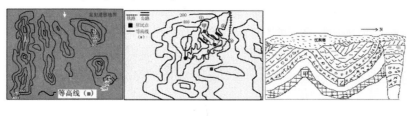

图7　　　　　　　　图8　　　　　　　　图9

* 在一个夜黑风高的晚上，发生了一起严重的盗窃案。当福尔摩斯赶到时，盗窃犯已经离开，但在现场找到了一张盗贼遗忘的地图（图7）。根据经验，福尔摩斯判定这是一张罪犯隐匿的地区图。他如何判断图中三种类型的山地及案犯的藏匿地？（三种山地的区分）

* 他们顺利来到A山的山麓，看到如图9所示的山麓地质构造。因为地图上标注有隧道字样，福尔摩斯推断抢劫的赃物可能藏在隧道里，但图中的甲处和乙处何处是真正的隧道？原因又是什么？（背斜、向斜判断及应用）

* 福尔摩斯命人打开甲处伪装的石门，里面果然是一个很深的隧道，填满了盗窃的财物。助手华生非常佩服，福尔摩斯说："这不算什么，我还能知道这里曾经发生了怎样的地质运动呢！"请同学们讨论一下，当地曾发生了怎样的运动？（①水平挤压成褶皱；②表层被侵蚀；③地壳下沉；④地表沉积物堆积）（内外力作用对地形的影响）

* 福尔摩斯说："案犯很狡猾，为了迷惑我们，在地图（图8）上标了真真假假很多路，我们如何选准他们逃跑的道路？（考查山区道路选择、降低坡度道路呈"之"字形弯曲、地形对聚落的影响等）最终福尔摩斯一行沿着正确的道路前进，到达了案犯藏匿的地点，抓住了盗窃犯。

作用：以推理故事为背景，综合探究与三种山地形成相关的知识。

任务11：学生分组竞答推理故事中的问题。

高中地理教学情境的设计可以从以下几方面考虑：一是创设"我想学"的心理情

境，二是设计探究问题的情境，主要是提供适合问题的背景材料，三是设计地理体验的情境，四是设置开放的问题情境。实践证明，在教学过程设计中重视问题产生的情境设计，注重问题的提出过程设计，呈现探究主线，更能激发学生对问题的严谨思考，更能有效地培养学生的问题意识和创新能力。

5. 教学过程设计中要考虑"教学案一体化"

所谓"教案学案一体化"教学方式，是指教师将详细教案简约为学生学案，通过教案与学案的有机统一和师生的共同探讨，完成设定教学目标和知识结构教学的教学活动程序。很明显，教学案一体化的外延要大于教案，与传统教案相比，大大增加了学生的自主学习、活动空间和训练空间，它把教师的教与学生的学统一在一起。由于新课程的教学设计也考虑了学生的活动，因此两者有千丝万缕的联系。"教学过程"仍然是教学案一体化的主体，只不过教学案一体化中的这个"教学过程"的"教学"不仅仅指教师的"教"，还包括学生的"学"，"教学过程"可以理解为"教与学过程"。

教学案一体化下的"教学过程"一般具有三大功能：

一是课前的引导学习功能。主要表现在教材预习填空、自学提示、提供半成品材料供学生探究使用等。二是课堂"教与学"功能。包括教师的课堂引导、学生的课堂活动及记载、师生提问及解答记录。三是课后的探究延伸功能。包括学生的巩固反馈、课堂反思、存疑解答等。

下面举例为在上述"山地的形成"教案基础上编写的一体化教学案：

一、课标：

● 结合实例，分析造成地表形态变化的内力因素。

● 举例说明地表形态对聚落及交通线路分布的影响。

二、测试要求：

● 了解褶皱、断层的特点及其地表形态；

● 结合实例，说明地表形态（山地）对聚落和交通线路分布的影响。

三、教学目标、学情分析、教学内容分析、教学方法综述（略）

四、教材预习——我的学习我做主

（一）基础问答

1. 营造地表形态的外力作用主要包括哪几种？营造地表形态的内力作用主要包括哪几种？

2. 山地的形成和发展主要与_____力（内或外）作用有关，从作用的分类看，具体与_____和_____作用有关。

3. 褶皱山的成因是什么？用板块学说简单分析褶皱山脉的成因。

4. 什么叫褶曲？请画一个褶曲示意图。

5. 请设计一个表格区分背斜和向斜。背斜成谷的原因是什么？向斜成山的原因是什么？

6. 断层是怎样形成的？我国的华山、庐山和泰山形成的原因是什么？它们按成因被称为_____山。

7. 如何区分褶皱山和断块山？

8. 火山是怎样形成的？请举两个实例。

9. 一般情况下，山地选择的交通运输方式是_____；山地交通运输线路的分布与延伸方向特点是_____。这是从_____和_____等角度考虑的。

（二）我的疑问

五、拓展资料——我需要了解（包括地形、地貌、地势、地形区概念辨析；山地概念；地质构造与构造地貌；地质构造规律的实践意义；世界火山的分布；等高线的基本知识）

六、教学过程

情境一：中国国家地理封面——奇路中国

情境二：台湾卫星图片

任务1：根据地形绘制台湾的聚落及交通线路，并与实际线路相比较。在等高线图中分析交通线路及聚落的分布。

应用：读下图，完成要求。

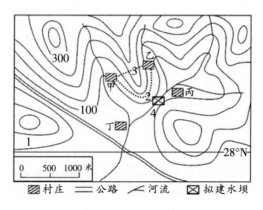

（1）据图示信息，图中公路和聚落分布有什么特点？

（2）如果在甲村和乙村之间修建一条交通线，以何种方式为宜？应选择"2"还是"3"？请说出选择的理由。

情境三："成山的故事"图片

任务2：由学生分组用手头材料（书本、窗帘）演示内力作用的各种形式（水平挤压、垂直运动等），组内同学根据演示记录填写"内力作用与地形的关系"表。

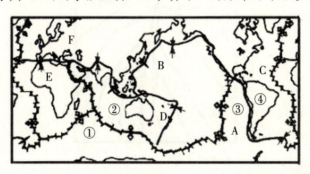

情境四：褶皱山脉景观图、褶皱山脉形成视频

任务3：根据学案上的板块构造图（上图），在图中的认为可能存在褶皱山脉的位置画出山脉标记。

情境五：学生用硬纸板制作的岩层结构盒。

任务4：从岩层形态、岩层新老关系等角度区分，填写相应表格。

探究：关于背斜、向斜的判别

①岩层在沉积时，上下层的新老关系如何？

②岩层为什么会弯曲？

③填表

褶曲形态	岩层形态	画出简图	岩层的新老关系	我的结论
背斜			中间____，两翼____	
向斜			中间____，两翼____	

情境六：北京房山背斜顶部的裂口

任务5：由学生代表上黑板用粉笔擦演示背斜成谷向斜成山过程，其余同学观察思考并在学案上填写记录。

地质构造	原地貌	受力	后地貌	结论
背斜				
向斜				

情境七：2010年春我国西南大旱地质勘探队寻找适合打井的区域；日本的纸桥

任务6：探究背斜、向斜在储水、挖隧道方面的差异，填写完成下列表格。

探究：哪里更适合修隧道

褶曲基本形态	结构是否稳固	是否利于储存地下水	结论
背斜			
向斜			

应用：读下方等高线图，思考回答：

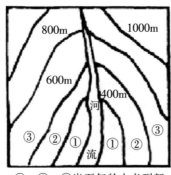

①、②、③岩石年龄由老到新

(1) 该地岩石年龄中间_____，两翼_____。

(2) 按岩层年龄，可知该地地质构造是_____（背斜或向斜）。

(3) 从等高线和河流分布看，该地地貌是_____（山谷或山岭）

(4) 该地貌形成的原因是_____。

(5) 该地质构造下部是否适合挖隧道？

情境八：褶皱山和断块山实景图片

任务7：描述两类山脉的区别；做挤压泡沫塑料的演示，分析断块山断层面的形成。

任务8：学生代表上黑板把教师预先贴在黑板上的褶曲泡沫塑料纸改拼成断层（先撕后移）。其余学生在学案活动栏中完成断层形成的文字说明，并绘出简易示意图。

情境九：华山、渭河平原（下图）；汾河谷地图片

任务9：对应实例探究断块山和谷地、低地形成的原因。

应用：断块山的形成：

(1) 画示意图说明断层的形成

(2) 尝试为下图华山恢复地质构造

(3) 下列属于断块山的是(   )

 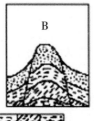 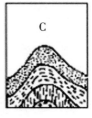 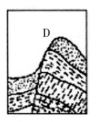

图例 □□□□ 新——老

承转：当岩层发生断裂时，断层面就成为岩层最薄弱的地方，岩石圈下面涌动着的灼热岩浆就会在巨大的压力下沿着地表的薄弱地带喷出地表，形成火山。

情境十：火山喷发视频及火山喷发图片

任务10：教师先演示：把啤酒瓶摇晃，然后迅速打开盖子，啤酒泡沫快速喷出瓶口。讨论：能否用啤酒瓶模拟火山喷发？教师刚才的演示与火山喷发的相同和不同点？（从动力、结构、流动方向、喷发物等角度）

应用：读图回答：

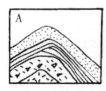   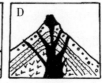

（1）上图中属于火山的是_____，其成因是_____。

（2）在生活中可以做怎样的实验模拟火山活动？

情境十一：自编福尔摩斯推理故事（略）

任务11：分组竞答推理故事中的问题。

七、知识体系整理归纳

八、课后巩固训练反馈

（一）单项选择题

1. 关于地貌及其成因的叙述正确的是(　　)

A. 东非裂谷、华山的形成都是外力作用的结果

B. 只有内力作用，才会使地表发生巨大变化

C. 在地貌上，只有褶皱才能形成山地

D. 地表形态的变化是内外力共同作用的结果

2. 喜马拉雅山脉的形成是(　　)

A. 多次火山喷发　　B. 频繁剧烈的地震　　C. 板块挤压　　D. 海浪的堆积

3. "背斜成谷，向斜成山"的主要地质作用是(　　)

A. 侵蚀作用　　B. 内力作用　　C. 搬运作用　　D. 沉积作用

4. 下列地貌中属于断层—侧岩块相对下降的是(　　)

A. 华山　　　B. 泰山　　　C. 庐山　　　D. 汾河谷地

（二）综合题

1. 读下面的地质构造剖面图，回答以下问题：

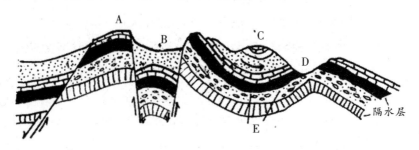

（1）图中 A、B、C、D 四处，属于背斜的是＿＿＿＿＿＿，属于向斜的是＿＿＿＿＿＿，属于断块山的是＿＿＿＿＿。与华山成因相符的是＿＿＿＿＿，与渭河平原的成因符合的是＿＿＿＿＿。

（2）C、D 中，可能钻探到石油的是＿＿＿＿＿，下面地下水比较丰富的是＿＿＿＿＿。

（3）C、D 地质构造中，适合开挖隧道的是＿＿＿＿＿。

（4）图中 C 处成为山地，D 处成为谷地，这除了地壳运动的原因之外，还同＿＿＿＿＿作用有关。

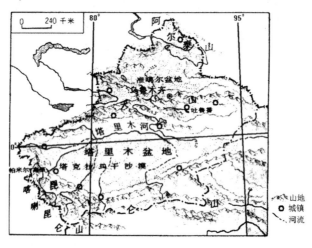

新疆地形图

2. 新疆的地形素有"三山夹两盆"之称，读新疆地形图，回答问题：

（1）探究新疆重要山地的成因，并查找相关资料分析地形对新疆聚落和交通的影响。

（2）除地形之外，新疆聚落和交通还受什么因素影响？

九、课后反思与评价：

1. 自我反思及存在问题：＿＿＿＿＿＿＿＿＿＿＿＿＿＿＿＿＿＿＿＿

2. 自我评价：＿＿＿＿＿＿＿＿＿＿＿＿＿＿＿＿＿＿＿＿＿＿＿＿＿

教师评价：_____

　　教学案一体化的编写没有规定的统一标准，一般分为"示标""建构""延伸""设疑""应用""巩固"等几部分。从这一案例可以看出，"教学过程"是"教学案一体化"的主体，上述"建构""延伸""设疑""应用"均属于"教学过程"范畴。对照一般的教学过程设计（如上一案例），教学案一体化中的"教学过程"表现出几个不同之处。

　　第一，"教学案一体化"是直接发给学生的，同时也是教师进行教学参照的。教案设计则是不发给学生，由教师自己在教学时参照的。

　　第二，"教学案一体化"更强调了学生的学，并为学生的学留出活动空间。问题和活动非常具体、直接，在学生的活动区域或答题区域要留空，让学生在此区间分析解答。而一般的教学过程中尽管也考虑到学生，那只是在教学过程中师生互动的展示，"探究问题"可以呈现得较为抽象、宏观，可以在"过程"中呈现学生的预期答案，并进一步设计后续追问。

　　第三，因为直接面对学生，"教学案一体化"的"教学过程"中不需要加入设计背景、预期效果分析。

　　教学案一体化利于学生自学，方便教师的教学，提高了课堂效率，在许多地区得到很大的推广。但其也有明显的不足，如把教师的教学思路预先给了学生，教师设置的情境对学生来说就没有新鲜感、缺乏冲击力；教师的设计意图不能在"一体化教学案"中显现，不利于教师深入思考课堂教学；教师的"教"与学生的"学"都明白无误地显示在教学案上，不利于教师根据课堂生成创造性地开展教学，也在一定程度上压抑了学生的个性。因此，探索新的教学案一体化的编写，把一个教学案分解成可以灵活组合的模块，或增加教学案中的选择性来减少"全预设"的沉闷，增加课堂"生成"的魅力。另外，在给学生一份大量留空的教学案时，教师手头需要另外准备一份在学生教学案基础上开展的写有设计分析的详细教学案，以利于增加教师的主动性。这些都是需要我们不断思考和实践的。

专题二　课堂组织

课堂教学，是当前主要的教学形式。如果课堂组织不成功，那么我们的教学只能停留在"教学设计"上，"生成"与"预设"之间就相距甚远了。年轻教师在课堂上可能会遇到如下困惑：

·为什么有时候自己设计的理想教案却在课堂上砸锅了？

·为什么拿着一个优秀的教学设计（教案）却仍然上不好课？

·为什么许多老师听完一节理想的课堂，回去却上不出那样的味道？

·为什么许多老教师不喜欢用课件上课？即使用了也只是几幅简单的图片？

这个专题就来讨论如何更好地组织课堂教学。

课堂教学，首先是一种人与人的对话，是知识较丰富、能力较强的老师与相对比较弱的学生之间的对话；这一对话的目的比较明确，按古人的说法是"传道、授业、解惑也"！经常说教学是一种艺术，但就从知识的传授、能力的培养来看，它只是一种技巧；达到了心灵的交流层面，才能称之为教学的艺术。艺术是一种创造。

每位老师都有自己上课的风格，就风格而言，没有好坏与优劣之分；你拿什么去吸引学生？这是不同风格的老师都会关注的问题。说书吸引人，唱戏吸引人，小品吸引人，动作片吸引人，大片吸引人，情节片吸引人，音乐吸引人……作为一个老师，肯定清楚自己最擅长与最不擅长的是什么。

什么样的课是一节好课？有很多角度的评价，但最基本的一点是学生喜欢，认为上你的课是一种享受。

……

一、创设情境

创设情境，有时候你会觉得是多此一举，很简单的一个现象或者概念为什么要搞得这么复杂？

月亮在白莲花般的云朵里穿行

晚风吹来一阵阵快乐的歌声

我们坐在高高的谷堆旁边

听妈妈讲那过去的事情

……

儿时的记忆很多已经模糊，但这首歌还记得；"妈妈"讲的故事很凄凉，但讲故事的背景很美。有了这背景和歌声，"妈妈"的故事也就记存下来了。

我想，这就是情境。

听故事，是一种生活；如果在饭桌上，饭刚吃了一半，"妈妈"一声感叹："那旧社会啊……"，然后开始讲故事。那会是什么样子呢？

当然，这也是一种情境。

如果"妈妈"不讲故事，就一句话："旧社会，饥寒交迫。"（注意：歌词没有这样的结论。）这种没有故事只有结论的话语那又会是什么感觉呢？

还有鲁迅笔下祥林嫂，看到别的小孩，会触景生情，两眼呆滞地说"我家阿毛要是还活着，也有这么大了"，是催人泪下的；但老这么个行为，强迫别人"流泪"，原本流泪的人就开始逃了。

情境，就是让你如身临其境。

情境教学，是一种过程的体验，而不是一种结论的记忆。

案例 7.1 阅读

授课教师：胡老师（教龄五六年）

场合：地区优质课评比

师：同学们，你们早上都吃什么的呢？（胡老师是这样开场的）

生1：面包

生2：香肠

生3：豆浆

……（尽管是高中生，班级还是很活跃的）

师：好，好，静一静。来，这位同学，你早上吃什么的呢？（胡老师有点急，开始点将）

生：面条。

师：后面这位同学，你早上吃什么的？"

生：蛋糕。因为我昨天生日，没吃完。

生1：哦，那我祝你生日快乐了。

生2：你怎么生日也不叫我一声啊，枉为你好朋友了。

生3：是啊，不仗义啊。

……（课堂已经有些变得喧闹了）

师：好，这位同学仗义，你帮老师说说，早上吃了什么？（胡老师的语气透出一种威严）

生：煎饺。就在学校边上的小店买的。我每天都这样。

……

（胡老师脸色已经涨红，开始有点无所适从了，但继续往下问。

大概持续了超过 5 分钟的"你吃什么的"这样的简单的对话。越问学生越茫然，不知道今天老师要干什么；听课的老师也茫然起来。胡老师更像着了火似的，焦躁取代脸上的微笑，原本平和的语气也变得越来越不耐烦。）

师：难道你们都不吃饭吗?!（一声带着无奈的质问。被惹上火了，憋不住了。）

生：嗯????（班级突然静了很多）

师：嗯什么呢？（转身跑上讲台，在黑板上大书一个饭字——"饭"，还是一个繁体字。下面学生面面相觑，仍然是满脸的不解）

师：古人的"饭"字为什么这样写，要以"食"为偏旁，加一"反"字，嗯？（责问的口气）

（学生张着嘴、歪着头……）

师：因为没有了食物就要造反啊！所以粮食生产很重要。"

生：啊——！这样啊！（学生恍然大悟。不知道是对"饭"字的悟，还是对"今天早上吃什么"这一提问的悟）

接下去的整堂课，胡教师几乎没有什么提问，也许是怕了，也许对提问学生失去信心了，也许是对自己失去信心了……一股脑地讲完自己想要讲的所有内容。

案例 7.1 分析

胡老师的课堂开场，可谓是太具有喜剧性了。课堂上出现了太多的出人意料，让胡老师无法纳入事先预设的轨道。出现这样的结果，原因是多方面的，其中一个很重要的原因是在情境创设上出了问题。

1. 情境创设一开始就出了问题

教学情境创设的关键在于"创"，并且要注重营造的过程。

情境的创设，涉及到教师、学生与内容三个方面，其中学生的认知程度、生活内容、生活方式等是情境创设的背景。由于社会变化比较快，就算是最年轻的教师，在语言方式、生活内容等与学生之间都存在着"代沟"。在学生眼里，老师很容易成为"古董"。

（1）情境创设在备课过程中就出现"先天不足"

"早饭"一词确实普遍存在于我们的生活中，而且比较单一，不是油条大饼，就是稀饭馒头；现在不仅花色品种繁多，而且出现了其他的叫法，如"早点"、"早餐"、"早茶"等等；胡老师沿用着他的习惯，所设计的教学情境中，一定要出现"早饭"才能继续课堂教学，不能说脱离了生活实际，但确实存在着"考虑不周"之嫌。这就是"先天不足"，为课堂实际中营造教学情境带来了障碍。

（2）教学情境在营造过程中，又出现了"后天乏力"

老师们每当完成一种教学设想时，都是不太愿意去轻易改变的。尤其是设计的比较完美时，更不想改动；而且越设计得完美，这一设计的弹性度就越小，可变动性也就越小。

胡老师在情境实施过程中，缺少了营造，而是一个劲地往事先预设的方向靠，想把学生纳入轨道，表现为一种"死拉硬拽"，缺少应变，这就是"后天乏力"。

2. 教师的心态出了问题

教师具有良好的心态，是良好课堂情境得以继续的基础

教师为主导，体现在教师对课堂调控上。年轻老师对课堂的调控容易出现两个极端，一是完全按照自己的预设走，不留空间给学生；二是被学生的问题牵着鼻子走，丢失自己的预设。前一种情况下，课堂表现为井然有序，弥漫着霸道与强权气氛；后一种情况下，课堂表现为喧闹无序，散发着随意与放任。其实课堂表现出什么样的组织形式，几乎完全掌控在教师手中。

阅读这个案例，我们可以发现胡老师的角色转换，从一个民主、温和的老师，变成了霸道、咄咄逼人的"驯师"；由此，课堂也由热闹非凡到鸦雀无声。产生这种戏剧性的转变，应该有一下几个方面的原因：

（1）教师的心理不够稳定

可以看出，胡老师自己的心态被搞坏了，他没想到学生会如此地答非所问；可以说胡老师使出了浑身解数，也表现出足够的耐心，去引导学生说出"吃饭"这两个字，但终归无效。所以随着时间的推移，学生的回答总是原地踏步，越引导心里越火燎。可以说胡老师"崩溃"了，所以发怒了、霸道了。

（2）教学民主、平等的观念没有深入教师内心

在"师道尊严"延续了千余年的中国，教学民主、平等观念的建立不是一种口号，而是需要教师们、甚至是整个社会的长期努力才能实现。

从认识层面上看，胡老师也知道教学的民主、平等，而且课堂的一开始也这么做了，但随着课堂的继续，出现了不合胡老师设想的现象时，慢慢地火气上升，最后被霸道与强权所占领。

（3）教学评比让教学迷失了方向

胡老师今天不是一堂常态的课，而是一堂评比课；出现这样"启而不发"的局面是他没有预料到的，可能此时胡老师满脑子想的是"不要啊，这样下去今天要砸锅了"；于是有了"好，这位同学仗义，你帮老师说说，早上吃了什么？"这样的提问。这一个"帮"字，暴露了所有问题产生的根源所在。一个"帮"字，一种乞求的流露，老师怎么会沦落到这般田地呢？

我们经常听到一种说法是"因为学生的不配合，所以这堂课没有上成功"。当学生不再是教学的主体，变异为教师教学表演的道具时，一幕幕戏剧性的闹剧发生在课堂上，也就不足为奇了。

3. 教学调控上出了问题

除了心理因素以外，胡老师的教学功底真有点不扎实。准确地说，"你们早上吃什

么"一句话反复地使用，这不算引导。教龄5年的胡老师为什么不能换一种提问方式呢？这一点让听课的老师以及评委们非常诧异，觉得不可理解。

当学生说了那么多的早餐形式后，总结一句："你们的早上内容真丰富啊，能不能有同学能用'两个字'归纳呢？"如果学生说是"早餐"，是否可以追问"早餐在民间，用百姓的语言叫什么呢？"那么胡老师所需要的"早饭"不就出来了吗？

4. 过分的自信旋即成为一种自卑

前面分析到的原因，有许多是教学理念、教学方法等共性问题，但针对不同的老师，还存在老师的性格、脾气等个性问题。

自信是每一个人都必须具备的素质，但过于自信会让自己陷入困境。也许胡老师觉得自己的设计太完美了——用"饭"字引出农业的重要性，即使出现了困难，甚至是遇到教学障碍、影响教学继续进行时，也不舍得放弃，陷入一种"自恋"的泥潭中而不能自拔。有许多老师还因此会一个劲地责怪学生不配合，甚至埋怨学生脑子笨等。自信变为"自恋"是许多失败的原因所在。

胡老师折腾了一番学生，也被学生一番折腾以后，自信心被彻底压垮；不仅对学生失去信心，也对自己失去了信心；应了一句老话，叫"过于的自信是一种自卑的体现"。胡老师放弃了，沉闷地捱过了后面的40分钟。

胡老师在整个课堂教学过程中经历的心理变化是：信心——疑惑——焦虑——折腾——懊恼——压抑怒火——爆发——灰心——失败——放弃。

案例7.2 阅读

今天是给高一新生上"地球在宇宙中"的绪论课。这是高中地理的第一堂课。

我先用一种缓缓的语调、回忆的语气开场："我在上大学的时候，看过一部书，印象很深，是关于人类学的。具体内容我忘记了，书名也忘记了。"（在卖关子）

学生开始发出声音："哦呵……""忘记了，还讲啊，嘿嘿。"有点起哄的味道。

我没有理会学生的插话，继续讲："但扉页上的一句话记得很清楚。我从图书馆借出这本书，翻开扉页的时候，立马就被这句话震惊了。"说到这里，我环顾四周，略作停顿。

学生听到这里，一个个脖子伸长，眼睛发亮："什么话？"

我不紧不慢地，边说边在黑板中间板书："当人类抬头仰望星空的那一刻，思想就产生了——费尔巴哈"，然后回过身，眼睛扫过教室，尽可能与每一个学生的眼睛对接。学生的眼睛跟着我的眼睛移动，一种期待，有学生抬头看天花板。

我捕捉到这个细节，抬头也看着那学生看着的位置，开始说话："当时就觉得这句话很有味道，究竟是什么？琢磨不清楚。所以在以后的日子里，一直揣摩着，直到现在，今后还会揣摩……"

这时我发现很多同学也开始看天花板。

我继续讲："有一次看到徐志摩的传记，觉得印证了费尔巴哈的话。"学生静悄悄地听。"传记里说到，诗人徐志摩是先天性的高度近视，高小毕业时，他父亲给他配了一副眼镜。"我又停下来，环顾四周，"你们猜徐志摩戴上眼镜怎么啦？"

学生七嘴八舌："一脸惊讶""看清楚了很多东西""惊喜""……"

我说："不是，都不是。"学生一片肃静。"他独自在自家的小阁楼上待了一个晚上，没下来。"

一个学生评论："这么孤僻啊。"

我说："不是孤僻，因为他是未来的诗人。"

学生禁不住"呵呵"两声。"未来的诗人惊讶了：星空是如此之美丽！！他整个晚上都在仰望星空。"

一个学生说："我也想这样，老师。"我顺着学生说："你也想这样吗？那你知道他整个晚上在想什么呢？"

学生又七嘴八舌："谁知道啊""呵呵，思想！""哈哈，费尔巴哈"……众学生笑，我也跟着呵呵地笑，尽量笑得很憨、很真诚。

……

"今天，借《地球在宇宙中》这一内容，我们来琢磨一下费尔巴哈的这句话。我把我的琢磨、感受、困惑、感悟给同学们说，也希望同学们能一起来帮我琢磨。"

一学生马上答茬："好，老师，我看过好多天文的书。"另一学生马上跟上："老师，我也喜欢……"

我开始提问："好，谢谢大家！我提的第一个问题是：'宇宙真有那么神奇吗？'"

……

案例7.2分析

案例7.2中的教师是一位有着近20年教龄的老教师。许多教师说：听他的课，本身就是一种享受，有一种信手拈来、天马行空的感觉。但都说学不来，学不像。

确实，教学是一种积累。想要通过学习技巧来达到这一程度是不可能的，但还是有许多东西值得我们年轻老师体会、学习的，并融合到自己的教学实践中，形成我们自己的风格，让我们快速成长。

案例7.2的这个教学片段中，要想把它单一地归到创设情境这一方面是不合理的；但这一教学片段中，我们可以领会到其中创设情境几个关键点：

1. 要学会讲故事，娓娓道来

故事具有感染性，是创设情境的好方法。好故事的最迷人之处，就是能不知不觉地把人带入一种场景，让你仿佛身临其境。学会讲故事的一个途径就是多听说书、相声、戏剧等，从中去揣摩和领悟一些方法。

2. 用自己的亲身感受，真实可信

一方面，用自己的亲身感受来创设情境，可以显得亲切；另一方面，亲身感受的东西，自己体会最深，容易表达到位。而且给学生以真诚感，容易让学生走近你，以免出现"一问三不知"，陷入一种自编、自导、自演的尴尬局面。

3. 自然地配合眼神、表情、动作（肢体语言）等

在课堂中，你看不到自己的眼睛，但你能从学生的眼神中读到自己的眼睛在说什么，需要说什么。例如，教师顺着学生的目光一起盯着天花板，这是一个参与的行为，它表达了教师对学生这一眼神动作的认可，让学生感应到这是教师与他之间的一种默契。当教师的目光与每一位学生的目光对接过以后，就建立起了一种眼神的交流，他比语言的交流更广，更能调动学生进入一种情境。表情和肢体语言也如此。但必须自然、平和与恰到好处；夸张了，就会破坏氛围。

4. 制造出乎学生意料的悬念可以吸引学生

如何吸引学生？是每一位教师都关注的问题。方法有很多，案例7.2中所制造的似乎矛盾的命题就比较成功。"我在上大学的时候，看过一部书，印象很深，是关于人类学的。具体内容我忘记了，书名也忘记了。"教师先说印象很深，学生会有一种期望知道；但接着又说都忘记了，学生会感到奇怪、感到出乎意料，甚至会觉得这个老师很可笑；但这却能更激发起学生兴趣。当说出费尔巴哈的语录时，学生就会想：这句话真那么厉害，让老师忘记了其他一切，只记住它。由此，会产生围绕这句话的探究心理。

注意，案例7.2的教师不是简单的卖关子。

5. 巧妙回答学生的答非所问，导向预设目标

在情境营造中，难免会有学生灵机一动地出现答非所问的现象，如何处理非常关键。如果装作没听到，久而久之，学生就会失去参与的信心；但又不能正面回答，否则就要被数十个学生牵着鼻子走，教师会忙于应付，但又回不到"正题"上来。因此，得巧妙地应对。比如，徐志摩与费尔巴哈之间的联系就处理得天衣无缝：

师：他独自在自家的小阁楼上待了一个晚上，没下来。

生：这么孤僻啊。

师：不是孤僻，因为他是未来的诗人。

生：呵呵

师：未来的诗人惊讶了：星空是如此之美丽！！他整个晚上都在仰望星空。

生：我也想这样，老师

师：你也想这样吗？那你知道他整个晚上在想什么呢？"

当学生感慨徐志摩孤僻时，余老师顺口就接了句"未来的诗人"，既对话了学生的感觉，又为望一夜星空的行为铺陈具有诗人气质的含义。不能不感叹出一个字"妙"！

6. 有一种教学的境界

年轻的时候教书，总想着怎样让学生懂、乃至懂得越多越好；到了一定教龄后，就会想怎样让学生轻松地学到东西；案例 7.2 的教师已经走过了这两个阶段，到达了一定的境界：讲课不仅是把知识教给学生，也不仅是让学生获得一些能力；而是通过演绎自己的人生体验，让学生感受到知识的美，让学生产生一种向往。

修炼建议

综上所述，在课堂中要做好情境创设，教师应该具备一些基本的素养：

1. 要明确情境创设的目的

教学不是为"教"，而是为"学"。情境创设也同样要便于学生的"学"，只有这样才能做到随机应变，营造出一种良好的学习氛围。

2. 教师要具备强大的自我心理调节能力

许多不可预测的因素会影响教师课堂组织的心理过程，课堂组织过程中，要时刻保持自己一个良好的心态，尽可能地排除对自己心理、情绪一些不良的外界影响。

3. 教师要拓宽知识面

当你面对数十位学生时，是一个脑袋与数十个脑袋的 VS；你必须接受的一个事实是：数十个脑袋的知识加起来会超过你一个脑袋，而且其中有一个脑袋以后完全有可能会获得诺贝尔奖。因此，想要让自己驾驭住课堂，必须拓宽知识面。

4. 教师要培养自己的研究性思维

情境的创设不仅仅是一种现象的罗列与知识的堆砌，情境是一种氛围的营造，它需要有一定的悬念、需要有不确定的内容；对一个平常的案例、通过一个巧妙的假设、给出一组递进式的设问，便可以营造出热烈的课堂探究氛围。

5. 教师要多学一些心理学的知识与应用

情境创设，不是教师一个人就能完成的，它本身就是师生之间互动的体现，如果不能捕捉到学生学习心理的变化，那只能走向自说自话了。

6. 教师要学会从生活中进行学科积累

学科积累包括学科知识的积累和学科能力的积累，地理教师的学科能力体现在善于从地理学科的角度去审视社会现象、生活所得；培养自己的观察事物的地理敏感性和思维的敏捷性。只有在生活中做一个有心人，才能在课堂中做到信手拈来、随机应变，对学生点滴的思维涟漪起到推波助澜的作用，让课堂如行云流水般流畅。

二、语言表达

当你即将走进教室时，肯定完成了课前准备之一：你想说什么？你该怎么说？但这仅仅是一种预设；当你上完课，走出课堂，是否会想：今天课堂表达的是不是你想说的？也就是说你的表达是否到位了？是否达到你预想的效果？

常常听到对年轻老师的这样一种评价："某某老师，素质不错，学科功底也深厚，但就是缺少点怎么教给学生的知识。"

我们都知道有一个关于语言使用不当而导致误会的故事，堪称经典。

某人邀请朋友们一起商量要事，时间到了，有一关键的朋友没有到场，大家都等得有点不耐烦了；主人坚持要等，但又觉得对不起已经到场的朋友。为了说明未到朋友对会议的重要性，他发出一声感慨："唉，该来的没来，其他的倒都来了。"有人起身走了，没走大凡碍于面子留着，但一个个涨红着脸。主人一看有人走了，急了，赶紧嚷嚷："哎，别走啊，再等会。"见没有留住走的人，又感慨："唉，该走的不走，不该走的倒走了。"众人再也憋不住了，都走人了！走的时候还有气愤地说："什么话，简直不是人话！"

我想，走的人不全是误会才走的，大多是不能忍受才走的。

相同的一句话，不同人、不同的场合、不同的语气、不同的心境下表达出来，它的效果是完全不同的。语言表达是一种艺术，包含着一定的技巧。

教学从某种意义上来说是一种对话，一种心灵的交流。

怎样的课堂语言，会让学生觉得枯燥乏味呢？

怎样的课堂语言，会让学生觉得难以忍受呢？

怎样的课堂语言，会让学生觉得昏昏欲睡呢？

怎样的课堂语言，会让学生觉得是一种享受？

怎样的课堂语言，会让学生因一句话而开窍？

案例7.3 阅读

我大学毕业，走上教学岗位的第一年，非常勤奋好学，几乎天天跟着老教师听课，连语言表达方式、说话的腔调也有意无意地模仿着老教师。第一个学期，我在教学上进步很快，心里非常高兴。到了第二个学期，我觉得自己的进步在放慢，看着自己与老教师之间的差距无法缩小，心里不免着急，临近期末，这种着急情绪越来越重，而且觉察到学生在课堂中有时候会出现一种对抗情绪，突然觉得自己驾驭不了课堂了。我把自己的焦虑告诉了老教师，并恳请老教师听我的课，帮助我进行诊断。

老教师连续听了我几堂课后，给我指出了以下几条意见，供我参考：

第一，太着急，尽管话说得没错，但学生不接受，要循循善诱。比如："我这样讲你们听懂了没有？这个问题确实比较难，由于时间关系，我们继续讲课，你们回去再自己好好思考一下。"

第二，许多的教学语言与你的年龄不相符，老气横秋。比如："这个问题你们没思考出来，老师来告诉你。"

第三，有些语言过激了，有点伤着了学生的自尊心。比如："你们怎么连这个知识都想不起来了呢？我都讲了好几遍了！你们怎么去参加考试呀？"

结论是："小伙子，没有大问题的，主要是心太急了，慢慢来。"

最后约定，我以后在听课、上课过程中多留意一点语言表达方面的细节。

案例7.3 分析

我们对这个案例进行梳理，或许可以看出许多年轻教师身上存在的共同问题。

1. 现象与反思

现象1：案例7.3 教师遇到的问题，在刚走上教学岗位的第一个学期并没有出现，而且第一个学期的进步很大，感觉良好，自信心很强。

反思：为什么问题出现在第二个学期？难道是教师的教学退步了不成？

现象2：第二个学期出现的问题，应该说是很严重的——课堂上出现学生的抵触对抗情绪。从现象上来看，教师第一个学期还是受学生欢迎的，但第二个学期却被抵触。

反思：同样的学生，同一位老师，在不同的学期中，出现了课堂的不和谐，为什么？这一问题是出在老师身上还是出在学生身上？

现象3：第二个学期中，教师突然有了焦虑，是因为觉得无法缩小与老教师之间的差距。

反思：那么是什么让教师第一个学期进步很快？第二学期的进步缓慢又是由什么造成的？是主观的还是客观的？

现象4：教师在课堂教学上遇到了问题，去请教老教师，并要求诊断，但诊断的结果可能是年轻教师没有想到的——课堂语言问题。

反思：问题出在"课堂语言"上，这一结论是直接原因还是本质原因？课堂语言问题产生的原因是什么？为什么这个问题在第一个学期却没有发现？

现象5：学生在课堂已经出现抵触对抗情绪了，老教师还说"没大问题"。

反思：老教师为什么说"没大问题"？是真的问题不大？还是有难言之隐？还是另有原因？

2. "旁观者"的忠告

为什么叫"旁观者"的忠告？因为旁观者清。

如果案例7.3 中的年轻教师是一个有心人，就会听出老教师说的"问题不大"是一个宽慰的语言，是一种不想太打击年轻老师、一种关爱的表现；"主要是心太急了"后面有许多值得琢磨的含义。老教师的心里其实非常清楚，年轻教师遇到的问题不是简单的语言技巧问题，而是一个教学理念和心理因素的问题，但这些问题都通过课堂语言表现了出来。涉及到教师的心理调整的，只能慢慢来不能着急。至于慢到什么程度，只能看年轻教师的悟性了。这样一些情况，一位老教师，并作为同事，是不能直白地说出来的。但旁观者、局外人则可以直言：

（1）教学太功利了

首先，案例7.3 的年轻教师过于关注学生的考试成绩。内心之中，生怕学生成绩考不过其他同事的学生，于是有了"你们怎么连这个知识都想不起来了呢？我都讲了好几遍了！你们怎么去参加考试呀？"的语言。从这埋怨的语气中，可以感觉到教师对学生的考试成绩有多看重！但这样的说法，打击了学生，起码让学生觉得老师对他们失去了信心。

当然，现阶段对老师的教学评价，主要还是看学生的考试成绩，这确实是客观因素，但要成为一位优秀的教师，更要关注学生的成长。一位年轻教师，在教学岗位上最后能走多远、能攀多高，最终是由这位教师的教学理念所决定的。

其次，是这位年轻教师太想成为老教师一样的教学能手了。因此，当觉得第二学期自己的教学成长速度放慢以后，就着急，急躁让自己迷失了自己，于是有了"这个问题你们没思考出来，老师来告诉你"这样的语言。其实任何一名教师，想用难题来为难一下学生是很容易的；但学生马上会觉察到，容易产生不信任情绪。老教师的教学不仅仅是一种教学经验的积累，更有一种对生活的理解。这需要教师长期的积累，还需要有相当高的感悟。

（2）年轻教师的心中缺少对学生的爱心

当你爱一个人的时候，你首先会宽容他，更何况是未成年的学生，当一位老师真正从内心爱学生、爱孩子的时候，他就不会敷衍学生，就不会说出"由于时间关系，我们继续讲课，你们回去再自己好好思考一下"这样的话。一位内心关爱学生的老师，他不会漠视学生的问题，漠视学生问题就是漠视学生的存在。把学生的考试成绩看作是教学 GDP 时，教师的心中只有他自己了。

影响教师课堂语言表达的因素有许多，由于教师心理因素而造成教学语言的缺陷，是最难改正的，必须引起年轻老师的重视。

案例 7.4 阅读

几天以后，我听了老教师一堂有关《农业区位分析》内容的课，并就其中的几个教学片段进行了探讨。

师：从今天开始，我们要学习农业区位，我们必须先搞清楚农业是一种怎样的产业，农业生产的对象是什么？

生：（稍作讨论）土地。

师：有很多同学说是土地。是土地吗？

生：应该是吧。

师：如果农业生产的对象是土地，按这个思维我们能否说老师教学的对象是"课本"呢？

生：教学的对象是学生吧。

师：那农业的对象是什么呢？

生：哦，好像是植物。

生：还有动物！

师：对了，农业生产的对象是生物。

生：哎，这么简单怎么会错呢？

师：是吗？其实并不那么简单，尤其是这些概念的学习。我可以讲一个真实的事情，让大家分析一下。

生：好！

师：在我读高中的时候，记得有一个好像是"全国共青团员捐种子"的活动，目的是大力营造"三北防护林"，想到能贡献自己的力量，我们都很兴奋，上山采集种子，然后特意用布袋缝好，邮寄出去，我们期望着"三北防护林"中有我们的树在生长。但是，等待了很久，没有下文。你们知道为什么吗？

生：为什么？（学生在等待下文）

师：等到大学毕业以后，我才明白这是不可能的（停顿、期待学生给出答案）。

生：……（学生还在等待下文）

师：大家试想，要是海南的学生，邮寄去两颗椰子……

生：哈哈……（恍然大悟地大笑），肯定活不了

师：答案简单吗？（狡黠地一笑）

生：简单。

师：真简单？你们和我怎么一开始都没想到呢？

生：大概是因为太简单了（有学生打趣）。

师：太简单的东西，其实是最不容易发现的。

师：为什么会出现这样的错误呢？

生：没考虑到植物的生长受气温、降水等因素的影响。

案例7.4 分析

1. 老教师面对学生出现的问题语气非常淡定

当学生把农业生产的对象倾向于是土地时，老教师没有做出是非正确的评判，只淡淡地用了一句"是土地吗"的追问，传递给学生的信息是："你的想法跟我不一样"，"我们可以继续探讨"，给了学生以重新思考的空间。如果教师先给出了对错的判断，学生大都会产生等待心理，期待老师做出进一步的解说，从而遏制了学生的思维。

淡定的语气，淡定地看待结论，希望重新回到思考过程。久而久之，会熏陶学生"轻结论、重过程"这一良好的学习品质。

2. 巧妙的设问语言中，培育着学生的智慧

巧妙的设问是一种机智的体现，长期的熏陶，会对学生产生潜移默化的效果。

如果一个学生出现知识障碍，我们可以直接告诉他，或者学生自己查资料去解决，但如果是学生的思维出现瓶颈时，你告诉了他也是不起作用的。记忆是知识范畴的，

比较、归纳、分析、抽象是思维范畴的，解决这两类问题的方法也自然不同。老教师在这个方面做得非常有经验。当学生对农业生产的对象判断为"土地"时，他用一个学生熟悉的、容易理解的知识去类比——教学的对象是"学生"，然后用这新获得的逻辑，引导学生进行迁移，让学生自己去破解答案。这一方法比直接告诉答案要耐人寻味，起码立即引起了学生的反思："这么简单的问题怎么会错呢"？

3. 在平实的语言中，洋溢着一颗诚恳的心

华丽的语言可以激发学生的热情，平实的语言可以让学生沉下心来，并积极地参与思考。比如，"真简单？你们和我怎么一开始都没想到呢？"坦陈老师自己也错了，而且要大学毕业后才明白，言意之下，你们现在是高中生就能知道了，比老师强多了。"太简单的东西，其实是最不容易发现的"则能起到鼓励学生积极参与思考的作用。

4. 语言的点拨，透溢着睿智的光芒

正确的答案不是出自老师之口，而是尽量做到让学生悟到，这是一种睿智，也是一种教学境界的体现。讲完"捐种子"的故事后，学生仍然是一片茫然之中时，老教师只是轻轻地抖了一下"大家试想，要是海南的学生，邮寄去两颗椰子……"学生就恍然大悟了，这不仅仅表现为一种语言的技巧，更表现为一种思维方式的传递。

5. 一种期待，让人感觉到关爱的温暖

不直言学生的错误，但让学生明白了错在哪里，是一种关爱的体现。整个教学片段，既没有苍白的表扬，也没出现过只字片言的埋怨，只有一种期待。从没出现过"这么简单的答案，还想不到啊"这样的感概，反倒是学生认为这么简单的答案不应该出错时，老师却反问"简单吗？"来呵护学生的自信心。

修炼建议

老教师的语言魅力非"一日之寒"，需要锤炼，更需要老师自己对教学、对生活的感悟。但有些关于教学语言运用的原则、技巧还是可以让我们先学习领会的。

1. 教学语言应该是流畅的

流畅的语言保证了师生之间交流的畅通，也是思维不间断的保证，一个停顿、一个疙瘩会影响学生的思维。有许多时候，老师确实会有意地停顿，那是为了留给学生思考空间，或者提醒学生应该转换思维的角度了。有许多老师上课经常"嗯""啊"的，所以出现有学生在上课清点某个老师"嗯""啊"的次数，甚至同学之间就把某个老师叫"嗯啊老师"，或者叫"那么老师"，因为这个老师一堂课能用上几十个"那么"。"那么""但是"等习惯性用词，让不该"那么"的时候也"那么"了，让不该"但是"的时候也"但是"了，不仅会影响课堂的节奏，更会出现语言逻辑的错误，造成学生的思维混乱。

2. 教学语言不应该是背教案的

许多年轻教师有一种上课"背教案"的习惯，生怕自己在课堂上讲错了，显然这

一方式不可能实现新课标中开展学生探究性学习的要求，也不利于教师的发展成长。教学是有目标的，实现这一目标的途径、方法有许多种，而不应该就是背课本这一种；更何况课堂上会出现各种各样你预想不到的情况，这样情况的发生都是老师上课的教学资源，得加以利用。如果长期"背教案"上课，你就特别害怕学生课堂上提出的问题，当你对学生的问题置之不理时，学生就会不信任你。

3. 教学语言应该是风趣朴实的

许多年轻老师上课，喜欢一惊一乍，把课堂搞得跌宕起伏，殊不知学生被你折腾得很累。教学语言风趣朴实、娓娓道来、引人入胜本身就是一种享受，突然的高八度与突然的低八度的变换，不仅是制造噪音，也会给人感觉太做作，而做作的人是不可信的。

4. 教学语言应该是有一些技巧的

每一位有经验的老师，总是能轻松地驾驭课堂，给人以游刃有余的感觉。这里面确实有一些技巧的存在，而且这些技巧年轻老师是可以模仿学习的。比如设问与反问的技巧。

设问的原则：①不能太空泛，要有一定的指向性。这类设问犹如让学生在沙漠里找路，五花八门的答案呈现在老师面前，课堂容易出现如菜市场一样的喧闹。课堂的失控十有八九是老师设问不得当而引起的。②不能太死，要有一定的思维量。经常有老师喜欢问一些"没有问题的问题"，比如"是不是""对不对""有没有""好不好"之类的问题，造成整个课堂不时地出现"对！""是！"的回答，没有思维量的提问让学生昏昏欲睡，许多同学都是脑子一片空白地跟着应声而已。

反问的原则：①反问不应该成为教师逃避学生提问的策略。许多年轻老师因为爱面子，在不能解答学生的提问时，会使用"你说呢"的反问，把问题踢回去。遇上这种情况是正常，没什么可难为情的，一可以与学生探讨，二可以坦言这个问题我暂时解决不了或者确实解决不了。②反问是促使学生深入思考的策略。比如案例7.4中，学生感概"这么简单的问题怎么会出错"时，老教师一句"简单吗"的反问，目的就是让学生重新审视这一问题，因为简单的问题出错通常不是知识性障碍，而是思维方式问题。③反问是鼓励学生置疑的策略。当你解答完学生的问题时，一句"你说呢"可以让学生发表他们的看法，是一种征求学生意见并进行继续探讨的语气用语，更重要的是鼓励学生对你的解答进行质疑，培养学生勇于挑战权威，有效地实施新课标提出的培养学生的创新思维。

5. 教学语言应该是留下思维空间的

古人云："满则溢"，任何事物达到了极致就意味着走向衰落。

曾经碰到这样的现象，有两位地理教师教着两个平行班，学生的评价是甲老师上课条理清晰、很容易听懂，听课很轻松；而乙老师的课堂不那么好懂，意见比较大。但我们抽样调查学生的地理知识与分析问题的能力时，却发现还是乙老师班的学生略胜一筹。这几乎令人有点匪夷所思。继续深入研究后得出的结论是：乙老师所教班级略胜一筹,是因为乙老师教的差!为什么呢?因为甲在课堂上让学生都听懂了,学生课后就很少去继续思考了,而乙老师让学生不那么听的懂,却促使了学生课后去搞懂那些听不懂的内容,提升了学生自主学习的能力。

这个反常的案例给我们什么深刻的启示呢?当然不是我们以后可以课堂上故意不教懂学生了。这个案例的实质是给学生留有思维的要求和思维的空间。

如果甲老师在课堂上不是简单的让学生"听"懂,而是"悟"懂;那就不会出现这种现象了。怎么才能让学生"悟"呢?在中国的书法中有一种特殊的笔法叫"飞白"。

所谓"飞白",是笔画中丝丝露白,像枯笔所写,在书写中产生力度,使枯笔产生"飞白",与浓墨、涨墨产生对比,以加强作品的韵律感和节奏感。同时可利用"飞白"使书写显现苍劲浑朴的艺术效果,使作品增加情趣,丰富画面的视觉效果。

"飞白"是中国传统艺术观中虚实相济的典型表现。

"飞白"成为一种艺术的手法,是因为那似连非连、似断非断的笔法,让人产生了丰富的联想与想象。

如果能把"飞白"手法运用到课堂教学语言中来,就可以给学生留足了联想、领悟的空间。教学语言的"飞白"艺术在于忌一个字——"满"。

(1)忌知识的"满"。不需要把什么都告诉学生,相信学生的知识面,引导学生展示自己的知识,摆在一起,学生之间可以相互启发。

(2)忌能力的"满"。老师不需要勤奋地推理出结论,相信学生能自己推理出结果,相信学生在相互合作下能推理出结果。

(3)忌时间的"满"。不要觉得老师多讲一点学生就能多学一点,要留给学生思考的时间。可以是关键点上有意的"停顿",也表现在给出一个问题后,老师继续喋喋不休地提示,给学生安静思考的氛围。

(4)忌语速的"满"。不要在前一句话还没有听入耳,后面一句话就紧紧跟上,造成每句话只能听进半句的局面。

(5)忌提问的"满"。不要生怕学生做不出来,把问题设计得没有思维的空间。

三、互动体验

互动,是一种群体性活动深入开展的基础,也是互动双方的一种情感需求。

当阿里巴巴叫上三声"芝麻开门",石门訇然开启的时候,后面就有故事可以演绎了;如果阿里巴巴叫上三十声"芝麻开门",石门还没开启的话,就别再叫了,再叫上三千声"芝麻开门"也没戏!当然我相信阿里巴巴不会继续再叫的,因为他自己都觉得这样叫着太无趣。教学太像这"芝麻开门"了。

记得我很小的时候,母亲去镇上办点事,我也想去,但母亲要办的事很麻烦,担心没精力照看我,所以不让我跟去,便把我托付给我大妈,让她看着我、哄着我,好趁我不留意的时候,开溜。当我发现母亲溜了,便哭着追出去,大妈便在我后面追我、拉扯我，我眼看着母亲的背影远去，离开村口，我就骂我大妈，叫她不要管我，而大妈呢一直劝着我。就这样我跟我大妈一路拉扯着、闹着，到了村口。在村口碰上一个熟人，问我大妈干什么呢？当她知道原委以后，很干脆地说："你别拉扯他了，你越拉，小家伙越来劲，反正他妈妈走远了，看不到人影了，他不会再追了。"她俩便聊起了家常。我没了阻力，很快哭喊着向前跑，但真如那熟人说的，看不到我母亲的身影，我慢了下来，最后停了，不走了，坐在路边的石头上。我当时心里真恨那个熟人，心想：都是她多嘴，否则我可以一路追下去，一直追到镇上。

不拉扯了，没互动了，很乏味，所以就熄火了。

互动不是行为的动力，互动是一种促使行为继续开展下去的润滑剂；互动是相对直接地接触事物，获得体验的途径。

现在想起这事，突然觉得要是那熟人去教书的话，肯定能成为教育家。

案例7.5 阅读

人口增长

这是一堂学习并实践新课标半年后，教研组活动的心得交流课。有4年教龄的年轻老师——牛老师，为教学研讨开设了公开课。当时我被邀请，参加了这次活动。由于几乎没法用课堂实录的方法来展示，而仅实录一个或几个片段，又不能反映牛老师对互动的理解。所以用教学流程的方式来展示。

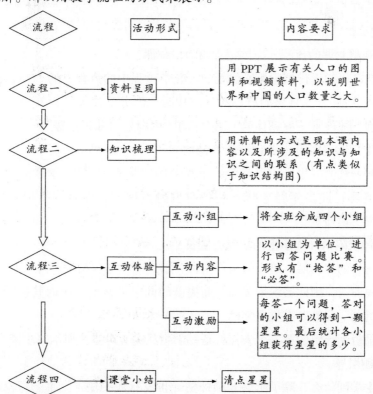

牛老师自己的感言：我也不知道怎么上，在外面听了别人的课，模仿的。

实录部分教师评语：

教师1：1. 师生互动活跃，气氛热烈有余，喧闹非凡。

2. 似乎没学到东西，但学生非常开心。

3. 师生关系非常融洽。

教师2："星光大道"与传统课堂嫁接出来的怪物。

教师3：迷茫啊！课堂上到底要教给学生什么？

教师4：上面"课改"，下面不改不好！有人说：改了总比不改好。我说：乱改还不如不改好。

教师5：四化：内容无序化，教学模式化，课堂游戏化，学生低幼化。

注：教师4与教师5两位没有发言。但听课笔记上是如此写着。

案例 7.5 分析

在课后活动的过程中了解到，牛老师并不愿意开课，因为自己也不知道该怎么上，在这样的情况下开课，确实有点勉为其难。在课后的活动中，坦言自己没上好、也上不好，差点委屈得哭了。课改是一种必然，对于第一线的老师来说确实是件痛苦的事情。但犹如蝉的蜕变，经历了痛苦的挣扎，才会变得成熟美丽。其实该课出现的问题，对于实施课改地区的初始阶段来说，非常普遍，也比较典型，属于正常现象。所以下面的问题也具有普遍性。

1. 典型问题

（1）纵观整堂课的流程，应该把它归为传统课

该课仍然是以知识传授为核心的教学。教学过程中的流程二的"知识梳理"和流程三的"互动体验"，是该课的核心部分，这两个部分都体现了以知识为核心来设计的。尽管流程三冠以了"互动体验"，但互动的内容是"知识竞赛"。

（2）整个课堂确实有一种"游戏"倾向

媒体影响着社会，也影响着教学。毕福剑的"星光大道"、李咏的"非常6+1"影响这年轻老师；许多年轻老师不是把它们融进课堂，而是直接把它们带进了课堂——教室成了演播室。

（3）设计缺陷，导致学生的功利心滋长

分小组的目的有两层：组内的合作精神，组之间的竞争精神。由于大多是抢答题，不可能有时间商讨，因此错误率很高。而失误的同学常常被同组的其他同学埋怨，因为有个激励机制——答对有星星奖励。

这一激励机制导致的第二个失控就是：学生只关心对错，而不关注错误的原因。

（4）兴趣误导

最后学生学到什么，除了听课老师外估计再没有人关注了。牛老师也被学生牵着

高

中地理教师专业能力必修

Gao Zhong Di Li Jiao Shi Zhuan Ye Neng Li Bi Xiu

鼻子走了。最后的小结，本来牛老师要回顾"人口增长"这一主题的，结果成了清点星星。学生的兴趣转移到"数星星"。非常担忧的一点是"是否会造成学生心理特征低幼化"

2. 原因分析

（1）对新课标的理念认识不足，甚至有抵触心理

很多老师在读课标的时候没有太多异议，但翻开课本浏览以后的第一句话就是"这内容怎么编得这么乱啊？"第二句话就是"让学生学到什么呀？"大概牛老师也是这么认为的，所以有了流程二"知识梳理"，并加进了一些老教材中出现的而在新教材中已经删除的名词。

（2）对新课标有认识，但没有把握其精髓

显然，牛老师对课标中提出"互动体验""合作学习"是认同的，也想了办法（或者说是模仿了别的老师），设计了流程三"互动体验"，而且大块的时间都花在这块内容上。没有把握新课标精髓的理由有三个：①互动不是活动，不仅仅是一种热闹；②互动的目标是多维的，除了获取知识，还有获取知识的能力、学习兴趣激发、价值观的形成等等；③所花时间的量不代表重视程度，整堂课的大部分时间为流程三所占据，但它却被用来不断地抢答。

（3）实施新课标不能放弃教学原则

课堂教学的有效性，以及类似于这些原则，在任何时期都是不可能放弃的。提倡快乐学习，不是提倡只要快乐不要学习，目的仍然是学习，只是提倡学习的过程要快乐。"课堂游戏化，学生低幼化"，尽管有点刻薄，但确是存在问题的。

（4）没有摆脱老大纲老教材的影子

在传统的教学模式中，改换几个说法，贴上新课标的名字，形成了"穿新鞋、走老路"的现状；课改不是一"贴"成就的，不是简单地套用什么教学形式，是教学理念的革新，是教学内容的提升，需要老师去琢磨、去实践、去尝试。

3. 新课程中有关互动的一些阐述与解读

（1）教学互动策略的基本特性有如下主要表现：

互动目标的多维性。课堂教学中的互动策略，主要是针对课堂教学需要实现的目标而选择采用的。因此，课堂教学的目标系统对互动策略的选择、运用有着十分重要的决定性作用。我们知道，受传统的课堂教学目标的制约，课堂互动往往表现为在知识的掌握和技能的训练上，很少关注到学生的学习兴趣和经验，更不会注重形成积极主动的学习态度和正确的价值观。新课程理念下的课堂教学互动策略，不仅关注学生基础知识的获得和基本技能的形成，更加关注学生的学习兴趣和经验，关注学生学会学习和形成正确的价值观。呈现出鲜明的目标多维性特征。如在教学《自然灾害对人类活动的影响》这一节内容时，老师安排学生进入学校网络教室，便于学生上网查询有关自然灾害的资料。并根据课本中对自然灾害的分类（台风、洪涝、地震、滑坡、

泥石流、赤潮、虫害等)，选出其中感兴趣的这一类，查询有关资料。在要求学生进行人机互动(获取知识，训练技能)的同时，要求学生结合所见到的灾害发生过程和发生后的图像、文字描述资料，互相交流自己对自然灾害的感想，强调交流时注意突出重点，说出其中最震撼自己的某个方面，并谈谈(生生互动)所见到的灾害图像、文字描述说明了什么？你有什么感受？(关注学生学习兴趣及价值观的形成。)通过这些互动的安排，学生一方面获得了大量的知识信息，即对自然灾害对人类活动的影响有了很深刻的印象，同时也学会了利用网络。获取知识的能力，更为主要的是，在互动过程中激发了学生探索自然奥秘的兴趣，激发起学生的社会责任感，在价值判断的相互碰撞中，形成了正确的价值观，从而凸现了互动目标的多维性特点。

互动对象的多样性。传统意识上的课堂教学，在实施的过程中往往只是侧重于师生之间的互动关系。即强调由过去的教师教和学生学，逐步改进为师生之间的互教互学，彼此形成一个"学习的共同体"。那么将"交往"作为一种十分重要的教学活动方式，即构建一种基于师生交往的互动、互惠的教学关系，则是本次新课程改革理念下的一项重要任务。新课程理念下的现代课堂教学，由于其教学环境、教学设备、教学所基于的手段、技术等已经发生了较大的变化，一种多功能、多技术、多媒体结合下的课堂教学新形式正在以前所未有的速度得到创立和构建。那种只重视课堂教学两大要素"教师与学生"之间的互动，已远不能适应这种形式的发展。在我们所见的诸多课堂教学过程中，互动对象是多样且多变的，互动的形式也是丰富多样的。课堂教学中，除了有师生之间的交流互动，更多的则有学生与学生之间的交流与互动(其中又可分为学生个体与个体之间、个体与小组之间、个体与全体之间)。学生与学生之间的交流互动，也就是新课程理念下提倡的合作学习理论。合作学习认为，以往的课堂互动理论只限于教师与学生群体之间的影响，否认了学生同学生之间的相互影响，即使承认有这种影响力，也常常把它看作是带有消极作用的破坏力量。这种把教与学的过程只看作是成人→儿童的双边互动的过程，实在是过于简单化了。实际上，老师在课堂上的一切行为，几乎都发生在与同伴群体的互动情境之中。合作学习所提倡的互动观是一种多边立体的互动观。近十年来，信息技术在课堂教学中的不断渗透与广泛应用，媒体的超时空性、形象性、生动性的优势越来越成为教与学不可或缺的要素。特别是媒体智能化发展到一定的水平，为实现媒体与人之间的对话提供了可能。所以在教学中，我们经常看到教师运用媒体与学生之间的交流互动。当前，多媒体辅助教学，基于网络环境下的课堂教学研究已经如火如荼。这不仅在教学手段上发生了根本变化，而且在教学理念上、教学结构上都将发生根本变化。目前高中地理《地球运动》内容教学资源可以说是最丰富的，许多有关"地球自转与公转"教学课件几乎在每个有关中学地理教学中的网站上都可以找到，Google 地图在地理教学中的应用，充分发挥了课堂教学中互动对象的多样性，即发挥了媒体与学生交流互动的优势。在基于网络环境下的学生自主学习中，学生自己查询相关信息，解决学习中遇到的问题，让学生在互动中快乐学习，起到了传统教学无法代替的效果。此外，随着新课程理念的逐步推进，也可以对课堂教学环境进行开放与拓展。传统的课堂，从某种意义上说是一种趋于封闭的、呆板的、秧田式的排列，学生的活动最大范围莫过于教室。而新课程理念下的课堂，已经不局限于传统意义上教室的范围，很多课的教学，光靠在教室里，光靠在教室里的人相互之间的互动已不能满足其需要。因此，地理课的教学，交流互动的对象已经扩大到教室之外的人群，如要进行某一道路交通流量的 24 小时监测的调查，某鱼塘因为水体污染所导致的鱼类死亡原因调查，某一自然灾害发生后损失调查，春节前后"春运"这一现象的流向调查与原因分析等等。从以上分析，我们不难看出，互动对象的多样性，是新课程理念下互动策略的一个十分突出的特性。

互动过程的动态性。众所周知，课堂教学过程中，大部分教学环节都是互动的过程。因此，教学活动推进的过程即是由多个互动反复交替作用的过程。教学互动过程的动态性，是教学互动策略的一个重要的属性。在课堂教学中，尽管教学内容、形式和方法等可能是由教师预先设定的，但课堂教学的组织形式，互动的模式和程序的选择则是以学生心理特点、参与学生的数量、发生的环境、师生的知识背景、教学设备、媒体的条件等为转换的。所以，在课堂教学互动过程中，常常要根据所教学的内容或主题来变换互动的模式或方式，如有时采用问答式，有时采用讨论式，有时采用质疑探讨式等。此外，过程的动态性还表现在教师根据学生的语言行为和非语言行为，根据学生学习的效果，或根据媒体提供的学习所必须的途径和资料，适当地调整互动的模式和方式。

互动对象的平等性。传统的课堂教学中，虽然我们经常看到师生之间的"互动"场面：或教师问学生答，或学生答教师评价等。这种"互动"，严格地讲更多的是建立在教师主导之上的，而学生的主体地位往往被削弱，甚至根本未被引起重视。所以，充其量也只能是"准互动"。新课程理念下的互动过程，十分注重营造这种平等的、相互理解的、双向的人与人之间的关系，因为在教学过程中教师与学生都是主体，都是具有独立人格价值的人，两者在人格上完全平等，即师生之间只有价值的平等，而没有高低、强弱之分。所以，建立一种人道的、和谐的、民主的、平等的师生关系是本次教学改革的一项重要任务。基于这种情况，新课程改革理念下的互动对象之间，在课堂教学的全过程中，都应该是平等的。上面主要阐述的是课堂教学中师生之间的互动，那么，在课堂教学诸多互动对象之间应该是怎样的呢？究其实质，如多媒体、网络信息、课堂之外的交流对象等，在某种程度上说，它是代替了教师的作用：一方面，取代了老师枯燥乏味的讲解；另一方面，也起到了老师用讲解描述等无法达到的教学效果。所以，本质还是相当于"教师"。综上所述，无论课堂教学过程中互动对象怎样变化、怎样丰富，都必须遵循互动对象之间平等的重要特性。

互动过程的有效性。现代课堂教学研究的实践都十分重视课堂教学中的互动，强调互动在课堂教学中的作用。这是对课堂教学研究的一大突破性贡献。但是，我们必须看到在课堂教学中强化了"互动",特别是强化了"生生互动"、"人机互动"等新的理念,就一定能达到教学效果与质量的提高吗?很多地理教师在尝试"人机互动"教学,让学生上网学习时,都失败了,因为很多的"人机互动"是低效的,整堂课下来,许多学生被网络的其他内容所吸引,到下课了还没有找到自己所需的资料的学生大有人在。因此,互动一定要讲究其有效性。无效的或低效的"互动"不仅不能提高课堂教学效率和质量,反而会影响、延误教学的时间,降低课堂教学效率和质量。许多的教学互动设计,有很大的随意性、盲目性、浅薄性、不合理性。那么,真正有效的课堂教学互动,应该是建立在互动目的的明确性,互动内容的深刻性,互动时机的科学合理性,互动结果对学习过程的影响程度等方面之上的。

(2)教学中常用的互动形式

教师与学生之间的互动。课堂教学活动的全过程,主要是由教学各要素之间多边的互动交替来推进的。那么,在这一过程中,互动的主体主要表现为教师与学生。即教师与学生之间的互动,是课堂教学中最为经常,最为使老师得心应手的活动。教师与学生之间的互动模式大致有如下几种:

①质疑—问答式。即教师根据教学需要提出问题,学生回答;学生向老师质疑,教师给予解答。

②讨论—交流式。即教师与学生之间因教学内容的需要,各自交换自己的想法、意见,以达到师生之间互通有无的目的。

③实验—探究式。即教师与学生为了共同的教学目标,相互协作,共同进行实验,以探究知识的本源、寻求问题的答案等。

④争论—辩解式。即教师与学生在教学过程中,因为对某些知识或问题在认识、理解上出现了分歧,从而进行争论、辩解等。当然,我们所要强调的是,师生之间的互动,其互动对象之间并没有高低、主次之分,而是相互平等的矛盾统一体。互动双方都可以是问题的发出者,话题的提出者,同样也可以是问题被问者和话题的接受者。课堂教学过程应该是一种教师、学生与文本之间的亲切对话的过程。

学生与学生之间的互动。新课程在变革学习方式上非常重视合作学习的理念。合作学习理论认为,以往的互动理论大都局限于教师与学生群体之间的彼此影响,否认了学生同伴之间的相互影响,即使承认有这种影响力,也常常把它看作是带有消极作用的破坏力量。实际上,我们不难看出,所有的课堂教学过程,教师在课堂上的一切行为,几乎都是发生在与同伴群体的互动情境之中。合作学习的重要代表人物约翰逊兄弟认为:"从本质上说,教与学的成人——儿童双边观过低地估计了课堂教学中学生——学生关系的重要性。"合作学习所倡导的互动观是一种多边立体的互动观,它不再停留在传统的师生双边互动观的认识水平上,倡导教师与学生,学生与学生进行多边互动。因此,在新课程理念指导下,学生与学生之间的互动,是十分重要,必不可少的一种互动形式。在课堂教学过程中我们经常看到这样的情景:教师在学生充分质疑解疑后，对于一些学生个体无法通过独立思考解决的问题，教师留给学生进行讨论交流；还有一些学生一时无法得出一致答案的问题，教师组织学生进行辩论；有时，因为教学需要，让学生将自己的想法在小组内和同座位之间进行交流，并作相互评价等。上述这些互动，显然是属于学生与学生之间的有效互动。

案例 7.6 阅读

这个案例的主题是"人与环境的可持续发展"，下面是其中的部分师生对话。

师：我们能否在现实中找到一些环境比较好的例子，然后来分析一下其中的原因。

生：原始森林，没人的地方。

师：没人的地方环境好，原因很简单，就是因为没人干预。

生：城市公园。

师：城市公园几乎就是人为的产物，投入太大。

生：老师，寺庙可以吧，我在旅游时发现，不管是山里的寺庙还是城市里的寺庙，周围环境都很好的。

师：好，有道理。我们就来分析一下寺庙。佛教寺院大多处于清幽的环境中。

生：老师，"自古名山僧占尽"，它本来就好的（该学生很得意）。

师：（在黑板上写下这句话）这个证据很有力的。还有其他诗句能描述寺庙与环境的关系的？

生1：曲径通幽处，禅房花木深。

生2：深山藏古寺。

师：很不错。不过我们地球以前的环境也没现在这么差呀？有资料说：地球森林覆盖率曾达到过60%呢！

生：被人类破坏了。

师：那和尚也是人啊？

生：和尚（僧人）不劳作呀，靠布施。

师：很多名气大的寺庙光靠布施不够呢，怎么办？

生1：出去乞讨。

生2：错了，和尚乞讨叫化缘。

生1：就是叫法不一样，"化缘"就是"乞讨"。

师：（看着学生之间的互动，笑嘻嘻地忖思着怎么点火，让学生之间的互动再激烈一些）在黑板上写下了："化缘"就是"乞讨"吗？

生1：老师，这个还用得着讨论吗？

师：（笑着反问）你们不是已经在讨论这个命题了吗？

生1：老师，街上的乞丐要是穿上件袈裟，不就是化缘了吗？

师：真的？

生1：当然！

师：你见过和尚在大街上向行人乞讨这种现象吗？

生1：（停顿片刻）没有。

生2：这就说明"化缘"与"乞讨"不一样的。

生1：实质一样。

师：很好，你们的讨论让我想起了历史学家说过的一句话（边说边板书）：佛教是人类历史上第一次对人与自然的关系进行了哲学的思考。

这位老师又在黑板上的三句话前加了几个字。变成了如下的板书：

古诗云："自古名山僧占尽。"

我们的争论："化缘"就是"乞讨"吗？

历史学家说：佛教是人类历史上第一次对人与自然的关系进行了哲学的思考。

师：黑板上写着的三句话，它们之间是否有内在的联系呢？

（学生对历史学家说的表现出比较大的兴趣，但最后还是集中在我们的争论上。）

生：老师，"化缘"到底是怎么回事？（经过一番讨论，最后归到对佛教文化的一些知识层面的了解）

师："化缘"不同于"讨乞"，乞讨的人会对你说他几天没吃饭了，获取一种同情；化缘的和尚不会跟你说他肚子饿，他托着钵走到你家门前，你有就给点；没有，他继续往前走。

生：如果一直没呢？

师：那就继续饿着。《西游记》里猪八戒不是老说：师傅，今天没化到缘，只有饿肚子了。化缘的理念是，如果你有多余的，就布施一点，不强求。化缘行为，我觉得是在传播这种理念。因此，我们是否可以这样来理解佛学：人所获得的，应该是这世间多余的部分的恩赐；不杀生，控制欲望，都是为了一个字"度"（板书）。这个"度"就是一种哲学的思考。

生：（似乎有点听明白了一点，若有所思地）哦……

师：因此，尽管是"自古名山僧占尽"，但寺庙周围的环境一直到现在都保存得如此完好，不能不说与这个"度"有关。可持续发展其实要求人类行为的"有度"！

生：啊，绕了一大圈，是可持续发展啊。

师：呵呵，并不是说佛教就是可持续发展，而是里面有些内涵可以给我们一些启迪。……

案例7.6分析

这一互动体验课堂的实录，我们可以看出有以下几点比较精彩：

1. 案例所选的互动材料以全新的面貌出现

有关佛教的内容，既远离现代人，又隐约在现代人身边。学生对佛教是知道但又模糊，而且学校教学中又很少涉及，所以能激发学生探究互动的兴趣。

2. 互动的焦点捕捉引导准确

互动以"佛教的行为理念"为探究点，紧紧围绕"人的行为理念"铺陈。而可持续发展的核心是反思人类的行为。探讨互动的过程几乎没有直接说到可持续发展的概念，但它却贯穿了整个互动过程，做到了"形散神不散"。

3. 互动目标的多维性

互动拓展了学生的知识，激发了学生的兴趣，锻炼了学生勇于探究的思维品质，同时也进行了价值观的渗透。学生最后的"啊，绕了一大圈，是可持续发展啊!"的感叹，显示着教学的成功。

4. 教学设计的精巧

最后黑板上"度"的出现，起到了画龙点睛的的作用。简洁的板书，会给学生留下深刻的记忆。从"化缘"行为的探讨，到"度"字的总结，让我们感受到了"深入浅出"与"水落石出"的课堂教学艺术。

5. 遵循教学原则

有效性：互动的模式不多，主要以"师生"互动与"生生"互动为主，但恰到好处。如果选取一些寺庙的景观，僧人化缘的图像或视频，甚至出现佛教的音乐，也未尝不可；但在 45 分钟的课堂内出现，会转移学生的注意力，降低课堂的有效性。教学方式、教学手段的使用，要符合内容，不能为形式而形式。

公平性：以一种对话的方式展开，但老师没有针对哪一位学生提问，却让每一位同学都进入互动的角色，做到了面向全体学生。教学的公平性，在课堂中体现为人人都有机会、都能参与。不主动给某个人机会，就是给了全体的机会；不主动给你机会，机会就全由你把握。

6. 教师角色的正确定位

案例 7.6 的教师在课堂中表现为一个参与者，而不是裁判员，最多是个引导者，做到了师生的平等与民主。在互动的过程中，教师从没有轻易地下结论，就算有同学寻求教师支持的时候，教师也用反问的技巧加以回避。如"学生 1：老师，这个还用得着讨论吗？教师：（笑着反问）你们不是已经在讨论这个命题了吗？"让互动继续深入。

修炼建议

课堂的互动，应该困难最大，它不是一个单项的教学技能所能达到的。一个完美的教学互动，是一种教学积累的释放，甚至可以是教育人生的积累闪亮，不可能一蹴而就。

1. 要重视教学积累

做好反思：做好教学积累的最有效途径，就是做好教学反思。坚持做好每堂课的课后反思，贵在坚持；有话则长，无话则短，切忌空话、套话；简洁明了，一语中的。做成功课堂的反思，更要做失败课堂的反思。

触类旁通：多听其他学科课堂教学，吸收不同学科的思维方式。

2. 与时俱进

观念意识：学会接受新生事物，自觉转变、更新教学观念。

创新意识：要求学生创新，首先是要教师具有创新意识。

体验意识：有觉得好的想法，就要在平时的课堂教学中，大胆而慎重地尝试，从中去获得体验。

生活意识：如果生活单调枯燥，自己的思维也会迟钝、枯萎。而课堂互动的开展对教师思维的敏捷性要求很高，这样才能捕捉瞬间的信息，快速应对学生"脑筋急转弯"式的问题。

3. 多读书，多交流

多读些教学理论的书籍，升华自己。

多读些名著，修养自己。

多与不同的人群交流，修炼自己。

4. 适时地学些技巧

比如，学会与人交流的时候，看着对方的眼睛。一可以从眼睛中去捕捉互动的信息，因为互动是全方位的，不仅仅是语言这一方式。二看着对方眼睛说话，需要勇气，它可以锻炼人的自信心。

高

中地理教师专业能力必修

Gao Zhong Di Li Jiao Shi Zhuan Ye Neng Li Bi Xiu

专题三　资源利用

随着高中地理课程开放程度的增加，教学资源成为保持课堂活力的重要因素之一。可以作为高中地理教学资源的东西很多，本书讨论几种常用的资源。

一、利用简易教具

案例 8.1 阅读

自从进入新课程后，各种公开课、研究课就不断，这段时间我也在准备一个区级的新课程公开课。我教了五年高中，刚刚带完一轮旧课程的地理课，今年从高三下来到新课程起始年级高一教课。自夸一下，我以往上课就比较善于调动学生，课堂总是比较活跃，很受学生欢迎。所以这次区级公开课才找我上。要说"讲课"，自然是没话说了，但是这是一个新课程的公开课，怎么说也要体现一下新课程的理念吧。于是我把地理实验引入了课堂。

那天我走进课堂，手里拿着两个大盒子，上面还蒙着两块白布。同学们猜今天可能有什么新玩意，立即兴奋起来。

教室里闹哄哄的，学生都在猜测我今天要卖啥药。我得意地环视教室，直到全班的议论声慢慢变小，我突然像变戏法似的拉去盒子上的白布。"哇塞！"全班一阵惊呼。一个盒子里装着一些泥土，另一个盒子里还长着一些说不出名字的杂草。而且这两个盒子还有点特别，一边高，一边低，其表面呈斜坡状，每个盒子下面还有一个托盘。

"这些草呀，我可是在家里养了一个多月哦！一个多月来，我又是浇水，又是施肥，又是捉虫……就是没有除草。"我用手轻轻抚摸这些杂草，像是很舍不得的样子，又像在抚摸自己的一个宝贝。（全班笑声一片）

"要是天降大雨，会怎么样呢？"我站在讲台上仰望天花板，简直像一个祈雨的道士。（学生被我滑稽的表演逗得大笑）

我又从袋子里拿出一个灌满水的饮料瓶，"下面我们大家一起来观察观察会发生什么事情。"一些同学已经急不可耐地伸长了脖子，甚至不少同学站起来了。"前面的坐下！挡住我们了！"后面已经有同学着急了，但是这种劝告似乎没有发生太多的作用。（得！你们不听劝告，那我就站凳子上。）后面已经有同学站到自己的凳子上了。（没有关系，只要能吸引大家的注意，能够引起大家的兴趣，课堂纪律就先放一边吧。）

"大家注意观察，看看当我把水倒在这两个盒子里，会发生什么事情，最后的结果又有什么不同？"我开始演示了。我将饮料瓶的瓶盖打开，将水倒到两个盒子的高处，让水顺着斜坡慢慢流下，最后流到托盘里。"大家观察托盘里的泥沙有什么不同？讨论讨论！"

我的话音刚落，就有很多同学说了："长草的那个盒子托盘里的泥沙少，没有草的那个盒子托盘里的泥沙多！"

"很好，这个实验告诉我们什么道理？"

"植被有保持水土的作用！"同学们几乎是异口同声。

案例8.1分析

那节公开课后，听课老师对这节课的评价都很高，课堂气氛活跃，尤其是地理实验在课堂的应用是本节课的一大亮点。过了几天，授课教师遇到在同一个区当地理老师的大学同学，老同学对那节课谈了几点不同的看法。

1. 课堂实验的必要性

课堂实验充分地调动了学生的兴趣，课堂气氛活跃，但是感觉学生得出结论过于"顺理成章"，为什么会这么容易就得出了结论呢？学生的结论是从这个课堂实验中得出的，还是他们原来就知道这个结论？本节课是想通过一个课堂实验直观地展示植被对水土流失的影响，但是对于高一的学生而言"植被有保持水土的作用"应该是一个基本常识，似乎没有必要用一个复杂的实验来证明。从这个案例来看，事实上学生"得出结论"并不是因为实验过程中的现象，而是学生自身的生活经验在里面发挥了更大的作用。

这就是说，在我们选择课堂实验作为教学手段的时候，首先要考虑到实验的必要性。这需要考虑到学生的认知水平，有些学生从生活常识中就能发现的问题是没有必要实验的。

2. 课堂实验的可观测性

那天开始演示实验的时候，课堂上出现了"一些同学已经急不可耐地伸长了脖子，甚至不少同学站起来了"的现象。显然后面的同学看不清楚实验的细节，连前面同学都站起来了，后面的同学就更看不清楚了。反正我们坐在后面听课的老师是肯定没有看到实验的细节的。地理实验的目的是让学生在观察中去认识地理现象和地理原理。因此，实验一定要考虑到学生是否能够清楚地观察实验的整个过程。

3. 学生的参与性

实验的目的不仅仅是让学生观察，还可以训练学生的动手能力，因此能够让学生操作的实验尽量让学生自己动手操作。为了保证更多的学生动手操作，可以采取学生分组实验的方式。

案例8.1的授课老师听了老同学的意见，也觉得说得在理。这次参加区公开课，当时只考虑到课堂形式的创新，没有对课堂实验的实施有太多的思考和研究。而且工作这几年一直关注的都是应试，别说课堂实验，即使是教具也很少用。他查阅书籍和网络想了解更多关于教具使用和课堂实验，结果在网络中看到这样一个课堂实录。

案例 8.2 阅读

我进入教室，像变戏法式的从口袋里掏出一只筷子（图 8.1①）。（很多同学笑起来。）

我用手轻轻掰弯这只筷子（没有掰断哦，图 8.1②），然后问大家："如果我用力把这只筷子掰断，请问是上面（A 处）先断，还是下面（B 处）先断？"

"上面先断，上面先断。"同学们好象对结果毫无争议。

"真的是上面先断开吗？"我继续问"会有意外吗？"。

"没有意外，肯定上面先断！"在大家的一片嘈杂的吵闹声中，我掰断了筷子。

"啪"的一声，筷子断了，大家同时发出一阵"噢"的叫声（图 8.1③）。

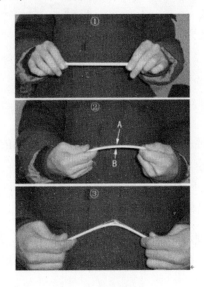

图 8.1　筷子教具

"果然是上面先断开。"我自言自语，学生发出一阵笑声（可能开始以为我会弄出什么特别的结果，原来又是忽悠）。

"为什么一定是上面先断开呢？为什么下面还连着呢？"我继续问到。

教室安静了，看来一个简单的结果要说清楚原因还是有难度哦。

讨论开始慢慢热烈起来，但是没有谁有胆量站起来说。

"长跑的时候，你是愿意跑内圈，还是外圈？"我启发一下。

"当然是内圈哦"学生答。

"为什么呢？"我继续问这样幼稚的问题。

"内圈短一些呀。"学生回答。

"那用这个想想筷子为什么上面先断开呢？"我继续问哦。

"刚才筷子弯曲的时候上部的纤维被拉长，纤维被拉断了，下面的没有哦。"学生答。

"对，筷子弯曲的时候，上部受张力作用，植物纤维被拉断了，下部受挤压力作用，没有断开哦。"我继续规范一下答案（想往我下面要讲的内容上靠哦）。学生点头同意我的分析。

"好，我们用这个筷子断开的例子来分析一下岩层的弯曲哦。"我终于进入正题。

我在黑板上很快画了一个褶皱的图，然后让大家分析背斜和向斜。

当然很快就得出了"背斜受张力作用，岩石破碎，易被侵蚀；向斜受挤压力作用，岩石致密。"的结论。（如图8.2）

 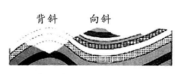

A 背斜和向斜示意　　　　B 背斜成谷、向斜成山示意

图8.2　背斜、向斜示意

案例8.2分析

这节课会让看到的年轻教师眼睛一亮，原来课堂教具的使用可以如此简单。一只筷子居然能够这么轻松的解决了本节课的难点。

1. 抓住教学内容中的"结"。这个主题对于学生而言，最难理解的可能就是"背斜受张力作用，岩石破碎，易被侵蚀；向斜受挤压力作用，岩石致密"。案例8.2通过课堂演示，帮助学生轻松理解了本节课的难点。教师教学要抓住一节课的"结"，然后通过合适的的教学方式帮助学生解开这个"结"。案例8.2就是通过课堂演示来帮助学生解开这个"结"的。

2. 用学生熟悉的现象解释他们不熟悉的现象。筷子的弯曲与岩层的弯曲有相似之处，通过对筷子弯曲这个大家非常熟悉的现象进行分析，帮助学生理解岩层的弯曲。由于有的地理现象远离学生生活，有的地理过程发生很快或者很慢，学生都很难去实地观察，利用一个学生易于观察的或熟悉的现象去解释不易观察或不熟悉的地理现象，有利于学生认识地理问题、理解地理过程和原理。

3. 演示与讨论相结合。在演示过程中提出一系列的讨论问题，通过问题链引导学生开展探究，有助于激发学生的探究欲望。课堂演示实验的设问要紧扣本节课的教学目标。

案例8.3 阅读

今天上"大规模的海水运动"，如何理解洋流、如何引入理解"盛行风是海洋水体的主要动力"？这是个需要重视的问题。去年我是在实物投影下，用一个圆盆装满水，准备了一个吸管，请同学往水面吹气，同时，我往水中滴入有色墨水。学生通过实物投影观察水的流动，并在黑板上画出水的流向，从而推断大洋中洋流的形成及其影响因素。（见图8.3）

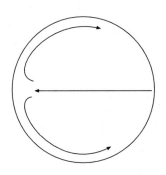

图8.3　水盆演示示意

那天上完课后我觉得应该多准备几个吸管，因为假如一位同学吹的效果不明显，可以换个吸管请其他同学来做。

今天再上同样主题的课，我没有安排这个活动，而是用语言描述后，在黑板上画出圆的水盆，然后请同学上黑板，根据对生活实践的印象画出盆内水的流动。我觉得或许这样更能激起学生观察生活的欲望和总结生活经验的反刍，而学生的"反应"也是让我满意的。

案例8.3 分析

案例8.3用的实验很简单，却能形象地说明风与洋流形成的关系。但教师在第二年上课并没有继续使用这个实验，而是改用语言和示意图结合的方式，并且认为效果也是令人满意的。什么时候可以用？什么时候又不必用呢？影响决策的因素主要在学生，教师要根据学生的已有知识水平和理解能力来决定什么样的手段更合适。

修炼建议

在新课程的基本理念中特别强调了要"重视对地理问题的探究"，而开展课堂实验等地理实践活动是其中的一条重要途径。但是由于近年来我国高中教育受应试等因素影响，地理实验在课堂上几乎是销声匿迹，很多教师认为没有必要开展课堂实验，直接讲授加记忆来得更加简单。而这种状况不仅仅使学习的过程缺乏趣味性，而且慢慢使学生丧失了探究的欲望。随着新课程的推进，地理课堂实验慢慢引起教师们的重视。而当地理教师想开展课堂实验的时候，又面临新的困惑：如何把握课堂实验的时机？如何有效地开展课堂实验？在开展课堂实验的过程中，我们需要注意以下几个问题。

1. 实验必要性评估

地理课堂实验能够激发学生的学习兴趣和探究欲望，但同时地理课堂实验与传统教学方式相比又具有成本较高、前期准备时间长、占用课堂时间较多等缺点。因此，在选择课堂实验这种教学方式之前，首先要对实验的必要性进行评估，这是保证实验教学有效的前提。课堂实验应该能够帮助学生理解地理现象的发生、发展过程，或者通过观察能够帮助学生理解地理事物的特征，或者能够帮助学生认识地理规律、成因和原理，或者帮助学生理解教学内容的难点。如果为了实验而实验，那么课堂实验就成了花架子。

2. 实验的目的分析

在实验前要明确本次实验的目的、要求，依据的原理。只有明确了目的才能有效的设计实验，使实验更有针对性。让学生知道要观察什么、怎样观察，需要考虑什么问题，主动、积极、自觉地投入观察与思考。

3. 实验的准备

根据实验要求，准备必要的仪器设备和实验材料等，并进行仔细的检查，确保课堂实验顺利进行。如果是教师演示实验，要充分考虑实验演示是否能够满足所有学生的观察；如果是学生分组实验要考虑应该准备的实验器材的数量，以及如何组织小组合作实验。此外，还需注意实验本身的安全性，考虑是否需要给学生准备护目镜、手套等防护器材。

4. 实验的科学性

由于地理事物和现象的复杂性，使我们通过课堂实验很难完全模拟地理现象和过程。这就需要教师对实验的科学性进行论证，有些实验结束后还可以组织学生对本次实验进行反思，讨论实验本身与实际情况的差异性，甚至还可以提出实验改进的措施，使学生对地理事物和现象有更科学的认识。

5. 实验演示方法分析

演示要紧密配合教学，及时进行，过早拿出直观教具或用完后迟迟不收藏好都会分散学生的注意力；演示过程中教师要向学生提出问题或作适当讲解、指点，引导他们边看、边听、边思考、边讨论，以获取最佳效果。

二、利用地理图像

地理图像是地理教学的基本材料。随着计算机多媒体投影设备的普及，地理图像在课堂上使用越来越多。地理图像包括地图、地理图标、地理照片、地理示意图、地理漫画等。使用地理图像的技能曾被归入地理教学的"演示技能"，新课程实验开始后，地理图像的使用技能已经走出单纯被"演示"的圈子。

案例 8.4 阅读

这是我第一次用 google earth 讲地理课。因为该软件对计算机和网络速度的要求比较高，所以我没有启动该软件，而是事先做好了截图，然后用 ACDSee 软件全屏放映，给人一种"我在实际操作该软件"的效果。

我先放映图 8.4，告诉学生："这是一个很好玩的软件，叫'google earth'，可以通过它来查看世界任何地方的卫星图片。这个软件有很多种玩法，最常用的是在其中找自己所在城市。"

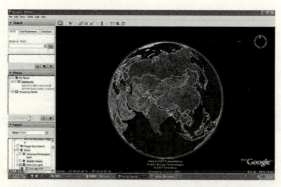

图 8.4 google earth 界面

图 8.5 武汉地图

先找到武汉："这就是我们所在的城市武汉。"学生一看到这个就兴奋起来。

图 8.6 学校地图

"我们甚至可以找到我们的学校，我们现在就在这里上课哦"（图中箭头所指）。

学生这下子更兴奋了。

"当然还有一种玩法，就是在 google earth 中寻找自己去过的地方，甚至可以拿自己拍摄的照片与其比对。"

图 8.7　我在飞机上拍摄的一张照片

图 8.8　在 google earth 上找到的相同景物

图 8.9　我在古尔班通古特沙漠上空拍摄的一条山脉

图 8.10　在 google earth 上找到的相同景物

图 8.11　我在乌伦古河上空拍摄的绿色走廊

图 8.12　在 google earth 上找到的相同景物

以上主要是为了调动学生的兴趣。下面才切入正题。

我对学生说："前天晚上我又发现一个新玩法。"同时调出湖北地图。

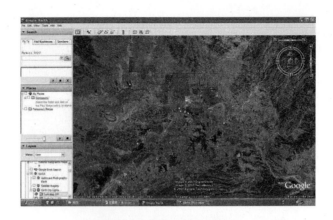

图 8.13　湖北东部卫星图片

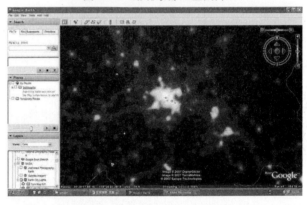

图 8.14　google earth 湖北截图

接着讲我的发现："我无意中点了左边窗口中的'Earth City Lights'选项，图片就变成这种模样了，我们发现武汉这个位置变成了一大块白色区域。"学生一脸疑惑，我其实早料到了，就继续讲：

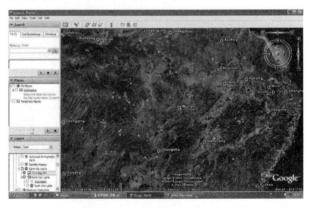

图 8.15　长江流域卫星图片

"这是长江流域的一副卫星图片。当我们选择'Earth City Lights'选项，就变成这个样子了"，同时调出图 8.16。

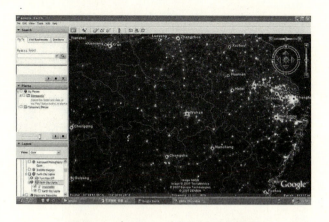

图 8.16　google earth 长江流域夜景图

我顺势引出城市区位的话题:"哦,原来这里可以显示夜景图,这些城市灯光正好显示城市的分布特点。那么我们这节课就来用这个功能研究城市区位因素。"学生不住点头,表示明白了这些白色小点的意思。

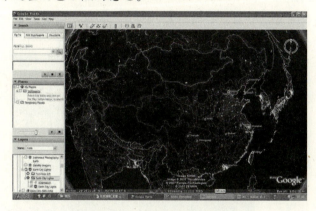

图 8.17　我国城市分布示意

我给学生布置了一个任务:"请同学们看图,说说我国城市分布的特点。"

学生很快看出:"东部多,西部少。"

"为什么会有这样的分布特点呢?"

学生根据他们已有的知识回答:"这里平原面积广阔,又是季风区,降水条件好。"

"为什么平原地区城市就多呢?"

学生首先想到的是农业:"地形平坦,土壤肥沃,农业发达,能够养活更多的非农业人口。"

"很好,也就是说城市多分布在平原地区。那我们再看看这张图。"

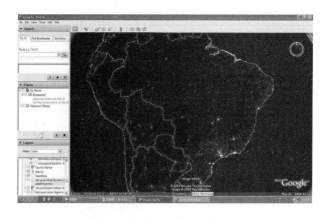

图 8.18　巴西城市分布示意

学生仔细观察这张图，又相互讨论了一下，认为这里城市主要分布在巴西高原。

"是哦。这里的亚马孙平原城市并不多，而巴西高原城市还多些哦。为什么呢?"

学生也很快想明白："热带地区，高原上更凉爽，更适合人类生存。"

"很好，那我们看看也处在热带的印度，看看你的这个结论是否正确哦。"

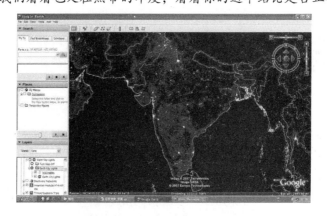

图 8.19　印度的城市分布示意

"果然德干高原上的城市比高原边缘的沿海平原多哦。"

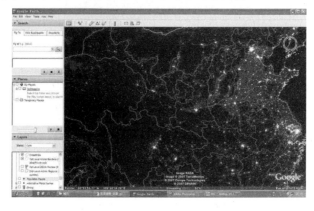

图 8.20　我国部分地区的城市分布示意

"那大家再看看这个图，看看山西、陕西、四川、重庆城市分布的特点。"

学生通过观察和讨论得出：山西城市在汾河谷地比较集中，陕西城市集中在渭河平原，四川、重庆的城市主要分布于四川盆地。

这时我作了小结："地形对城市区位的影响：城市主要分布在平原地区；热带城市多分布在高原地区；山区城市分布于河谷及开阔的低地。"

下面继续呈现地图："我们看这幅，比较一下欧洲与非洲北部城市分布的差异。"

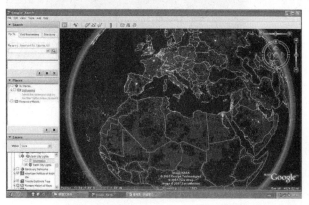

图 8.21　欧洲和北非的城市分布示意

学生发现："欧洲的城市多，非洲北部城市少。"

"为什么非洲北部城市数目如此的少呢？"

"这里热带沙漠广布，不适合人类生存。"

"嗯，很好，大家再看看下面这个地方。"

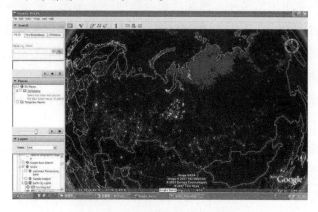

图 8.22　俄罗斯城市分布示意

学生又发现："俄罗斯城市的分布西部多，东部少，南部多，北部少。"

"为什么？"

学生思考了一段时间，得出下面的结论：俄罗斯地处高纬，气候寒冷，南部比北部要暖和些。受洋流影响，西部受北大西洋暖流影响，气候温和，东部受千岛寒流影响，气候寒冷。且东部地形是山地高原位主，城市数目少。

"很好，你能否猜想一下加拿大城市分布的特点？"

"加拿大城市当然也应该分布在南部地区哦。"

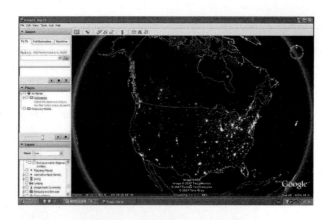

图 8.23 加拿大城市分布示意

我又适时作了小结:"气候对城市区位的影响:主要分布于降水和气温适中的地区。"

用同样的方法,我带着学生了解了河流、自然资源、交通等对城市区位的影响。

案例 8.4 分析

案例 8.4 充分利用了 google earth 中的地图和照片进行教学,可以说是一种基于地图或地理图像的教学过程。从案例中可以分析出至少三种地理图像的应用:

第一种是联系学生生活实际,激发兴趣。教师一上课先介绍 google earth 软件,然后从 google earth 上调出学生所在城市的地图,在这张图上,学生甚至看到了自己的学校,这时学生的兴奋无疑是教师单纯语言描述地理事物所不能激发的。

第二种是图像的对比。教师使用自己拍摄的景观照片与 google earth 上找到的相同景观图片进行对比,加深学生对图片的印象。因为这个环节仅仅是为了"热身",与课的主题关系不大,这里也不过多讨论。

第三种是图像分析。课的整个过程在媒体和资源使用上是以图像分析为线索的。通过学生观察各个地区的地图,发现城市的分布规律,再通过各个地区自然环境的对比,最终得出有关城市区位的结论。这个图像分析过程并非只是为了获得新结论,也用于验证已经得出的结论,在这一点上,教师做得很有特色。例如,用印度城市的分布去验证热带地区,城市建在高原上更适于居住的结论;用加拿大城市主要分布在加拿大南部地区来验证刚从俄罗斯城市分布得到的气候对城市分布影响的结论。因为一节课上要使用 20 多幅地图,如果都是一个模式去做图像分析,学生容易疲劳,多种分析、使用方法丰富了地理图像教学的课堂内容。

从学生的回答看,学生的基础很好,教师还可以给学生一个相对完整的探究任务,让他们通过独立或小组合作分析地图,得出一些结论,并自己寻找验证的方法。

案例8.5 阅读

我刚参加工作不久，就在学校的"拜师会"上拜学校地理组的熊老师为师傅了。按学校的要求，师傅需要每周至少听徒弟的1节课，并给予指导。这天熊老师来听了我的课，是讲人口增长问题的。

我直接开场："今天我们来研究人口的增长问题。在研究之前，我们首先要知道几个概念：出生率、死亡率、自然增长率。这几个概念大家应该都听说过，有同学可以帮我们解释一下这几个概念和他们的关系吗？"

在讨论声中，有一个同学举手了："出生率是一个地方的出生人口除以总人口；死亡率是一个地方的死亡人口除以总人口；出生率减去死亡率就是这个地方的自然增长率。"

我先鼓励再纠正："说得很好，不过我还补充一点，一般计算的时候都要给一个时间段，通常是一年，例如一个地方一年的出生人口除以总人口就是该地区的出生率。自然增长率等于出生率减死亡率，是衡量一个地区人口增减的重要指标。根据文献记载和合理推断，我们的人口学家画了这样一幅世界人口出生率死亡率变化图。"我把这张示意图通过PPT打出。

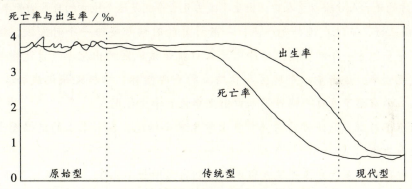

图8.24 教师的 PPT 图表

我要求学生读图并讨论："请大家观察这幅图，看看世界人口的增长可以分为几个阶段，每个阶段有什么特点？"

学生开始讨论，几分钟后，学生总结出，世界人口增长可以分为三个阶段，第一个阶段称为原始型，特点是高出生率、高死亡率和低自然增长率；第二阶段称为传统型，特点是高出生率，低死亡率和高自然增长率；第三阶段是现代型，特点是低出生率，低死亡率和低自然增长率。

我表扬了这个学生："很好。"

课后我和熊老师一起讨论了这节课，特别讨论了那张图的使用。熊老师认为，我的设问还有一些可以改进的地方。第一个地方是让学生通过观察地图回答"世界人口的增长可以分为几个阶段"，实际上图中已经将三个阶段划分出来，这个问题没有多大意义，不如问学生图中的三个阶段是根据什么划分的。第二个地方是问学生"每个阶段有什么特点"，这个问题是可以从图上分析出来的，但如果把问题再明确些，直接问学生"每个阶段的出生率和死亡率有什么特点"是否更好？此外，因为自然增长率是学生计算出来的，不是"观察"出来的，所以先问学生从图中看到出生率和死亡率的特点，再问从图中看不到的自然增长率的特点更合乎逻辑。

熊老师还对课的整体结构进行了分析，认为这节课总体来说是顺着课本走，大多数老师都会这样去上课，能不能换一个思路呢？还有就是课程标准中只是要求"分析不同人口增长模式的主要特点及地区分布"，并没有明确指出人口增长模式的三个阶段，事实上不同的人口学家对人口再生产模式的划分也是存在差异的，本节课是让学生明白如何划分及划分的理由，还是让学生知道应该划分为三个阶段呢？熊老师的问题是我没有想到的。当天晚上我就综合了熊老师的分析并根据熊老师的建议进行了重新设计，第二天又请熊老师听了我在另一个班讲授的同一个内容。

"今天我们来研究人口的增长问题。在研究之前，我们首先要知道几个概念：出生率、死亡率、自然增长率。这几个概念大家应该都听说过，有同学可以帮我们解释一下这几个概念和他们的关系吗？"

在讨论声中，有一个同学举手了："出生率是一个地方的出生人口除以总人口；死亡率是一个地方的死亡人口除以总人口；出生率减去死亡率就是这个地方的自然增长率。"

"说得很好，不过我还补充一点，一般计算的时候都要给一个时间段，通常是一年，例如一个地方一年的出生人口除以总人口就是该地区的出生率。自然增长率等于出生率减死亡率，是衡量一个地区人口增减的重要指标。根据文献记载和合理推断，我们的人口学家画了这样一幅世界人口出生率死亡率变化图。"

我出示了与前一天同样的图，并要求学生拿出铅笔，在书本上的这幅图上描绘出自然增长率曲线。

学生都行动起来，拿着铅笔在书本上绘制自然增长率曲线。我在教室里不断走动，辅导同学们绘制。经过约5分钟，大家基本上完成了自己的绘制。我也将刚才在下面看到同学们画图过程中出现的几个问题画在黑板上，请同学们讨论，这几条自然增长率曲线有什么问题。（图8.25）

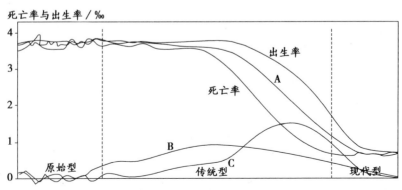

图8.25　学生绘制的曲线

学生们议论纷纷，最后有同学们站起来说了：A 曲线事实上是死亡率和出生率相加除以 2 而得到的数据曲线，不是自然增长率曲线；B 曲线的数值画得不够准……

我又提出新的问题："通过刚才的讨论，我们发现了绘制曲线中的几个问题，事实上是我们对自然增长率与出生率、死亡率关系理解不够。好，我们现在已经准确地画出了自然增长率曲线，下面同学们根据这三条曲线的变化特点，把世界人口增长的历史划分为几个阶段，并说明你划分的理由。"

教室里又嘈杂起来，同学们边讨论，边在图上比划，经过 5 分钟的讨论，大家开始表达自己的观点。有的说可以划分为两个阶段，第一阶段自然增长率不断升高，第二阶段自然增长率不断下降；有的说可以划分为三个阶段，第一阶段出生率高，死亡率也高，自然增长率很低，第二阶段出生率仍然很高，死亡率开始下降，自然增长率增高；第三阶段出生率和死亡率都比较低了，自然增长率也降低了；有的说可以划分为四个阶段，第一阶段是高出生率，高死亡率，低自然增长率，第二阶段是出生率高，死亡率不断下降，自然增长率不断增高，第三阶段是出生率下降，死亡率维持较低水平，自然增长率不断下降，第四阶段是低出生率、低死亡率和低自然增长率；有的说可以划分为五个阶段……

"大家谈得都很好，这几种划分方式，没有谁对谁错之分，看来不同的人对人口再生产过程的阶段划分是不同的，让我们来看看教材对人口再生产的阶段划分是采用了哪种观点……"

课后，我又和熊老师坐在一起对这两节课进行了讨论，熊老师觉得今天的设计和昨天相比耳目一新，尤其突出了图表的应用。

案例8.5 分析

这个案例主要展示地理图表的使用。前后两次课表现了教师在处理地理图表技能上的改进。改进后的教学有如下特点：

1. 在教学中突出了图像的应用。让学生通过绘制自然增长率曲线来理解出生率、死亡率和自然增长率这三个概念的关系；通过利用三条曲线的变化规律来对人口再生产过程进行阶段划分，培养学生分析数据的能力。

2. 没有要求学生直接接受"人口再生产模式分为三个阶段"的结论，而是通过让学生依据人口出生率、死亡率和自然增长率曲线变化特点划分阶段给学生足够的思维空间。教学设计关注了"过程与方法"目标。

案例8.6 阅读

小吴是新教师，第一年上课，今天讲课的内容是区域地理环境对人类活动的影响，教研组的老师都来听课作指导。

一上课，小吴就播放了一段录像，录像的内容是一年春节晚会上，身穿各民族服装的演员在合唱《爱我中华》，歌词唱到："五十六个星座五十六支花，五十六族兄弟姐妹是一家。"歌曲播放后，小吴说："刚才这首歌中提到我们国家的五十六个民族，我这里有一些民族服饰的图片，我们看一下。"接着小吴就展示出了蒙古族、彝族、维吾尔族、侗族、藏族、保安族、哈尼族等民族的服饰照片。播放完了照片，小吴问学生："你看，我们国家不同地区生活的民族服饰是不是不同啊？这是因为地理环境不同，不同的地理环境会影响当地人的服饰，那么区域地理环境对人类生产生活还会有哪些影响呢？我们来学习今天的内容——区域地理环境对人类活动的影响。"

……

课后，教研组的老师对小吴导入中照片的使用进行了讨论。老教师首先肯定小吴能够想到用照片给学生一个直观的印象，照片中丰富多彩的服饰也能激发学生的兴趣。然后提出修改意见：图片不少，但只是让学生看了看，没有充分发挥地理图片的作用，可以针对每张照片设计一个问题，或者补充些资料，讲些故事，使每张图片都能起到加深学生对区域地理环境与当地人们生活习俗关系的感悟。

小吴回去仔细琢磨老教师的意见，上网搜集了新资料，重新设计了图片的使用。下面是第二次课片段：

一上课，小吴就播放了一段录像，录像的内容是一年春节晚会上，身穿各民族服装的演员在合唱《爱我中华》，歌词唱到："五十六个星座五十六支花，五十六族兄弟姐妹是一家。"歌曲播放后，小吴说："刚才这首歌中提到我们国家的五十六个民族，我这里有一些民族服饰的图片，我们看一下。"接着小吴就展示出了藏族服饰的照片。他先让学生仔细观察照片，然后提出一个问题："藏族的服饰有何特点？"学生七嘴八舌地议论，特点有不少，给他们印象最深的是照片里的人上衣只穿一只袖子。小吴看学生的注意力集中在袖子上，就赶紧问第二个问题："为什么有这些特点？平原地区的人为什么不这样穿衣？"这个问题有点难，议论的声音小了很多。小吴就把头天新搜集到的资料讲给学生听："青藏高原地势高，气候寒冷，自然条件恶劣，这就决定了藏族先民们服装基本特征是厚重保温，宽大暖和的肥腰、长袖长裙。藏族人以牧业、农业为主，为了适应逐水草而居的牧业生产的流动性，逐渐形成了大襟、束腰，在胸前留一个突出的空隙（酷似袋子），外出时可存放酥油、糌粑、茶叶、饭碗，甚至可以放幼儿。天热或劳作时，根据需要可袒露右臂或双臂，将袖系于腰间，调节体温，需要时再穿上，不必全部脱穿。夜晚睡觉，解开腰带，脱下双袖，铺一半盖一半，成了一个暖和的大睡袋。"小吴发现学生听得津津有味。接着他又展示了蒙古族、彝族、维吾尔族、侗族、保安族、哈尼族等民族的服饰照片。每出示一张，都留点时间让学生仔细观察，再根据每张照片的情况，提一个或两个问题引导学生观察照片。当然问题都不太复杂，以免后面的教学时间不够。

案例 8.6 分析

媒体的发达使得教师有可能在课上连续播放多张照片，结果就可能忽视对每张照片的充分使用，学生只是"匆匆一瞥"，没有多大收获。小吴两节课上使用方法的变化，是从"走过场"到"充分使用"，对学生来说，效果是完全不同的。

修炼建议

如何才能在高中地理教学中用好地理图像？可以从以下几方面入手：

1. 选好地理图像

地理图像的来源有很多，例如，教科书中和地理图册中的图像，这些图像是教材编写者精心挑选的，一般有比较好的针对性，学生人手一套教材，使用也很方便，在教学条件较差、教师自己时间也不充足的情况，把教材中的图像琢磨透、充分使用，可以达到比较好的效果。

如果有上网条件，网络就是地理教师的大型图像资源库，选好的图像可以直接放到课件里使用，而且是免费的。但网络资源良莠混杂，需要教师有较强的甄别、筛选能力，花费时间也比较多。总的来说，网络资源的优势大于劣势，值得地理教师努力开发。

还有一个途径就是地理教师自己拍摄照片。同其他学科相比，这应该是地理教师专业技能之一。不少地理教师都有假期"跑野外"的习惯，不管是旅游还是出差，都会带上照相机甚至摄像机；不论是地上走，还是天上飞，都会留意大自然的景色。自己拍摄的地理照片反映了地理教师个人的观察角度和审美特色，更能吸引学生。

如何从来源丰富的图像中挑选出高质量的图像？我们主要谈谈地理照片的选择。从地理照片的内容看，它应该与课的主题有直接关系，学生可以从中获取解决本课问题的信息；它应该有很强的地理性，地理性的体现就是每张照片都应有拍摄的地点和时间。有些照片景色很美，例如图 8.26A，如果不知道时间、地点，这张照片只能用来欣赏自然的一种美，如果我们知道了这张照片是在某年 11 月份在云南抚仙湖拍摄的，照片的地理价值就立刻凸现出来。再如图 8.26B，这是一张水污染的照片，同样，如果没有时间、地点，我们只能看到水被污染后的一种现象，如果告诉学生这是哪年哪月在什么地方拍摄的，图片的意义就丰富了很多，因为拍摄的地点和时间能够带给我们很多地理背景的信息。所以，教师自己都不知道拍摄地点的照片是不适宜用在地理课上的。

A   B

图8.26　地理照片举例

此外，尽量选择比较典型的地理照片，图像要清晰，使学生能够很容易地看出照片中的地理事物。

2. 定好数量

从案例中可以看到，课的主题和设计不同，需要的地理图像数量也可能不同，这一点上没有硬性的规定。一般来说，展示为主的图像用的会多一些，供学生探究、讨论用的图象数量会少一些。不论使用多少，要避免"拉洋片"的使用方法，宁可少用几张，也要把每张照片利用充分。

3. 充分利用

怎样才能充分利用一张地理图像呢？使用的方法有多种，例如教师演示用、教师分析用、学生分析用、对比使用、学生填绘用等。不论哪种使用方法，教师在课前都要把准备使用的图像分析透彻，把可以观察、分析出来的地理信息一条条列出来，看看怎样与课的主题结合起来。

充分利用的有效方法就是针对图像设计提问。每张出示的图片都应该有相应的提问，用来提示学生关注图像的特定内容。问题一定要是通过观察图像可以回答出来的，这样才能发挥图像的作用。问题可深可浅，全看主题的需要和学生的基础。

4. 关注全体

要让学生仔细、深入观察图像，前提是每个学生都能看清楚。有时课上常会出现学生被叫起来读大屏幕上的图回答问题却说看不清楚图的现象，这时教师可以请学生到前面仔细观察。有可能的话，可以打印若干份纸质图像分发给学生轮流使用。其他有可能使学生看不清图像的影响因素如光线等都需要课前考虑好应对的措施。

5. 培养能力

目前的课堂还是以讲授式为主，相应地，地理图像的观察和分析也以教师一步步带着学生走为主。在经历过教师带着使用图像的过程后，学生就会有能力自己使用图像分析问题，这时教师可以逐步放手，只给出要解决的问题和图像资料，具体过程可以由学生把握。例如，给学生展示或印发几张不同特点的城市分布图，让学生独立或小组合作通过分析这些地图得出影响城市分布的自然因素。

此外，可以让学生自己搜集一些图像，并要求他们用自己搜集的图像说明某些地理问题。绘制简单示意图等，也是常用的图像使用方法。

三、利用故事资源

教学案例本身就是教学故事，下面案例的主人公用讲故事的方法上地理课，既新鲜又给人启发。

案例8.7 阅读

高二文科班近日正在从基础的地理开始讲起，什么经纬线、经纬度呀，然后就是地图、等高线。昨天刚讲完山顶、山谷、山脊、鞍部、陡坡、缓坡。今日一进课堂我就开始"忽悠"了：

"同学们，今天我们玩一个'伏击鬼子'的游戏哦。"

学生一脸茫然，又不知道我今天卖什么药。我"唰唰唰"几下在黑板上随手画出了下面这个等高线图。

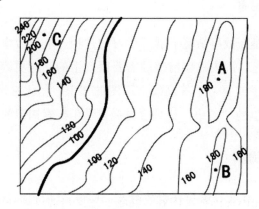

图8.27　等高线地形图示意

我开始讲故事了："八路军得到情报，鬼子要进村扫荡，必经某条小路（图中粗线），我们的八路军战士准备在小路附近伏击鬼子，请问我们埋伏在图中的A、B、C三点中的哪点进行伏击最好呢？"

学生胃口马上调起来了，热烈讨论中。

学生甲："埋伏在A、B两点比较好，等高线稀疏，坡度较缓利于发起冲锋。"

学生乙："老师，可以滚石头和圆木吗？"

一片混乱中……

看来不引导一下思路，他们下一步就可能考虑如何埋地雷了。

"我们关键要看看这三个点能否用枪瞄准公路上的目标，而且还要便于撤退。"

学生听我这么一说反而沉默了。

看来这个问题确实难度大了点，因为学生还没有学习剖面图的画法，还是先用课件演示一下凸坡和凹坡吧。我打开课件《等高线》，让他们比较一下课件中凸坡凹坡处等高线的差异。

讨论又开始了，过了一会，一个学生似乎发现了什么。举手要求发言："凸坡处等高线从高处向低处由疏变密，凹坡处等高线从高处向低处由密变疏。"

有几个学生像小鸡啄米一样点头表示认同。

"那么大家看我们到底在哪里搞伏击呢？"

问题简单了，很多人齐声叫起来："A 点。"

看来没有问题了，我又说："那 C 点呢？"

学生说："那万一子弹打完了，怎么撤退呀，往后撤就是往山上跑，肯定暴露目标，很容易遭到鬼子的射击。"

"嗯，很好哦。今天我们比较的就是如何在等高线上区别凹坡和凸坡。当然我们要正确分析哪个点可以伏击鬼子，还是要学会做该地形剖面图哦，下面我们学习如何画地形剖面图……"

案例 8.7 分析

这个案例可以算是在故事情境下展开学习的过程。电影故事的运用为学生提出了一个个需要解决的问题，因为故事情节的需要而产生的问题更容易吸引学生，他们会在不知不觉之中学会了或复习了等高线地形图的知识。相比常用的"登山"、"建水库"等学习情境，这里的"故事"无疑会更激发学生探索知识的动力。

案例 8.8 阅读

《狮子王》是我所看过的最经典的动画片，1994 年我读大学的时候第一次看，也不知道看了多少遍，现在还在和儿子一起看。呵呵。

影片根据莎士比亚的名著《哈姆雷特》（王子复仇记）改编，荣获奥斯卡最佳原著奖和配乐奖，格莱美最佳短剧奖，金球奖，戛纳电影节的最佳动画电影，俄罗斯金熊奖，法国棕榈奖！耗费 2 亿美金，耗时一个月，票房超过亿万美元的大关！堪称迪士尼公司乃至世界动画史上的一座丰碑！我的歪论：《狮子王》事实上是用一个精彩的故事向大家展示了热带草原带的景观特点，以及热带草原气候的特点。

（学生听到这，都哈哈笑起来。）

呵呵，不要笑，听我慢慢道来。

影片刚开始（辛巴出世）给大家展示的热带草原雨季的景观——到处都是绿油油的，此时这里受赤道低气压控制哦，这里生活着大量的食草性动物以及像非洲狮这样的食肉性动物。

图 8.29　　　　　　　　　　　图 8.30

这是国王的小跟班——沙祖带着辛巴和娜娜出去散步的一个镜头（图 8.29）。向我们展示了典型的热带草原景观——稀树高草。这和我们内蒙古的温带草原不同哦，温带草原一般是一望无际的大草原，几乎没有一棵树，而热带草原是很高的草和稀疏的树木，因此有人又把这种气候称为稀树高草气候，或者萨瓦纳气候。

辛巴的叔叔刀疤想杀死辛巴夺取王位，于是让土狼驱赶大量的动物想踩死辛巴（图 8.30）。事实上，这正反映了热带草原旱季要到来的时候，赤道低压带正在移动，马上就要被信风带控制了，食草动物大量迁徙的一个景观哦。

图 8.31　　　　　　　　　　　图 8.32

辛巴趴在一棵近乎枯萎的树枝上躲避奔跑动物的踩踏（图 8.31）。这个枯枝正是向我们预示了热带草原旱季就要到来。

辛巴的爸爸木法沙为了救他而被动物踩死，辛巴被刀疤赶出自己的王国——荣耀石。在逃跑的过程中，辛巴因为干渴和劳累而晕倒，被丁满和彭彭救了（图 8.32）。这个干旱的地方是哪里呢？是什么气候类型呢？接着往后看哦。

图 8.33　　　　　　　　　　　图 8.34

辛巴为了逃避过去，和彭彭、丁满生活在一片森林里（图 8.33）。这是什么森林呢？在热带草原的南北分别是位于赤道地区的热带雨林以及位于 30°~40° 大陆西岸的地中海气候控制下的亚热带常绿硬叶林。我认为是后者，为什么呢？听我后面的理由。

　　长大后的辛巴准备回去找刀疤复仇，看这个镜头，他从这个森林回到热带草原带的时候经过了一片沙漠（图8.34）。因此他和丁满他们生活的森林只可能是亚热带常绿硬叶林带（地中海气候区）。因为地中海气候与热带草原气候区之间正好隔着一个热带沙漠气候区哦。

图8.35　　　　　　　　　　　　　图8.36

　　回到荣耀石，辛巴看到的是一片荒凉的景象（图8.35），是刀疤的治理无方吗？不是，是倒霉的刀疤正好赶上了热带草原的旱季，此时这里完全受信风带控制，降水稀少，因此整个王国一片萧条。

　　这里有一个镜头：刀疤正在训斥辛巴的妈妈沙拉碧怎么没有去找食物，沙拉碧说："刀疤，没有食物了，兽群迁徙了。"（图8.36）沙拉碧说得很对，这正是热带草原旱季的特点，由于食草动物都迁徙走了，食肉动物当然找不到食物了。这个刀疤怎么像新来的，这个都不懂！

图8.37　　　　　　　　　　　　　图8.38

　　辛巴他们回来了，注意天空乌云滚滚，呵呵，雨季就要来了（图8.37）。接着电闪雷鸣，大雨倾盆（图8.38）。

图8.39

高

中地理教师专业能力必修

Gao Zhong Di Li Jiao Shi Zhuan Ye Neng Li Bi Xiu

哦。雨季又来了。辛巴战胜刀疤，重新夺回王位，整个王国又变成一片绿色（图8.39）。什么呀？这是到了雨季呀！赤道低压带再次控制荣耀石。

于是各种动物又迁徙回来了。辛巴就是运气好，一回来就赶上雨季了。呵呵。

大家都记住了吗？热带草原气候的特点就是一年有旱雨两季，成因是受赤道低压带和信风带交替控制哦。景观嘛，当然是稀树高草哦。

案例8.8 分析

世界气候类型的特点难记吗？很难记，历来是高中教学的一个难点。读完案例，你是否觉得教师把这个难点变得容易了？是不是觉得本来很枯燥的气候类型课变得十分有趣了？这是教师巧用"故事"的结果。《狮子王》是孩子们喜欢的优秀动画片，案例中的教师又恰巧看过并也喜欢看，教师把自己对动画片情节的批注和地理的内容联系在一起，配合上学生的喜爱，正好成就了一节"故事"课。

另一点也请大家注意：这是一堂典型的"讲授"课，原来，讲授课也可以这样上。

案例8.9 阅读

这是我在理科班讲"城市的起源"的课堂实录片段。

"这是很久很久以前的故事"，我的话引来学生一阵哄堂大笑。

"那时候人们还是靠狩猎与采集勉强填饱肚子，打到兔子，吃兔子；打到野猪，吃野猪……那个时候人们都没有挑食的坏毛病。"我边说边用眼睛环视全班，脸上一片意味深长的笑。

"我们家可能最擅长打兔子，祖祖辈辈都是打兔子，随着打兔子的技术水平不断提高，每天打回的兔子吃不完了，这叫什么？"

学生的政治课知识用上了："剩余产品。"

"对，于是我就产生了换换胃口的想法。于是我就会拎着两只兔子到部落的其他家庭去转转，看看谁家有吃不完的野猪肉，想换点野猪肉吃吃。有时候这种交换可能成功，有时候可能很难成功，也许我的邻居们恰巧也都只会打兔子。"

"为了提高这种交换的成功率，我们就约定……"我故意停顿三秒钟，眼睛再次环视全班，教室里马上安静下来，很多人都瞪大了眼睛，竖起了耳朵，我故意用神秘语气继续讲。

"在每个月的月圆之夜，在部落边上的那棵大树下，把自己多余的猎物都带来。"学生们大笑起来。"这样交换的成功率就会比以前要提高很多，但是，也有不凑巧的时候，某个月圆之夜，大家来到大树下，都一起打开自己的口袋，发现……"，我停顿了3秒，"全是兔子。"全班狂笑。"这时候站出一个人，大叫一声：'我就住在树下不走了，你们把自己的猎物放在这里，在石头上刻下自己想换的猎物是什么。你们每天都可以把猎物送到我这里来，我帮你们交换。'这个人是谁？这个人是谁？"全班马上安静下来。"这个人就是世界上第一个小卖部老板，世界上第一个商人，世界上第一个城里人啊！"全班又狂笑。"安静！安静！这是真的！城市的定义是什么？"学生都看着我。"城市就是非农业人口聚居的地方，这个再不打猎，再不从事农业活动，住在大树下面从事商业活动的人，不是城里人，是什么？"

"好，我们总结一下：城市出现的基本条件是什么？

1. 农业生产技术的创新。正是因为打猎的技术创新才导致打的兔子吃不完，才会产生一定的剩余产品，才会产生交换的欲望。

2. 劳动分工促进了城市的出现。正是那个大叫一声的人，勇敢地选择了从事非农业生产活动，当商品交换由偶然性发展为经常性时，便在适于货物集散和商品交换的地方（大树下）出现固定的交易场所——集市。随着商品生产和商品交换的发展，交换地域的进一步扩大，集市就可能演变为城市。"

学生大笑，他们估计是在笑老师胡编。"笑什么？笑什么？我可是按教材上讲的哦，请大家打开教材，'城市的起源'"。学生忙翻书，发现果然教师说的都是教材上的原话！

……

案例8.9分析

案例里的"故事"当然是"瞎编"的了。但你是否发现，"瞎编"的故事也能和"正经"的地理原理配套。这里面渗透着一个宝贵的教学经验：深入浅出，即，使用很简单的事例，例如用一个看似给幼儿才会讲的"童话故事"，去揭示一个深刻的地理原理。

修炼建议

我们这里给出的实例很有意思，恐怕很难在经典的教学法书中看到。既然是讲"故事"，这"故事"自然可以是千变万化的，你看过这个影片，我看过那个；你可以用这个故事上课，我可以用那个故事；你可以讲一个"长"故事，我可以讲一个"袖珍"故事；你可以讲"很久很久以前"，我可以讲"昨天如何如何"。总之，案例是用来启发我们的，不一定模仿，只要理解真谛即可。

有的教师担心活泼的课堂气氛会影响"正常"的教学秩序；有的教师怀疑学生"狂笑"之后是否"掌握"了知识；有的教师算计着那点课时还能有多少留给"故事"。不过我们相信，阅读了上述案例的教师都能想象在这种课堂上，学生学得是多么开心，这些简单、形象的故事在帮助学生理解地理原理方面有着怎样无法替代的力量。

堂堂都有笑声的地理课总比堂堂都有学生睡大觉的要好得多。

1. 多积累

积累的方法有很多种，包括广泛阅读、看电视、与别人交流、网上搜集等。故事只是一种资源的形式，修炼的目的要达到会使用通俗易懂、生动有趣的语言化解地理专业知识的理解难度或乏味、枯燥。除了故事，诗歌、谜语、无伤大雅的地理笑话、地理幽默等也都可以用在地理课堂上，例如一个广泛流传的地理笑话：教育部门官员到学校视察，趁课间休息，校长和教导主任陪同官员来到教室，只见讲台上放着一个地球仪，老师还没走，一群同学正围着老师问问题。官员想考一考学生，指着地球仪上的地轴，问一同学："你知道这为什么是斜的吗?"同学一脸惊慌："不是我碰的。"官员愕然，再问旁边的同学，回答："我证明，确实不是他碰坏的。"官员无奈，转向老师，老师镇静地说："我领来时就是这样的了。"官员紧皱眉头，问教导主任怎么回事，主任说："我反复交待他们要买质量最好的教具，结果还是疏忽了，是我的责任啊，没抓落实。"官员的眉头皱得更紧了，转向校长，校长说："我们的教学经费实在是太紧了，也不全怪他们。"

2. 把握使用的时间和分寸

什么时候用这些素材，要靠教师自己在实践中慢慢摸索，形成自己的特色。例如，笑话、幽默可以在开始上课、或课就要结束时使用，更好的时机是在学生困倦、走神、课堂气氛过于沉闷时使用。故事类的素材使用的机会更多些，例如，在学习人口迁移问题时，有教师以当时热播的电视剧《闯关东》剧情为主要素材，也收到了比较好的效果。

3. 根据情况灵活掌握

不论哪种素材，在使用时都要灵活，不宜形成固定的"模式"，更不宜机械模仿别人的做法，要根据学生、教学主题和教师自身的特点选择使用。例如，有的教师擅长讲故事可能就用得多一些，效果也会更好；有的教师虽不擅长讲故事，但也可以利用故事把教学过程设计得很好。从内容的角度讲，也不是所有主题都有相应的故事可用，"因材施教"、"因地制宜"是选用故事的基本原则。

4. 改善教学语言

故事这类素材给我们的启发是可以通过改善教学语言，让教学语言更生动有趣，这既可以让更多的学生喜欢上地理课，也不与地理课程的严谨性和科学性冲突。所以不论是否使用"故事"，故事本身具有的情节特点、生活化特点是值得地理教师借鉴的。

改善教学语言，需要教师下功夫用心去做。例如，可以用录音或录像设备把自己的课录制下来，反复听，找到语言上的缺陷加以完善。也可以专门选择一段教学内容，在课下反复练习把它讲得生动有趣。

四、利用乡土资源

地理学科是一门实践性很强的学科，由于种种原因（比如在校生的安全问题等），中学地理教学的野外考察活动日渐萎缩，这不仅是中学地理教育的一种缺失，也是一种乡土教育资源的浪费。

目前我们的学生普遍存在着常识性知识缺失的问题，而且这一问题非常严重。先请看下面这一例子：

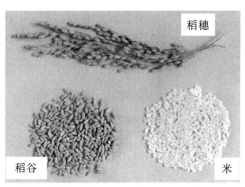

图 8.40　水稻示意图

有教师在课堂上展示水稻图片（图 8.40）后问学生"这是什么粮食作物"，绝大部分学生不认识，有的说是"小麦"。这正应验了古人的一句话："四体不勤，五谷不分"。当教师告诉学生这是水稻时，听到了一个令教师意想不到声音，一个学生惊讶地说："我们吃的大米不是白的么？"当教师把"稻穗——稻谷——米"的这组图片出示的时候，学生一下就看懂了，明白了它们之间的关系。

学生真的很聪明！

南方的学生天天吃着大米，但不知道大米的生产过程。为什么？有教师问过学生，学生的回答很简单：书上没有！

由此而引发的一系列的疑问：

1. 让学生都知道这些常识，是否有必要？

2. 让北方的学生也知道大米的生产过程，是否有必要？

3. 让南方学生知道大米的生产，让北方的学生知道小麦的生产，是否可以这样要求？

4. 南方学生是否还要知道除大米生产以外的（比如柑橘、甘蔗、茶叶、天然橡胶等等）所有南方作物生产？

5. 知道大米（或小麦）的生产过程的目的在哪里？

6. 一本百科全书能否代替我们的教材？

7. 是否应该走进田野（社会），去实际体验这些？

8. 有哪些乡土资源可以用于我们的地理教学？

高

中地理教师专业能力必修

Gao Zhong Di Li Jiao Shi Zhuan Ye Neng Li Bi Xiu

9. 利用这些乡土资源的目的在哪里？

……

教师经过这一系列的质疑与反思，结合学习新课程标准，就会渐渐明确一些关键点：①学生有关这一类常识的缺乏是正常的，无需一一告知。②依托乡土资源，有利于地理教学的开展和深入。③利用乡土资源开展地理教学，主要目的不在于增加更多的知识，而是一种体验，在体验的过程中获得一种方法和学习品质。④关注社会、关注环境、关注地球必须从关注身边事物开始，有益于正确价值观等的培养。

学生知识获得能力的缺失，以及感性知识获得过程中体验的缺失，是新课标非常注重的一个点。

乡土地理教学资源的利用，通常以一种活动课程的形式出现，作为一种活动，它的教学定位非常重要。是知识的检验还是获得的体验？是侧重知识的结论还是侧重知识获得的过程？是培养接受能力还是培养发现能力？都是我们必须清楚的问题。

案例 8.10 阅读

这里的主题是"地形的实地考察识别"。

授课教师有 5 年的教龄，喜欢户外活动，这次活动是为高一学生组织的。

活动起因：

在模块Ⅲ《流域综合开发与治理》这一节内容的教学过程中，涉及到等高线地形图，发现学生有许多知识性的障碍，导致了理解这部分原理时困难重重。学生除了对山峰、山谷有一定的感性知识外，别的几乎一无所有，因此，要求学生在等高线地形图上识别山脊、鞍部、分水岭、流域等，对他们来说，是一件非常难以想象和理解的事情。为了达到教学目标，王老师想利用周末时间带学生到野外，进行实地考察，识别有关地形地貌特征。

准备工作：

1. 明确这次野外考察目的：通过实地考察，获得感性认识，掌握等高线地形图的判读。

2. 安全教育

①基本野外装备。比如穿平底运动鞋和背双肩包等（特别女同学喜欢背挎包、穿坡跟等。）

②明确这次活动不是探险，因此，要走最安全的路，切不可因为好奇而逞能。

③不可单独活动，以免迷路。

④同学之间互相帮助，有什么情况及时与老师联系。有可能的话，都带上手机，并将手机号统一起来，每人一份，方便联系。

3. 资料准备

①制作地图。

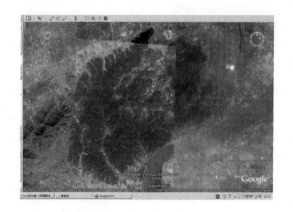

图 8.41　野外考察用地图

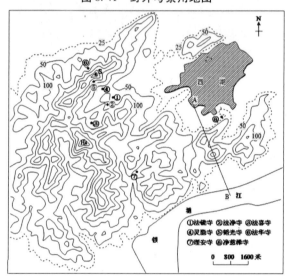

①法镜寺　②法净寺　③法喜寺
④灵隐寺　⑤韬光寺　⑥法华寺
⑦理安寺　⑧净慈禅寺

0　800　1600米

图 8.42　野外考察用地形图

为了达到野外实习的目标，王老师特意利用软件和 Google 地图制作了杭州城西部丘陵等高线地形图（图 8.41 及图 8.42）；所用的等高线图与实地考察区域相一致。

②将图发给每位同学，并让学生事先对图中的基本地形做了简单的判读。

③事先预习这次实地考察的线路，并在图中标出。

4. 分组：将学生分成若干个小组，选出组长。王老师还邀请了同组的其他老师参加，并安排在不同小组，便于指导和管理。

5. 其他要求

①时间安排：安排在周末，保证有充分的考察时间。并告诉学生会有 4～5 个小时的行程，必须做好心理准备。如果有同学身体不适等原因，可以请假。

②准备必要的干粮和水

虽然准备充分，但这次活动失败了，与设想的目标相距甚远。王老师在总结时，归纳了以下的原因：

1. 学生一走进野外，用手机放起了音乐，一路闲谈，心思根本就不在对地形的识别上。

2. 由于走的是山脊线，平时缺乏锻炼，体能不够的学生大多关注脚下路，疲惫感让学生对野外观察的兴趣减弱，未能走完全程（原定走完一个小流域）。

3. 对老师沿途讲解的地形地貌，绝大部分学生不能领会。

案例 8.10 分析

王老师组织的这次活动，从材料的准备、安全教育等来说应该非常完备了，所以是顺利地完成活动，没有出任何以外（这点是所有野外活动第一位的）。但没有完成活动设计的要求，所以说是一次失败的活动。导致野外活动失败的因素应该是多方面的，有些也是不可预测的，但有以下四点是显然不足的：

1. 野外考察的目标定位过于狭小。只定位在对地形地貌的观察识别上，简单地说仍然是定位在知识的传授上。我们回顾一下地理新课程标准："注重对地理问题的探究。倡导自主学习、合作学习和探究学习，开展地理观测、地理考察、地理实验、地理调查和地理专题研究等实践活动。"解读这一基本理念，我们可以发现："开展地理观测、地理考察、地理实验、地理调查和地理专题研究等实践活动"是为了实现"对地理问题的探究"，在探究的过程中，落实"自主学习、合作学习和探究学习"。

如果领会了新课标的基本理念，且王老师增加野外活动的探究面，而不仅仅就是地形识别的这一个点，也就不会有活动失败的感觉。

2. 把校内课堂教学的要求用到野外活动，导致学生不可调控。这是活动失败的主要原因。教室环境是一个封闭的，四面是墙，阻隔了室内与世外的联系，包括景观、声音等等，尽可能地创造一个安静的环境；再就是教室内的格局是讲台与学生座位，显示着教师与学生的不同身份。到了野外，是一个完全开放的学习环境。学生一旦走出四面是墙的教室，心灵是自由的，那一片漂移的云彩会让学生产生飞翔的感觉。最动听的不是老师对知识的讲解，而是那些此起彼伏的鸟鸣虫吟。

高中生与大学生对事物的关注度不同，与科学家更不同。不同主要表现在探究精神上。大学生的野外实习会努力去完成一项探究任务，科学家则是会主动地实现探究。所以，对中学生的野外探究要求不能太高，也不能太单一，起码不应该设置知识障碍。等高线图对高一学生来说本身就是个难点，涉及空间想象、空间转换、数学投影等能力，要通过一次野外考察活动来解决这些，本身就不切合实际。所以，"失败"是必然的。按课标的理解，就是没有完全能辨识地形地貌，但让学生探究了，在探究中体验了"自主学习、合作学习和探究学习"，有这些心得，就应该是成功了。

3. 考察线路过长。也许王老师自己喜欢户外，体能较好，而忽略了难得出去活动的学生的体能状况。不说有考察任务，就是让这帮城市的孩子什么也不做，能走完全程 4~5 小时的山路，已经很不容易了。

4. 考察目的过于明确，一开始爬山，就让学生留意地形观察和识别，除个别同学外，绝大部分同学有一种潜意识的对抗：还是课本上的东西。不得不提出的一点是，学生对组织野外考察抱有很大的热情，不是因为有机会去获得新知识，弄懂新知识，而是给了他们一个出去玩耍、放松的机会。

案例8.11 阅读

这个案例的主题是"西湖流域的环境考察"。活动由地理组的几位教师共同组织，学生是选修地理课的12名高一学生。考察是利用周六进行的。

活动介绍：

学校要求给高一学生开设选修课（其实是校本选修），为期一学年；时间安排在每周六上午（估计全年有20次），地理组报了进行"西湖流域的环境考察"课题。大致有一半时间在户外进行，一半时间在室内进行（包括老师讲课与组员展示）。于是做好选修课的活动内容、要求等展板，供学生自己选择。

因为考虑到户外活动的安全性，限制每班报1人；网上报名，满员自动结束报名。

基本要求：分别考察流入西湖的四条主要河流，考察周边的自然植被、人口、村落、产业、寺庙等相关因素；如有时间，安排考察流入钱塘江的小流域。

金沙港流域考察（片段）

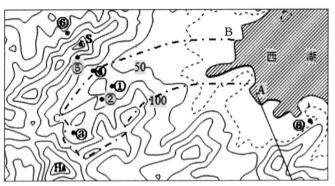

图8.43　西湖流域地形图

线路设计：沿点画线"B——C——A"线走（如图8.43），行程5～6小时。线路"B——C"段，沿河道一侧走，以石板路为主，上游段有部分是"野路"，这里集中了杭州主要的寺庙。线路"C——A"段，沿着河源峡谷到山岭，然后走山脊——山峰分水岭线，都为杭州山径小道。整个线路的路况较好，基本没有安全问题。同时由于前几次的考察基础，从体能和心理上学生都接受。

要求：穿旅游鞋、背双肩包（双肩书包），带足交通费、水和干粮。中餐在灵隐寺周边吃（可以吃自带事物，也可以吃素面）。

器材：相机，地质锤，罗盘，地图若干幅。

老师备创口贴、"季德生蛇药"等简单药物。

完成考察后，教师的记录与心得：

1. 学生实地看到了河边生活垃圾的污染，没有经老师提示就自然地对污染垃圾进行种类区分，而且整个过程同学之间非常的合作。

2. 当行进到灵隐寺，发现河床干涸，其中一个同学说："老师，我们的河流干了。"那神情与语气表现出了一种情感。

3. 当在山脊上行走时，学生对教师说的"那就是断层"，只是扫了一眼，没有表现出兴趣，但对敲石头人人都表现了极大的兴趣。每个人都抢着锤子轮流敲过去。

首先问："这是什么岩石？里面有什么？"

其次是："老师你敲下是整块的，我为什么敲成碎的？"

这是一个意想不到的收获。而且临走的时候几乎每人手中都拿着敲下来的石块，边走边瞧，其中一位同学拿着锤子不肯还给老师，一路走一路敲。没石头敲，就敲树干。真奇怪，为什么这么喜欢敲石头？（补充：寒假后的第二个学期出去考察的时候，有一位男生自己带了锤子。告诉我们寒假的时候，从网上购得的，还有别的野外地质考察器材，还告诉我们说他爸也跟着他一起出去敲了一块家乡山上的岩石。）

图 8.44　学生在野外考察

案例 8.11 分析

这样的野外考察，已经有点"专业"性质了，该地理组已经积累了相当的带学生去野外的经验。有几点值得借鉴：

1. 以体验为主的考察设计

尽管野外考察的主题不大，但内容多，有自然的、也有人文的，看起来比较"泛"；正是由于泛，没有太多的知识要求，使得学生没有受太大的内容束缚，有利于学生思维的自由与个性张扬。

2. 线路设计巧妙合理

首先，从认知序的角度安排河流与流域考察序。是先让学生沿河流走，感觉河流特征；然后走河源峡谷，让学生自然地感觉不同河段地形变化；最后沿分水岭走，让学生观察和领会流域的概念。

其次，从体验自身体能的角度渐进安排。先走平坦的河谷，再走河源峡谷（最陡），再走相对平缓的分水岭。这种不同景观的变化，让学生保持一种激情的延续，也保证了学生体能的恢复。

再次，从学生情感体验角度的变化安排。下游河谷段是平淡的（有寺庙、香客、游客为伴）；河源峡谷的攀登是激情的、竞争的，也是相互帮助协作的；登上山岭是一种成功的体验；走在山脊分水岭上，俯视山谷、在落日的天空下有一种豪情油然而生。

3. 利用"反差"来培养情感

一路走去，能感受到杭州山水之美，但生活垃圾的突然出现并污染着河流，痛惜之情油然升起，环保意识就自觉地产生，而且非常强烈。于是有了"我们的河流"这一极富有情感的用词，这是我们在课堂说上一百遍环保理念也达不到的效果。

4. 意外兴趣的发现有利于我们的教学改革

作为教学考察，我们老师的体验也是必不可少的。当学生对敲岩石表现出极大兴趣，而对陡崖断层（这是课本要求的内容）漠然时，可以促使我们了解学生的兴趣点到底是什么，便于我们反思教材，在校本教材的编写和实施中更加贴近学生。

5. 以学生为主的"放任"

当学生对敲岩石感兴趣的时候，就放任他们，让他们尽情自由地去体验，而不是说课本不要求就草草了事；相反，当学生对断层不感兴趣的时候，只能匆匆过场。可以这么认为，如果没有让他们尽情地敲个痛快，就不会有同学兴趣浓厚地网购野外考察器材。在野外，获得知识不是第一位的，激发兴趣才是首要的。或许这一下就让学生清晰了以后要干什么，并为之而付出努力。

修炼建议

组织一次野外考察不容易，组织一次成功的野外考察更不容易。教师需要积累、需要修炼。

1. 要转变传统的以传授知识为主的观念

（1）尽量让学生的思维放飞。每一个学生的个性、思维方式都是教学资源。要让学生尽可能地张扬自己的个性，才能发现他们的可爱、发现他们的创新点，而老师自己也能从中获得启发。真正体现"教学相长"。

（2）开放的野外环境，学生的心灵也是开放的，对老师的应变能力、管理能力的要求都非常高，因此，如何在没有束缚的环境下完成野外考察任务？如何组织？如何进行？需要老师们重新思考，确实是一门艺术。

（3）老师本身应该是一位户外实践者。到了野外，学生就觉得此刻你不全是一位老师，更多的是一位经验丰富的登山者，因此需要调整和转变老师的角色。在这个时候，你不是一位知识渊博的讲解员，而是一位身体力行的长者。难以想象，一位登山需要学生搀扶的老师，此时能让学生信服吗？

（4）要学会发现学生，而不是教学生。如果你激发了学生的潜能，让他们充分表现出来，发现他们，一旦让学生吸引你，你就会融入到他们的情绪中，当你欣赏他们的时候，你就成功了。

（5）要培养学生一种精神。让学生明白考察不是你去了就明白的这么简单，许多的发现不仅仅是你付出了体力、脑力就能获得的，它需要你去捕捉，因此，有时更需要你的忍耐心、你的吃苦耐劳精神。比如观察月食、流星雨，就要通夜守候、甚至远奔千里，说不定你守了一夜、远奔千里，那天上的云层就是不肯散去，但不能因为有可能出现的意外情况而放弃。

（6）要培养学生一种恒心。培养兴趣是一个方面，但保持兴趣又是另一个方面。比如，可以让学生坚持观察某一事物的四季变化：一颗树、一个鸟窝、一窗景观，甚至是家养的一盆花草，坚持每天在固定的时间（不管刮风下雨）拍照。从中去体验课本上、课堂教学中永远也做不到的事情，永远也体验不到的情感。

2. 野外考察时的一些技巧

（1）藏起你的想法和目的。比如考察的目的老师心中要清楚，但不一定要全部告诉学生，那样会显得非常乏味；在你的引导下，要把"目的"演绎为是学生自己的发现，当学生惊喜自己的发现时，你肯定会有另一种惊喜。

（2）收拢学生放飞的情绪和注意力。学生对野外的新奇程度肯定比老师高，这就是"不会听话"的原因之一。这个时候，你可以要求学生根据地物（景观），对照地图，在地图上标上目前所处的位置——地图定位，并告诉他们，这个非常重要，它不仅仅是一个知识，关系到我们的安全，不会迷路。涉及安全，学生肯定重视。

（3）帮组学生建立空间感。建议第一次野外考察，首先攀登制高点，先俯视全貌，让地图与实际视野尽可能相吻合，建立起感性的"实物心里地图"。

（4）先玩后学。先让学生心里能量释放出来，满足其自由的飞翔欲望；然后才能花心思在考察内容上。建议每次野外考察的开始，首先是登顶；当疲惫而幸福地坐在山顶俯视的时候，思绪才会平静。（平原地区可以先比赛谁先跑到目标，或者事先在目的地"藏宝"，先玩"寻宝"游戏。）

3. 教师对考察的内容必须要先做到心中有数

如果一次户外活动，老师对所去的地方不熟悉，或者仅仅是通过资料获得的一些知识，那么通常会以失败而告终。因此，在组织活动前，老师最好要事先做好考察，进行遴选，然后设计活动内容，否则就会变成一种漫无目标的散步，或者是即兴旅游。

因为乡土资源具有以下一些特点：

（1）广泛性和缺失性：每一个地方都存在着可以用于地理教学的乡土资源，但都不会是完整的，缺失与课本相匹配的资源是绝对的。

（2）差异性和独特性：每一种乡土资源与课本所选用样本总是存在着差异的，而且会有其独特的地方，这就需要我们教师找出不同点，并分析其原因，而且这一差异性也就成了我们的探究点。

（3）非典型性：课本与读物所选用的案例通常是经典的，但乡土资源常常具有非典型性。一方面它给我们理解带来难度；另一方面，也正是因为这一现象的存在，我们才需要去探究它，以防止学生走向教条主义的死板。

专题四　教学评价

　　"地理教学评价是根据一定的地理教育目标，运用可行的多种学科方法或手段来系统地搜集、分析、整理信息资料，对地理教学活动中的对象、过程以及结果进行价值判断，从而为学生全面发展和教育决策服务的过程。"（《地理新课程测量评价》段玉山主编）教学评价是实现课程目标的重要保证，是促使教师改进教学的重要手段，是促进学生全面发展的重要工具。传统的教学评价重甄别轻激励、重选拔轻发展、重结果轻过程，评价内容、评价主体、评价方法单一，已经对教育的发展起到了明显的消极影响，远远无法满足时代发展对教育的新要求。"一切为了每一位学生的发展"是新课程的最高宗旨和核心理念。《普通高中地理课程标准》指出："地理学习评价，要在知识与技能评价的基础上，关注对学生价值判断能力、批判性思考能力、社会责任感、人生规划能力形成状况的评价。在教学活动和学习评价中要重过程、重应用、重体验、重全员参与。地理学习评价应发挥其激励与发展功能，使学生从评价中获得成功的体验，激发学习兴趣，积极参与学习活动，提高地理学习水平。教师要关注学生在学习活动中的表现与反应，并给予必要、及时、适当的鼓励性评价和指导性评价。"新课程背景下的教学评价建立在发展性评价观、多元智能评价观等新观念的基础上，从评价内容、评价主体、评价方法等方面对教学评价进行了彻底的改革，体现出评价内容的多元化、评价方法的多样化、评价主体的多元化、评价中心的过程化等新特点，逐渐勾勒出新课程背景下地理教学评价的理论架构。

　　《国家中长期教育改革和发展规划纲要（2010－2020年）》指出："改进教育教学评价。根据培养目标和人才理念，建立科学、多样的评价标准。开展由政府、学校、社会各方面共同参与的教育质量评价活动。完善学生成长记录，做好综合素质评价。探索促进学生发展的多种评价方式，激励学生乐观向上、自主自立、努力成才。"这些纲领性的文件对教学评价的进一步发展和完善指明了道路。

　　按评价者划分，教学评价可以分为自我评价、他人评价；按基准划分，教学评价可以划分为相对评价、绝对评价、个体内差异评价；按评价的功能，教学评价可以分为过程性评价、终结性评价、诊断性评价。

一、过程性评价

　　过程性评价是一种在课程实施的过程中，对学生的学习进行评价的方式。过程性评价采取目标与过程并重的价值取向，对学习的动机效果、过程以及与学习密切相关的非智力因素进行全面的评价。过程性评价主张内外结合的、开放的评价方式，主张评价过程与教学过程的交叉和融合，评价主体与客体的互动和整合。过程评价是新课程倡导的评价理念。它反思了那种将既定目标和教育效果进行比照的机械性的检测方法，提出了在过程中进行调整的一种价值判断系统。同时，在这个时期还强调调整和动态推进。强调在评价过程中进行调控是非常重要的，这个调控包括目标的调控，要考量目标、发展目标、调整目标，从而不断地向前推进目标。

过程性评价的功能主要不是体现在评价结果的某个等级或者评语上，更不是要区分与比较学生之间的态度和行为表现。从教学评价标准所依据的参照系来看，过程性评价属于个体内差异评价，亦即"一种把每个评价对象个体的过去与现在进行比较，或者把个体的有关侧面相互进行比较，从而得到评价结论的教学评价的类型"。评价的功能主要在于及时地反映学生学习中的情况，促使学生对学习的过程进行积极地反思和总结，而不是最终给学生下一个结论。与高中地理新课程内容改革相适应，目前将纸笔测试作为唯一的考试手段，过分注重甄别和量化的评价方式也应该改变。

案例9.1 阅读

读下图"世界局部图和气压带、风带示意图"，回答下列问题。（10分）

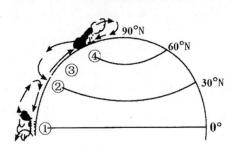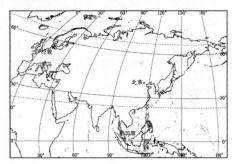

图9.1 世界局部图和气压带、风带示意图

（1）新加坡受气压带①控制，终年盛行____气流，其气候特征是____。

（2）北京受海陆热力性质差异的影响，形成____气候。

（3）气压带、风带随____作周期性的季节移动，罗马受____和____（填序号）交替控制。北京某中学生寒假去罗马旅游，根据所学气候特点，出行前要准备____（生活用品）。

（4）伦敦位于大陆____岸，全年受③____（填名称）控制，受海洋暖湿气团影响，其气候特征是____。

参考答案：（1）（2分）上升 全年高温多雨（2）（1分）（温带）季风气候（3）（4分）太阳直射点 ② ③ 雨具（4）（3分）西 （盛行）西风带终年温和多雨

案例 9.1 分析

本题对应课标"绘制全球气压带、风带分布示意图，说出气压带、风带的分布、移动规律及其对气候的影响。"活动建议是"用计算机设计气压带、风带的移动，水循环或洋流运动的动画"。可以说，采用纸笔测试的形式，无论如何也考察不到课标要求的程度，尤其是课标要求中的"绘制""说出""用……动画"等行为动词所要求的目标。由此可见纸笔测试有很大的局限性。

地理学习评价是地理课程评价的一个重要组成部分。我国自 20 世纪 80 年代以来，基础教育学生学习评价进行了一系列的改革，但现行的学生学习评价与地理新课程改革的目标之间还存在一定的差距，主要表现在：

1. 以往的地理学习评价过于强调评价的甄别与选拔功能，忽视评价在促进学生发展、改进教师教学行为等方面的功能，评价注重回顾过去、立足现在，用静态的评价观去衡量学生，而不是用发展的观点去考察学生。

2. 评价过于强调以地理知识表征为主的学业成绩，对学生在地理学习过程中表现出来的参与地理学习的积极性、主动性和创造性很少关注。

3. 评价方法单一，过于强调量化的成绩，用考试的分数将学生分成不同的等级，仅注重量化评价，忽视质的评价，注重排名分等的相对评价，忽视个人素质的绝对评价和个人发展的差异性评价。学生在学习过程中参与、实验、设计地理制作和讨论等活动的表现都没有成为评价学生学习的依据。

4. 评价的主体单一，仅重视地理任课教师和管理者对学生的评价，学生在评价过程中处于被动的地位，对自己的表现没有发言权，家长与其他的有关人员也不能参与对学生的评价。

案例 9.2 阅读

模拟大气温室效应

1. 课题目标

对于全球变暖这一全球性的环境问题，学生们并不陌生。本课题以研究性学习的形式，通过让学生亲身实验活动，以及对实验数据的分析，帮助学生理解大气的温室效应现象，并尝试分析、阐述其产生机理，旨在培养学生进行初步的地理科学实验、数据分析和问题研究的能力，以及与他人合作的能力。

此课题在实施过程中应注意强调学生的实验过程，要依据实验数据来得出结论，阐明原理。

2. 活动设计

（1）活动形式：以小组为单位进行实验活动。为避免人浮于事，可以限制每个小组的人数不超过 4 人，尽可能让每个学生都参与。

（2）此课题研究最好在讲"大气对地面的保温作用"之前完成，所需时间约一周。这样可以将学生的研究结果在教学过程中展示，以辅助教学。

（3）成果呈现形式：实验数据记录及分析报告。

3. 实施过程

（1）在第一章的课题研究结束时，布置本课题的研究工作。

（2）学生自由结合组成研究小组，每组成员不超过 4 人。

（3）小组讨论制定活动计划，明确分工，准备所需用具，并设计好实验记录表。

（4）教师检查各组实验计划和记录表（可参考下表），并提出修改意见。

		无薄膜纸箱温度计读数	有薄膜纸箱温度计读数	观测人
室内	室内测量__时			
室外	室外测量__时			
	当日天气			

（5）学生利用课余时间和中午的时间完成实验，并记录观测数据。

（6）小组成员一起对观测数据进行分析，并写出书面报告。

（7）各小组派代表在课堂上阐述分析结果，最后进行评价。

4. 课题评价

姓名		班级	小组其他成员	你所负责的任务
评价项目			自我评价	小组评价	教师评价
是否按时完成实验计划					
实验数据记录表的设计是否合理					
分析结论是否合理					
是否圆满完成了自己的任务					
是否积极参与组内分析、讨论					

案例 9.2 分析

《模拟大气温室效应》的课题研究是新课标中图版必修一《第二章自然地理环境中的物质运动与能量交换》中的内容。该活动评价从评价主体上，采取了自我评价、小组评价、教师评价等形式；从评价内容上，除了重视实验结果（知识与能力）的评价外，更加侧重过程与方法的评价、情感态度价值观的评价，达到了激励与发展的评价目标；从评价方法上，采用量表评价，对于这一次实验活动来说，量表设计合理，达到了评价的目的。

修炼建议

高中地理新课程改革贯彻素质教育思想和可持续发展观念，反映了地理科学发展的新趋势，渗透了地理科学研究的方法和最新的研究成果，重点强调地理信息技术的应用和培养学生学习地理的兴趣和能力。与高中地理新课程内容改革不相适应的是，目前将纸笔测试作为唯一的考试手段，过分注重甄别和量化的评价方式，这种情况急需改变。

众所周知，对学习过程的评价已成为课程改革的瓶颈，高中地理学习过程评价已经得到了高中地理教师的普遍关注。赞科夫说："我们的时代不仅要求一个人具备广泛而深刻的知识，而且要求发展他的智慧、情感、意志，发展他的才能和禀赋。"地理教学中的过程性评价，如何才能最有效？如何才能让学生在课堂中焕发出生命活力呢？

一、过程性评价的内容

1. 地理教学过程的评价：以地理教学过程为研究对象，依据一定的方法和标准，对教师的教和学生的学的过程和效果作出客观的衡量和价值判断的过程。主要包括地理教学目标的评价、地理教学方法的评价、地理教学环节的评价和地理教学效果的评价。

2. 地理知识与技能的评价：主要包括地理陈述性知识的评价（如地理术语、地理名称、地理分布），地理程序性知识的评价（如地理概念、地理特征、地理规律、地理成因），地理策略性知识的评价（如观察能力、实践能力、思维能力、创新能力），地理技能（如阅读、分析和运用地图、地理图表和地理数据，进行地理观察和观测、地理实验、地理调查，收集、整理、分析、处理和综合运用地理信息）的评价等几个方面。对于高中学生来说，重点不是记住地理的基本概念、基本原理和基本规律，而在于如何应用这些地理基础知识解释地理现象。当然，这并不等于不要理解那些地理基本概念、基本原理和基本规律，而是更注重基于理解基础上的应用。其主要包括：用地理基本概念、原理规律等解释地理事物的空间结构，如"为什么这样分布"；地理事物的发展变化过程，如"为什么这样变化"；自然地理环境的主要特征及环境各要素间的相互关系、地理环境与人类活动相互关系，如"在某种地理环境条件下，为什么会形成与该地理环境相适应的人文地理环境，人类活动对地理环境会产生哪些不利影响，以及如何因地制宜地实现人地协调发展"等。

3. 地理过程与方法的评价：包括地理学习过程评价、地理学习方法评价等。地理学习过程既包括学生在学习地理的某一知识、技能、方法过程中所表现出来的行为，也包括整个地理学习过程中所表现出来的一系列行为，如自学能力；运用知识、技能进行迁移学习的能力；发展和提出地理问题、设计解决问题的方案、查阅搜集或调查获取信息资料、分析综合信息资料解决问题得出结论等能力。地理学科是跨自然科学和社会科学的一门学科，具有综合性和地域性两个显著特点。同时，由于地理科学研究的是地球表面事物（包括自然和人文的、社会的地理事物）随时空变化而产生的一系列变化的一门学科，其与同样研究事物随时空变化而发生的自然科学中的物理学科、社会学科中的经济学科，在研究对象、研究领域方面是有着明显分异的。因此，在研究方法上，地理科学有其自身的区别于其他学科的特点。在学习方法上，学生应掌握地理观察、区域分析与综合、地理比较等一般的方法。

4. 情感态度价值观形成的评价：包括学生情感形成的评价、学生态度培养的评价、学生价值观形成的评价等。地理学习中的情感态度和价值观，既包括学生在学习过程中所表现出来的学习兴趣、态度、科学精神等，也包括学生对地理学科的认识，对人口问题、资源问题、环境问题等的了解，对祖国、家乡环境与发展等的关切，以及在日常行为中所表现的环境伦理等方面的态度和责任感。

二、过程性评价的原则

1. 全面性原则。过程评价必须关注全体学生的发展，不能把目光只投向少数尖子生，要全面了解学生的学习历程，帮助学生认识自己在解题策略、思维习惯上的长处与不足，促进全员的多层发展。

2. 激励性原则。过程评价应是学习动力的源泉。对学生的激励应由外在激励为主转变为内在激励为主。评价应多方开掘学生的内在激励，加速学生内驱力的发展，不断激励学生对进一步学习充满信心，品尝到学习成功的愉悦，有进一步发展的追求。

3. 自主性原则。评价应充分调动和及时调整学生的自主学习行为，通过评价让学生了解自己的学习情况，进一步发展自己的潜能。学生对某项考查结果不满时，可按学生的要求让其再自学，在其自认为已获得良好发展时给予再次考查的机会。

4. 多样性原则。过程评价要做到等级评价与语言描述相结合；全程性评价和终结性评价相结合；笔试、口试与实践操作相结合；学生自评、互评、师生互评、家长参与相结合。要突出考试方式的多样化，由单一性的笔试，改为笔试、口试、动手操作及问题解决等多种形式的综合，这样的评价能更全面地促进学生高中地理素养的提高。

5. 生活化原则。课堂评价是过程评价的重要组成，要突出学生对学习、生活的全方位的体验。在课堂教学中，要鼓励学生质疑问难，抓住学生思考的问题，启发学生结合生活实践开展创造性活动。考查要依据学生的实际情况，设计题目，要把高中地理与生活联系起来。

6. 个性化原则。过程评价必须关注每一个体在学习过程中的能动作用的发挥，使评价适应不同层次学生的个性特点，借助学生在兴趣、动机、意志等方面的心理优势，促进高中地理潜能的开发，关注他们情感态度的形成与发展，善于发现并利用每个学生的心理优势，使学生不断获得高中地理学习成功的体验和发展的动力。

三、过程性评价的特点

1. 评价内容多元化

以往的地理教学评价，老师根据学生的考试成绩和上课表现给学生评分，并以此记入学籍档案。随着社会的发展，仅仅掌握知识和技能已经远远不能适应社会对人才发展的需求，因此新的高中地理课程标准倡导在关注学生学习成绩的同时，逐步转向对综合素质的考察，强调关注学生在创新意识和实践能力方面的进步和变化，注重评价学生在地理学习过程中的参与状态、学习方式、思维方式以及在地理学习过程中表现出来的学习主动性、创造性和积极性。强调学生在地理学习过程中的变化与发展，以评价促进学生的发展和调动他们学习地理的兴趣。

新课程目标包括"知识和技能""过程与方法""情感、态度和价值观"三个维度的目标体系，地理学习评价也要在知识和技能评价的基础上，关注对学生价值判断能力、批判性思考能力、社会责任感、人生规划能力形成状况的评价。在教学活动和学习评价中要重过程，重应用，重体验，重全员参与。地理学习评价应发挥其激励与发展功能，使学生从评价中获得成果的体验，激发学习兴趣，积极参与学习活动，提高地理学习水平。教师要关注学生在学习活动中的表现与反应，并给予必要、及时、适当的鼓励性评价和指导性评价，《标准》提出以下一些地理新课程评价的内容：（1）评价学生对地理基本概念和原理的理解水平；（2）评价学生对地理技能的掌握状况和地理思维方法的理解和运用状况；（3）评价学生运用所学的知识分析问题、解决问题的过程和能力；（4）评价学生学习方法的掌握状况和地理探索的创新水平；（5）评价学生在课程学习过程中所形成的情感、态度和价值观。

2. 评价方法的多样化

以往的地理教学评价方法和手段都比较单一，学习成绩大多用分数来衡量，思想行为表现仅仅以教师评语来确定。新高中地理课程标准强调把学生的学习评价渗透到教学的各个环节中，不同的课程目标要选用不同的方法来对学生进行考察、评价。在知识方面，除了书面的测试以外，还应该结合学生的平时表现给予评价。

（1）课堂观察记录

在课堂教学中，教师可以有意识地了解学生在学习过程中表现出来的特点并记录，然后加以整理和分析。课堂观察可以用观察记录表，不仅关注学生知识、技能掌握的情况，而且关注学生学习是否认真、解题是否自信、是否善于与人合作以及思维的条理性、创造性等等。通过课堂观察，及时了解学生学习的情况，正确的给予鼓励和强化，错误的给予指导与矫正，同时根据实际需要，关注学生突出的一、两个方面做出记录，有针对性地解决。

（2）调查和实验

让学生进行调查和实验，可以考察学生观察、实验、猜测、验证、推理、交流与动手能力，以及在学习过程中所表现出来的主动性、创造性和坚持不懈的探究精神。如课后调动学生地理探究的兴趣，鼓励他们参加天象观察、太阳高度角测量、地理模型制作等实践活动，鼓励他们自主开展课题研究，写调查报告、小论文，设计环保方案，绘制学校或公园、住宅小区的平面图，以此评价他们对地理技能的掌握和运用水平。

（3）成长记录袋

建立成长记录袋记录学生学习高中地理的过程。学生可以在自己的成长记录袋中收录反映学习进步的重要资料，如自己特有的解题方法，最满意的作业，印象最深的学习体验，探究性活动的记录，发现的日常生活中的高中地理问题，对解题的反思，单元知识总结，典型的错题记录，自我评价或他人评价等等。成长记录袋的内容可以包含学期开始、学期中和学期结束三个阶段的学习材料。使学生感受自己的不断成长与进步，培养学习高中地理的自信心，同时也为教师全面了解学生的学习状况，改进教学，实施因材施教提供重要依据。让学生参与成长记录袋建立的过程，有利于培养学生对自己的高中地理学习进行监控的能力和负责的态度。建立成长记录袋能有效地记录正规考试所测验不出的内容。它向学生传递的信息是：学习的过程才是最重要的。这将有助于培养学生的学习动机。对于一些特别有意义的高中地理活动，教师可以拍照，记录学生的活动过程，让学生留下成长的足迹。

（4）二次评价与延迟判断

学生在高中地理学习上存在差异，应该允许一部分学生经过一段时间的努力，逐步达到。因此，教师可以选择推迟做出判断的方法。如果学生自己对某次测验的答卷不满意，可以提出申请，重新学习后再解答。教师可以就学生的第二次答卷给予评价。这种"推迟判断"淡化了评价的甄别功能，突出了学生的纵向发展。对于学习有困难的学生，这种"推迟判断"能让他们看到自己的进步，感受到成功的喜悦，从而激发新的学习动力。

（5）高中地理日记

通过写高中地理日记，不仅可以评价学生对知识的理解，还可以评价学生的思维方式。高中地理日记的内容主要有：高中地理学习内容、学习过程、学习收获、学习体验、学习困难、提出的问题等。让学生把学过的知识和学习中的体会写下来，不仅可以训练他们的表达能力，还可以了解他们思维发展的轨迹和内心活动的状态，进行有针对性的教育。考查学生对地理学科的认识，评价学生是否具有地理学习的兴趣和动机，是否能够体会地理学与现实生活的密切联系和地理学的应用价值；评价学生在观察、调查、实验和报告撰写中是否精确、严谨，是否具有实事求是的科学精神；评价学生对自然地理环境与社会的态度和责任感，学生是否初步形成了可持续发展的观念，是否初步形成了环境、资源的保护意识和法制意识，是否养成了关心和爱护人类环境的行为规范等，以此来评价学生的情感态度与价值观的形成。

（6）评语评价

评语无固定的模式，但针对性要强，语言力求简明扼要、具体，要避免一般化，尽量使用鼓励性的语言，客观、全面地描述学生的学习状况，充分肯定学生的进步和发展，同时指出学生在哪些方面具有潜能，哪些方面存在不足，使评语有利于树立学生学习高中地理的自信心，提高学习高中地理的兴趣，明确自己努力的方向，促进学生进一步的发展。

自我评价：由学生期中、期末各一次，以书面小结的形式呈现。反思自己在高中地理学习上的进步与发展以及不足之处，明确今后的努力方向。

小组评价：每学期的期中、期末各一次，以书面小结形式呈现。指出该同学在高中地理学习和交流中的进步和发展情况、建议和意见。

教师评价：每学期分期中、期末以书面小结的形式呈现。教师应根据课堂观察和各项纪录进行综合评定，注重鼓励性和发展性评价。情感态度的评价，包括该生学习高中地理的兴趣及学习的信心；在高中地理学习过程中的参与情况；在高中地理学习中与同学的合作、交流情况；创新意识与探索性学习能力；学习方法与学习习惯；提出问题与解决问题的能力；高中地理的应用能力；数据的收集与处理能力；高中地理学习和交流中体现出的良好思想道德品质；高中地理课外活动参与情况。

家长评价：由学生家长以书面的形式填在学生成绩报告表上。重点对孩子高中地理学习成效签署意见，对孩子的高中地理学习情况进行综合评价，提出希望。

（7）其他方法

在传统地理教学中常用的评价方法（如书面测验、作业法、问卷法）在课程改革的过渡阶段，仍然有其存在的合理性，并不能简单抛弃，在一定范围内的合理利用会有助于全面测评学生的学业成绩。

3. 评价主体的多元化

新课程标准的评价强调评价的主体多元化，评价手段多样化，评价过程科学化，评价结果人性化。高中地理教学中，鼓励学生积极参与评价，多开展自评和互评活动。学生主动参与激励评价中，让学生的人格得到充分尊重，学生才乐于接受评价，乐于主动学习。开展评价，教师、学生、家长应多方参与，以充分发挥不同主体的作用。其中，学生自我评价是要把评价的自主权交给学生，让学生自我评价，培养学生对自己的学习行为负责，初步学会自我调控，如让学生自己设计考卷考考自己。内容正确、难易适度、设计上有新意、答卷正确率高的优秀考卷可在学习园地展示。老师也可从学生的命题、解答中看到教学的不足，吸收切合学生实际的命题作为储备，改进教学和评价。

（1）自我评价

学生自我评价的过程一般由四步组成：一是观察自己的行为表现；二是自我反省，通过自我观察或参照他人的评价结论，确定自我评价的标准，检查自己的表现是否满意；三是进行自我评判；四是确定自己未来的学习目标。自我评价的内容至少涉及三方面：学习内容、思考过程及学习态度。对学习内容的评价常在课后进行。学生可以列出一个清单，说明"学习了什么？学习的程度如何？什么问题没弄清？努力的方向是什么？"对思考过程自我评价时，要描述思维处于怎样的探索过程中，在这个过程中，通过对已有的知识和信息进行加工，逐步克服达到目标的障碍，或者获得成功、部分成功，或者失败。还要对自己的思维模式做出评价。对学习态度及情绪情感的也要作出评价，自己的努力程度究竟怎样？在一再失败的情况下，能否从失败中找出原因和克服困难的办法，明确今后前进的方向。

表9.1　学生自我评价表（以《水资源的合理利用》合作－探究式教学为例）

学习主题	学习目标	学习效果（好、中、差）
水资源及其分布	运用图表，说明全球、各大洲或我国的水资源分布	
水资源与人类社会	通过阅读图片，了解人类随着生产力的不断发展，利用水资源的数量、质量情况	
合理利用水资源	通过阅读有关的资料和图片，分析常见的人类利用水资源的情况，理解合理利用水资源的意义	
反思（成功感受与努力方向）：		

（2）自我反思激励

罗杰斯说："只有一个人能评价目标实现的程度，这就是学生自己。"评价中，应尊重被评价者的人格，让被评价者能主动参与评价，才能乐于接受评价，评价才能有效。而且，评价的主动权交给学生，学生更易接受、评价的效果会更好。如评价学生制作自主绘制的天气系统图（冷锋和暖锋、气旋和反气旋）的时候，开展"我来评评自己"的自我评价，要求学生说出作品最好的地方，好在哪里，有哪些地方是有所改进创新的。如：我来评评。

①科学性：很好(　　)、一般(　　)、不太科学，有待改进(　　)

②创意性：耳目一新(　　)、似曾相识(　　)、照搬课本，需要改进(　　)

③美观性：美观大方，"收藏价值"高(　　)、一般，需要改进(　　)

…………

学生通过对自己作品的分析，加深了对各种天气系统形成方面的知识的理解，同时认识自己的长处，在自我剖析之中完善自我，重塑自我。

（3）合作激励评价

加强合作与交流，是课程改革的一个新要求。合作评价，能有效地促进学生与他人合作，互相交流，积极沟通，促进自身发展。在地理学教学中，可开展一些小组合作的活动，使学生将个人表现与小组成就相联系。如探究"冷锋"和"暖锋"的天气系统的时候，以小组合作的形式进行竞赛，对照课本的两种基本锋面系统图，根据网站中提供的各种资料（视频短片、文字资料、flash动画等），通过对相关网络资料的阅读理解，结合观察思考探究、协作交流讨论。教师指导学生自主学习，学生分组进行讨论，在每题后边的"讨论区"发布成果。每组派代表阐明本组观点，介绍本组是怎么样从网络中获得这些答案的。

还可设立多个奖励方案：最佳合作奖，最准确奖，最快速度奖，最具创意奖。各小组成员分工合作，完成作品后，可以上讲台展示，介绍本组成员间合作程度，作品好在什么地方，接受其他小组的评议。通过小组内自评，小组互评，选出各个奖项。学生通过参与小组评价，不仅学习了天气系统的基本知识，培养了学生的观察能力、实验能力、创新能力，更培养了学生的团结合作、互相交流能力。

表9.2 组内互评（以《常见天气系统》网络交互探究教学为例）

项目	互助性	准确性	参与程度	创意性	贡献大小	速度
好						
中						
差						

其他章节教学中也可以采用这种合作激励评价的方式。如进行"城市交通网"评价活动时，先让学生小组合作，选好探究课题，如提出"在市区和南郊之间还需要多少座桥，最应该建在哪里？"的探究课题，让学生分组自己去探究。探究成果放到课堂上全班交流，从科学性、合理性、经济角度讨论后，评选出几份优秀设计方案进行展示。交流后各小组吸取其他小组的优点，修改完善本组的方案，以最满意的方案上交。通过初步设计→互相交流→不断完善的评价活动，学生体会到"只有群体的成功，才能获得个人成就"。采取的策略多是围绕"我们怎样才能完成任务"。评价中，学生认识到，个人目标的达成，取决于群体目标的实现，个人获得成功的机会，也因其他同学的存在而增加。

组间互评激励：在评价的过程中，可以根据教学探究的需要，要分成小组探究，这样可以设计量表对各小组间进行组间的评价。（以《常见天气系统》网络交互探究教学为例）

表9.3 组间互评（组内讨论填写）　　被评价组主题：　　　　　等级：

	参与积极性	演示效果	解答科学性	组内的团结	纪律
好					
中					
差					

（4）家长参与评价

高中地理教学中，家长往往隔离于教学评价之外，其实如果家长能参与学生学习的评价，能让家长了解自己子女的学习情况和进步点滴，加强子女与父母之间的沟通。

高中地理教师专业能力必修　Gao Zhong Di Li Jiao Shi Zhuan Ye Neng Li Bi Xiu

如开展"门头沟一日游的线路设计"的评价活动中，让学生从门头沟旅游人文资源和自然资源的现状出发，尝试设计一条或者若干条行程合理、线路最优、经济实惠的旅游线路。学生设计好线路，先做出预算，然后到市场了解相关价格指标，可以邀请家长按照学生的一日游的线路设计成果，和学生一起进行实地的亲身体验考察。并对学生的线路设计成果做出相关的评价。家长的评价能给学生极大的鼓励。

表9.4　家长评价表

项目	科学性	经济实惠	行程合理	创意性	独立思考	研究态度
好						
中						
差						

四、高中地理新课程过程性评价模式

1. 以活动课设计为主

通过活动课的设计，评价学生是否了解地理方法运用的步骤、要领；评价学生能否灵活运用正确的地理方法分析和解决问题。建议每个模块设计的活动课要具有较强的针对性，形式要多样化，某中学在"地理1"的教学过程中就设计了五节活动课，如表9.5所示：

表9.5　地理活动课设计

活动课名称	形式	目的	评价方法
《宇宙中的地球》	网络搜集资料、课件制作	搜集地理信息，尝试运用所学的地理知识和技能对地理信息进行整理、分析，并用适当的方法和手段交流、表达	以小组形式得分。评价方案：A、B、C、D、E等级。
《太阳活动》	书面作业、辩论	通过批判性和逻辑性思维建立证据与解释之间的关系	以个人形式得分。评价方案：A、B、C、D、E等级。
《太阳高度角的观察》	实验设计	设计和进行科学研究	以个人形式得分。评价方案：A、B、C、D、E等级。
《大气的运动》	模型的制作	培养运用证据进行描述、解释、预测和构建模型的能力	以个人形式得分。评价方案：A、B、C、D、E等级。
《城市水资源》	参观学习	分析、解释和预测已有资料和数据的能力	以小组形式得分。评价方案：A、B、C、D、E等级。

在这五个活动中，动手实践的3个，书面作业的1个，外出参观的1个。其中以小组形式得分的2个、以个人形式得分的3个。从表可见：活动搭配合理，形式多样，评价方法准确、灵活多样，切合课标。通过五个有针对性的活动课的安排，每个学生

将会获得五个一定级别的分值。

表9.6 活动课学生得分统计

活动课名称	活动1	活动2	活动3	活动4	活动5
某学生获得的等级分	B	A	B	B	A

　　这个学生的过程性评价的等级以其活动课程中级别显示最多的为其最终的等级，如上表该生过程性评价的等级为B级。这种设计使学生在不同形式的活动类型中按照自己的特长获得最后得分，并不单单以某次上课的表现或一两次作业形式来评价学生，是一种鼓励学生最大限度地发挥自己的特长和能力的一种操作性较强的评价方法。

　　2. 以探究活动为主的评价

　　对学生在探究性学习过程中的成果评估比对一般的书面作业要复杂，有较大的难度，这也是过程性评价要解决的首要问题。为了配合教改的需要，某校制订以探究性学习为主体的评价方案，并详细制定学生自评和互评的准则。制定切实可行的评估内容和评分标准，可以使这种以学生为主体的学习活动的评价工作得以顺利进行。在实施探究活动时，表9.7就是一个比较好的评价表格。

表9.7 评价标准

小组 ＼ 内容	态度是否认真（10分）	内容是否充实（10分）	形式是否多样（10分）	发言是否清晰（10分）	是否团结合作（10分）	总分
第一组						
第二组						
第三组						
……						

　　又例如：对于一些复杂的活动，其评价的标准可参照表9.8。

表9.8 复杂活动评价标准

活动形式	良好A级	一般B级	需要努力C级	评定结果
文章、实验等内容	数据准确而全面	数据完整，但有不正确之处	多处数据不正确、关键信息缺漏	
演讲、演示等陈述	有创造性和可欣赏性，表现出学生非常有兴趣完成作业	具有可欣赏性和趣味性	单调	
活动、完成作业程度	有兴趣完成作业，思考全面，并且具有创造性	有兴趣完成作业，并且有详尽的分析	根本没有努力完成作业	
提交的报告	有一定文采	通顺	不通顺	

3. 以写小论文设计为主

有的学校的活动安排是以写小论文为主的，以"地理1"为例，主要有以下一些可供选择的课题：

课题一：全球气候变化

①全球气候变化的趋势和特点；②全球气候变化带来的影响；③全球气候变化的人为原因；④应对全球气候变化的对策；⑤后记：关于全球气候变化的我的思考。

课题二：中国的气候灾害

①我国气候灾害的种类、地区分布；②近现代我国气候灾害的特点及发展趋势；③我国气候灾害中的人为原因；④气候灾害的防御；⑤后记：关于全球气候灾害的我的思考。

课题三：我国的气候资源

①气候资源的概念和种类；②我国气候资源的特点和分布状况；③如何进行气候资源的有效利用；④××市的气候资源优势及农业产业的发展方向。

气候在地理要素中处于核心的地位，气候对其他地理要素也有影响作用，也是"地理1"学习的重点和难点内容。但是以上选题主题太集中，具有一定的局限性。有的论题如"气候资源的概念和种类""我国气候灾害的种类、地区分布"等更像简答题，不能很好地让学生进行论述，也看不出学生的水平。也有一些探讨的问题比较细致和深入，如"全球气候变化的人为原因""全球气候变化的对策"等，对高中学生来讲可能还存在一定的困难。但如果能在学生写论文时告诉学生一些相关的网站名，论文写作的基本方法，同时给学生创建一个相互交流的平台，这种活动类型则会更有意义，而不是流于形式。

4. 以学生课前演讲进行的评价

这种方式是将全班的学生分成若干个小组，要求学生以小组为单位在课后收集有关正在学习的地理单元的知识（包括文字、录像、图片、网页等），在每节地理课前用5分钟的时间进行演讲，以拓展学生的视野，提高学习地理的兴趣和自主学习、自主获取信息的意识和能力，评价表格如表9.9所示。

表9.9　课前演讲评价

	发言人	内容符合主题	表述清楚	条理清楚	逻辑严密	观点正确
学生1						
学生2						
……						

说明：同学在课堂发言时，若表现出上述行为，请在每个观察项目下打"√"，若无，则不作任何记号，并填好其它相关内容。评定结果达到5项标准评为优，达到3或4项评为良，达到2项评为及格，2项以下评为不及格。这种过程性评价的方式可

集中在某个模块的学习过程中进行。

五、高中地理过程性评价的实施

1. 关注过程。高一入学，他们对高中地理的感受对于今后是否喜欢高中地理学习、能否学好高中地理十分关键。因此，过程评价应从第一学段开始，关注全面，关注全程。强调评价的诊断功能和促进功能，注重学生发展的全过程，重点应放在纵向评价，强调学生个体过去与现在的比较，着重于学生成绩和素质的增值，不能简单地分等排序，使学生真正体验到自己的进步。

2. 关注平时。要随时随地对学生的高中地理学习的新知生成、发展、结果进行评价。从时间上看，有学习前的预习性评价、学习中的形成性评价和学习后的总结性评价。从空间上看，在学校应该包括课堂上的评价、活动课的评价；在校外，应有家庭评价和其它活动的评价，要实现评价时空过程化，及时了解学生已经达到的程度，发现存在的问题，从而有效地调控教学行为，使全体学生都达到教学目标。实现评价时空过程化要注重平时的了解、考查，包括课堂提问、课堂作业、家庭作业、课时达标测试、课堂操作、课堂学习的积极性、主动性和学习习惯等。

3. 关注呈现。过程评价要防止空泛，应根据发展过程，采用多种呈现形式，形成清晰的发展轨迹。可采用个人、小组与教师评价相结合；口试、面试、笔试相结合；免试与重试相结合；定量与定性相结合。加强口试与面试，有利于减轻学生的负担，了解学生的思维过程；有利于教师及时对学生提供帮助，培养学生的语言表达能力，有利于提高学生临场心理素质。对于学习能力强，学习认真，平时表现好的学生，可以允许免试。对于评价成绩不及格的学生，应当给他们重新应试的机会，并以重试的成绩为准，这样能使学困生在重试之前找出不足，进行重点学习，同时可调动他们学习的主动性和积极性。以往把百分制作为教学评价结果的唯一表现形式，无论是在信度上还是在效度上，都有较大的缺陷。因此，应寻求评价结果表现形式的多元化、科学化，尽可能准确。应采用鼓励性语言，发挥评价的激励作用。让人人体会到只要你在某个方面付出了努力就能获得公正的、客观的评价，保护学生的自尊心，树立学生的自信心。

4. 关注个性。过程评价要关注每一个体的全程发展，我们面对的是一个个活生生的学生，由于文化环境、家庭背景、自身思维方式的不同，学生的基础、性格、智力等存在着差异。过程评价既要关注学生的共性，更要关注学生的个性，实行统一评价与分层评价相结合，以分层评价为主的方法。对于优等学生的评价，重在引导他们创新，引导他们勇于挑战教师、挑战书本，勇于超越自我。解决问题要从多角度去思考，而不能满足于一种方法，要追求独特的创见，发展自己的潜能。而对于相对后进的学生，则要千方百计抓住闪光点，哪怕是微不足道的进步、发现，都要及时加以表扬。同时，实行"弹性"要求，在保底的前提下，不作硬性规定。从而引导其参与到学习之中，品尝学习的乐趣。实现"不同的人在高中地理学习上得到不同的发展"。

5. 关注整体。注意过程性的评价应与终结性评价有机结合。教师要关注学生平时一系列动态的课堂评价的记录积累，还可与期末静态的笔试相互融合进行综合评价，让学生在不断进步中得到激励。如在学期末设置的高中地理综合评价表：

表 9.10　高中地理综合评价表

	定量评价			定性评价														
				基础知识			操作技能			探究能力			科学态度			价值观		
	A	B	C	A	B	C	A	B	C	A	B	C	A	B	C	A	B	C
学生自评																		
小组互评																		
家长评议																		
综合评定																		
老师的话																		

6. 关注发现。过程评价既包括对学生学习过程的评价，也包括对学生发现问题、解决问题过程的评价。前者在教学过程中进行评价，后者通过具有一定情境的问题进行评价。对学生发现问题和解决问题能力的评价，要注意考察学生能否在教师指导下，从日常生活中发现并提出有趣的高中地理问题；能否选择适当的方法解决问题；是否愿意与同伴合作解决问题；能否表达解决问题的大致过程和结果；是否养成反思自己解决问题过程的习惯。教师可以根据学生提出问题的数量和质量，给予定性评价，用鼓励性的语言进行描述，发挥评价的激励作用。在过程评价中关注发现，学生的创新意识将得到进一步增强，学生的探究能力将得到进一步发展，有效提高高中地理教学质量。

二、终结性评价

终结性评价有广义和狭义之分。广义的终结性评价是指为了对已制定好的教育方案、计划、课程等的整体效益作全面鉴定所进行的评价。狭义的终结性评价是指在一门学科的重要部分或整个教学结束时，对学生的学习效果及成绩所进行的全面评价。高中地理模块考试、高中地理会考、期中、期末考试等都属于地理终结性评价。

随着高中地理新课程教学评价的改革，终结性评价作为评价改革体系的有机组成之一，不仅仅是一种评价的方法，也是对课改实验进行验收总结的重要方面。终结性评价测试如何操作，如何把握课程标准，积极应对评价测试成为地理教师、学生及教研部门所关注的问题。

分布于北纬 30°左右的气压带名称是（　　　）

A. 赤道低压气带

B. 副热带高气压带

C. 副极地低气压带

D. 极地高气压带

"三圈环流"是高中地理必修一的主干知识，包涵一系列的地理概念、地理原理、地理规律、地理过程。课程标准对该内容的要求是："绘制全球气压带、风带分布示意图，说出气压带、风带的分布，移动规律及其对气候的影响。"可以看出，课程标准对该知识点教学评价的要求是"绘制"和"说出"。当然，在纸笔测试中，我们确实无法完全按照课标的要求对学生进行评价，但是要尽量避免考一些死记硬背的知识，而应该更加强调学生对知识的迁移和应用。

1. 对新课程的"新"理解不透

新课程的新不只是增加新知识、新内容，新课程的"新"还蕴含了：一是倡导新的地理课程理念、师生观念、课程目标；二是采取行之有效的教学方法手段，引导学生采取科学有效的、适合学生实际的学习方式，掌握生活中的地理，获取对其终身发展有用的地理知识、技能、能力、方法，形成积极的情感，正确的态度，科学的价值观。

2. 对新课程标准三维目标要求的把握落实不到位

有些教师在教学中对有的知识点深度挖太深，超出学生接受能力。有的只顾教教材知识点，而忽视了学习过程与方法，忽视能力的培养。如根据地图和资料，归纳分析得出相关结论等方面的学习往往由教师包办代替，不能由学生自己探究学习从而建构知识体系，获得能力。

3. 对改革教学方法和改变学习方式实效性的探索有待加强

有的教师运用多媒体辅助教学变教师灌输为电脑灌输，忽视传统的地理学科特色（如三板艺术）的教学方法手段的运用。小组合作学习方式有形式而无实质和实效性。有的课堂组织形式活跃热闹，过度突出学生主体性，把课堂放给学生活动，但如何落实课程标准，教师的指导、引导作用失去实效。

4. 对新教材与课程标准关系认识不明

各地使用的地理教材都有多种版本，加上乡土教材、各校开设校本课程，课程内容丰富。不少教师只教教材，担心考试命题偏向何种版本教材，却忽视了课程标准的指导作用。教材只是学材，课标才是教学及评价的依据。

5. 对新课程的复习方法不当

教师指导复习工作存在走老路的现象。应对模拟测试有的老师拘泥于传统的列题纲式的习题，死记硬背做法，结果试题中体现新课程理念，重基本学习过程与方法的题型学生不能适应，教师对学生地理学习方法的指导不够。

6. 对课程改革与考试评价的统一性认识不正确

有人认为考试评价与课程改革是不可调和的矛盾。实际上考试只是评价的一种方法，考试改革与评价相辅相成，有着密不可分的千丝万缕的联系。终结性评价其目的是体现新课程理念，贯彻考试改革精神，发挥正确导向作用，促进教师研究课标，把握课标，促进学生发展。在目标上着眼于整个高中地理学习过程中，三维目标方面的落实；在内容分量上着眼于学生对地理新课程整个内容的掌握。重点不在于过细的地理知识或技能，而是在于具有广泛迁移效果，学生后续学习所必须掌握的地理知识与技能，以及思考与应用能力的综合评价。

案例9.4 阅读

阅读材料，回答下列问题。（10分）

材料一：2008年初，我国西气东输二线工程（干线西起霍尔果斯南至广州）正式开工并将于2011年建成。图9.2为"西气东输二线示意图"。

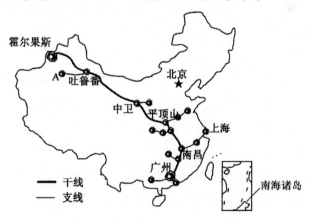

图9.2 西气东输二线工程示意图

材料二：近几年珠江三角洲在工业化和城市化过程中，相继出现了一系列问题，如大量占用耕地、城镇和工业过度集中、环境污染严重、产业结构层次偏低等。

（1）图中字母A所在省区发展农业生产的限制性自然条件是_____，该地农业主要分布在"绿洲"的主导因素是_____。该省区目前主要面临的生态问题是_____。

（2）比较西气东输二线线路起止地区能源赋存量与需求量的差异_____。

（3）西气东输二线工程建成后对珠江三角洲地区的积极影响：

在环境方面表现为_____；

在经济发展方面表现为_____。

(4) 为实现沿线地区的可持续发展，在工程实施中应注意_____。

(5) 针对珠江三角洲在工业化和城市化过程中产生的问题，可采取的有效措施有：

①_____，②_____。

参考答案：(1) 降水（1分）水源（1分）土地荒漠化（1分）(2) 起点地区能源赋存量大于需求量，（1分）终点地区能源赋存量小于需求量。（1分）(3) 改善大气质量，减少大气污染（1分）带动相关产业发展；缓解能源短缺，促进经济持续发展（1分）（答出其中一条即可得分）(4) 环境保护（1分）(5) 将部分工业向周边地区转移进行产业升级，大力发展第三产业，加强规划与管理（合理即可得2分）

案例9.4分析

本题紧扣课标："举例说明产业转移和资源跨区域调配对区域地理环境的影响"，试题设计首先从西气东输二期工程的调出地入手，引导学生分析调出区的自然地理特点，进而体会西气东输二线对调出区地理环境的影响；接着通过直接设问，考察学生对西气东输二线对调入区地理环境的影响；最后再考察对沿线的影响和相关对策。

修炼建议

一、终结性评价的特点

1. 终结性评价具有可据性

测试的可据性就是根据试题分数得到的推断是否正确或者说这个分数是否符合被测试者的实际水平。这是针对某一次测试而言的，也只能判断某一次测试是否作为某些特定的用途或推断的依据。测试的可据性从三个方面考虑：

(1) 内容可据性

所谓内容可据性是指终结性的测试题目应与教学内容保持一致。否则测试被视为内容无可据性。例如，为了防止出现无可据性的试题，在地理高考命题时，首先要通晓地理课程标准，其次要吸收第一线的地理教师参与命题，重要的考试最好事先进行预测。

(2) 构造可据性

构造可据性是指在终结性的测试中，要考虑这些题目是否真正测量了对知识的了解、理解、掌握、灵活运用的各种层次，是否测量学生的计算、空间想象、逻辑思维以及分析问题解决问题的能力，是否测量了学生具有评价能力等。如果试卷体现了上述各方面要求，则说试题具有构造可据性。

(3) 准则可据性

准则可据性是从现在的测试分数来预言将来标准条件下的成绩，命题者希望这种预言是成功的。准则可据性在性质上具有预言性，它可以与实际同时发生。它的含义是这一次考试可以用来评价此人现在的而不是将来标准条件下的名次。如果考试实现了预定的准则，则说明准则具有可据性。

2. 终结性评价具有可靠性

终结性评价的可靠性是指考试具有的稳定性。在进行两次或两次以上的考试中，某一个学生的成绩排列名次在考试集合中的位置基本上不变。不能说"不连贯"或"不稳定"。为了排除考试出现偶然性，通常可以用增加试题的覆盖率来提高可靠性。我国历年来的高考试题是可靠性较强的试题，因此，除了保持试题的容量、难度基本上不变之外，还要注意加大试题对知识点的覆盖数量。

二、终结性评价的作用和功能

1. 全面评定

在目标上，终结性评价着眼于对整个地理教学阶段或某个重要部分取得的成果进行全面的评定。例如实施高中地理会考制度，会考成绩全面反映了学生学习高中地理所实际达到的程度，即学生在整个高中阶段的地理学习过程中，从知识到技能，从过程到方法，从情感、态度到价值观各方面都得到全面提高。

2. 整体掌握

在内容分量上，终结性评价着眼于学生对地理新课程整个内容的掌握，与形成性评价相比，它所涵盖的范围较广，评价内容的比例常常与整个课程各个单元的比例或课时所占的比例相一致

3. 高度概括

终结性评价在测试内容的概括性上说，水平较高。与形成性评价相比，终结性评价的重点不在于过细的地理知识或技能，而是具有广泛迁移效果，是学生后续学习所必须掌握的地理知识或技能，以及思考与应用等多种因素的综合体。

4. 评定成绩

通过终结性评价，确定学生在地理学习上的进步和达到教学目标的程度，从而对学生的地理学业作出整体性的价值判断。这种判断可用于证明学生的资格，为学生的安置提供依据。终结性考试的主要目的是证明某学生具有某些技能、某类知识和能力。

5. 学习反馈

尽管形成性评价的意图主要集中在对学生进行反馈上，对学生反馈也是终结性评价的一个合理的目的。即使终结性测试是一般的学期结束测试，如果编制精巧，评分得当，我们仍然可以从测试结果中推断出学生在哪些方面掌握得相当不错，而在哪些方面却学得不好。学生可能会发现这些信息对未来的学习很有用。

终结性评价使学生明确自己整体的学习效果，并对学生的学习能力产生重要影响。对分数的解释将把学生的注意力引导到应该做的、有用的事情上，以弥补他们的不足

之处。反馈应当告诉学生，他们已经掌握了哪些特定的目标以及还有哪些仍待掌握。

由于终结性评价比较概括地反映学生的知识、技能和能力的总体水平，因而，在地理学科的终结性评价中得分高的学生，往往可预测其在以后的其他学科或地理学科的后续学习中也是成功者。当然，这种预测是有限定的，要看到学生的发展性和波动性。此外可以通过终结性评价具体明确学生的知识、技能掌握和能力发展的水平，从而帮助教师确定后续学习的前提。

三、学生非认知因素的终结性评价

1. 态度评价法

态度是个体对人、事物、环境等具有的较稳定的心理倾向，是外界事物与人的主观需要之间关系的反映。它由认知、情感和行为倾向三种成分组成。对态度进行评价的量表是由一组相互关联的陈述句或问题组成的，这些语句或问题是针对某事物设计的，它们根据构成态度的成分，按照不同的方向、强度及结构编制而成，通过学生对这些问题的反应，了解推断他对该事物的态度。

2. 自陈量表法

自陈量表法是测量个性最常用的方法。这种方法基于个体的特质，因而自己最了解。它主要用于测试其他人很难观察到的以个性倾向性和个性心理特征为基础的各种自我行为或意识。这种方法一般是以问卷的形式，要求个人按照问卷中问题的要求，提供有关自己情况的报告，从而了解被试者的心理特征。自陈量表法的问卷多以客观性题目的形式出现，它所得的分数一般是以常模参照的方法进行解释的。

3. 人物推定法

人物推定法是指在教师指导下，让相互了解的同学对思想、行为、个性、心理等方面进行相互评价，然后分析综合学生群体的看法，作为对被测对象心理和品德测评的依据。

四、终结性评价的信度与效度

1. 信度

也称"可靠性"或"测验分数的稳定性"，是指测量的一致性程度。它采用量表分析的方法，即计算两种变量间的相关系数，以相关系数作为数据指标来衡量考试或测验的一致性程度，故也称为信度系数。信度系数的取值范围在 0 与 1 之间，其值越大，说明测验的可信程度越高，试题的"可靠性"也就越好。因此，试题的信度，可以看作是试题的"可靠性"，即它在多大程度上能准确地反映学生学习的真实水平。试题的信度是无法直接进行测量的，但是可以通过对考试的信度系数的估算来间接反映。因为试题的质量会直接影响到考试的信度系数的大小，这种影响主要体现在以下几方面：

（1）题目的数量。如果题目很少，则测验所得分数越容易受试题取样偶然因素的影响，测验的信度就会降低，反之，则会提高测验的信度；

（2）题目的难度。题目的难度会影响到测验分数的分布范围，从而影响测验结果的信度。如题目难度过大，大部分考生得低分，测验分数频数分布曲线形成正偏态分布，导致分数间的差异较小；

（3）题目的区分度。因为只有当题目有较好的区分度时，才能使实际水平较高的学生在测验中获得高分，使实际水平较低的学生得低分。才能保证测验结果的"稳定性"和"可靠性"。

2. 效度

效度也称"测验的有效性"，是指某次测验所能提供的对某一特质所做预测的理想程度，也就是测验在多大程度上测试了所要测的东西。它代表的是测验的准确性。对地理测验来说，则表示所测验的内容能否反映学生在掌握地理方面的一些特质，如测验内容是否充分反映所要测量地理教学内容的教学目的和要求，能否预测所要测量的某种地理技能在将来某一时期的发展情况等等。如果不能很好地反映出上述内容，测验自然就是无效的。例如，在测试学生对地球运动这节内容的掌握程度时，如果测验试题选取的是一些有关地壳变动方面的内容，则自然不能达到预期想要知道的结果，这种测验显然是无效的。

五、终结性评价的实施策略

新课程教学与以往比较，在课程目标、教学方法、学生学习方式等方面已发生新变化。在新形势下，地理教师应把握好课改的脉搏，与时俱进、加强教研、改革教法，这是进行地理教学改革的基础，也是有效应对测试的重要保证。

1. 明确测试命题的原则依据与考试方向

命题根据国家考试改革相关文件，依据课程标准，同时结合本地课改实际。《基础教育课程改革纲要（试行）》指出：新课程评价改革的目标是"改变课程评价过分强调甄别与选拔的功能，发挥评价促进学生发展、教师提高和改进教学实践的功能"。考试评价原则强调：建立以促进学生发展为目标的评价体系。该体系主要包括基础性发展目标和学科学习目标两个方面学习能力。基础性发展目标指的是有学习的愿望和兴趣，能运用各种学习方式来提高学习水平，有对自己的学习过程和学习结果进行反思的习惯，能够结合所学的不同学科的知识，运用已有的经验技能独立分析并解决问题，具有初步的研究与创新能力。地理学科学习的目标在课程标准中已经列出并对评价方式提出了建议。

新课程考试方向与以往不同。试题在全面考查学生基础知识及基本技能的基础上，强调能力立意，紧密联系社会实际和学生生活经验，考查学生运用所学知识提出问题、分析、解决实际问题以及收集、处理信息的能力，创新精神和实践能力。

2. 研究地理课程标准要求

地理课程总体和三维目标中，终结性评价测试能测量的主要是前两个，即知识与技能、过程与方法。情感态度价值观目标有些可以体现而有的只能有机渗透。课标中关于评价建议强调："注重评价学生解决地理问题的能力和过程，注重对地理区域的自然和人文特征的理解水平。评价不能局限在学生具备了多少地理知识而应将重点放在学生的理解水平。评价学生科学方法掌握状况和探索性活动的水平。"课标对知识方面3个层次的要求：了解、理解、掌握；技能的2个层次的要求：初步学会与学会。过程与方法要求都十分具体明确，行为动词在教学中可操作性强，测试命题时可操作性也很强。

3. 注意试题的覆盖度、区分度、难度

模块考试、期中、期末等考试中，要根据知识点的分布情况、知识点的难易程度、重要程度命制试题；注意覆盖度，达到对所学知识系统、全面的考察。要注意难、中、易题比例的搭配，把握区分度和难度。尽管新课程背景下的终结性评价不再以甄别、选拔为导向，但是对于学生学习效果进行客观评价还是必要的。在学习过程中，存在着学习效果优良中差的区别，让好的能够凸现出来，差的能够找到不足，本身就是发挥教学评价激励与发展功能的重要方面。

三、测试题目设计

教学测量是指针对学校教育影响下的学生各个方面的发展，从量的规定性上予以确定和描述的过程。教学评价与教学测量有明显的区别：教学评价是一种价值判断过程，教学测量是一种事实判断过程；教学评价强调科学性，教学测量则要求客观性和准确性；教学评价是一种多样性活动，教学测量则是一种单一性活动。教学评价与教学测量又有紧密的联系：教学测量是教学评价的基础，教学评价则是教学测量的延续。

测试题目是进行教学测量的基础。在新课改背景下，尽管在评价内容、主体、方法等许多方面进行了理论的突破，但是在实际操作中，新课改教学评价理念的落实、特点的体现还有很长的一段路要走。目前运用最多的教学评价手段仍然是试题测量。命制好的、高质量的测量试题，对于新课程改革的推进具有重要意义。当然，从另一个角度说，新课程背景下的地理测验试题应该顺应时代、不断革新。

案例 9.5 阅读

宝钢的主导区位因素是
A. 原料   B. 动力   C. 交通   D. 市场

案例 9.5 分析

本题想考察学生对"工业区位"知识的掌握和应用情况，但是命题中仅仅把工业区位知识限定在"宝钢"。如果学生分析过宝钢的工业区位，就有可能答对，如果没有，那么答错的可能性是很大的。该题没有材料的获取，没有图像的解读，只是要求学生对已学过的知识进行"再现"，属于知识与能力评价中对陈述性知识的评价，而过程与方法评价、情感态度价值观评价更无从体现。除此之外，地理试题命制中还可能出现以下问题。

1. 试题学科特点不明显或有悖常规

地理学科试题应该具有鲜明的地理学科特点。由于地理学科是一门文、理综合的学科，同时自然地理部分又与天文、物理、化学甚至立体几何具有紧密的关系，人文地理又与历史、政治、语文具有紧密的关系，所以在试题命制中，很容易出现偏离本学科的现象。近几年高考文综地理试题中的某些试题就存在比较大的争议，有些试题有点像立体几何，不像地理题。当然命题者的本意是想提高试题的区分度，这也无可非议，这也就是我们平时所说的"不要出难题、偏题、怪题"。

2. 试题地理图像不清楚

地理试题几乎"无图不题"。地理试题中的图像有分布图、示意图、景观图、统计图、组合图、信息技术图等许多种类，不管是哪种图像，教师都要力图使图像清晰，以免给学生造成不必要的做题障碍。

3. 试题存在科学性错误

错误试题不仅无法检测出学生的学习状况，而且还使得考试、测验很不严肃。例如读下面四幅等高线图，图中的数字表示地形的部位，下列选项中，地形部位名称排列与图序相符的是：

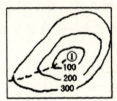 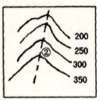 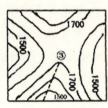 

A.①山峰②山谷③山脊④盆地　　B.①山峰②山脊③鞍部④山谷

C.①盆地②山脊③鞍部④山峰　　D.①盆地②山脊③山谷④山峰

该题的答案通常是 C。其实这个是错误的。

让我们仔细看看第三幅图，若左右中间的等值线为 1400m，则两个山脊矮，而两个山谷高，这种地形是不存在的。若左右中间的等值线为 1600m，则③的周围是四个山脊，它就不应该为鞍部，而应是山顶。

案例9.6 阅读

地理试题的命制过程

1. 2005 年 10 月 8 日，C 地区爆发 7.6 级地震，造成了重大的经济损失和人员伤亡，读图回答下列问题（36 分）。

（1）描述 C 地所在地区的地形特征，并解释 C 地地震的成因和板块边界类型（6

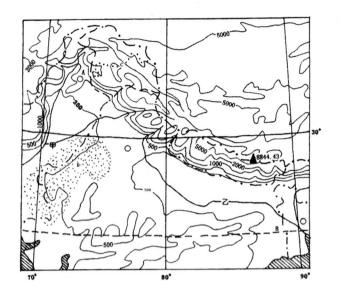

分）。

（2）比较甲、乙河的水文特征（6分）。

（3）B地主要的农业地域类型是什么？分析其形成的区位因素以及限制性因素（10分）。

（4）解释D沙漠的成因以及A城市形成的主导因素（5分）。

（5）影响该地区可持续发展的因素有那些？（9分）

2.2005年至今，世界各地爆发了禽流感，引起了世界性的恐慌。据专家介绍，禽流感最早在野生水禽和候鸟中发生，后来传播到家禽，再由家禽——特别是鸡、鸭、鹅传染给人，或经过猪再传染给人。读图回答以下问题。

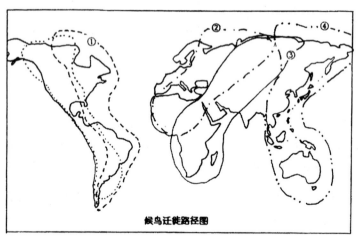

候鸟迁徙路径图

（1）候鸟迁徙到A地时，下列说法正确的是

A.尼罗河正值一年中的枯水期　　B.南极大陆全部处于极夜的时期

C.各地中海气候正值少雨的时期　　D.北印度洋洋流从西向东流

（2）影响候鸟迁徙的主要自然条件是

A. 地形、气候　B. 地形、湿地　C. 气候、湿地　D. 气候、植被

（3）候鸟迁徙路径中，跨越自然带最多的是

A. ①　　　B. ②　　　C. ③　　　D. ④

（4）我国防治禽流感的时机应该选择在

A. 冬季和春季　B. 春季和秋季　C. 冬季和夏季　D. 夏季和秋季

（5）根据禽流感传播途径，禽流感参与了以下哪些循环

A. 地质循环、水循环　　　B. 地质循环、生物循环

C. 地质循环、大气循环　D. 生物循环、水循环

参考答案

1. （1）北部山地（喜马拉雅山）、中部平原（印度河平原与恒河平原）、南部高原（德干高原）C 地的地震主要是由于印度洋板块与亚欧板块挤压造成的，板块边界类型属于消亡界（2）相同点：无结冰期、以夏秋汛为主不同点：印度河含沙量大、流量小，恒河含沙量小、流量大（3）B 地主要的农业地域类型为水稻种植业水热资源丰富、雨热同期，地形平坦、土壤肥沃，劳动力资源丰富；主要的限制性因素是旱涝灾害频繁（4）D 沙漠的成因：受副热带高压和东北信风带的交替控制，处于西南季风的背风坡（5）人口压力大，地区冲突（印巴冲突）自然灾害频繁等。

2. （1）D　　　（2）C　　　（3）D　　　（4）B　　　（5）D

案例9.6分析

1. 精心选材是命制高质量试题的关键

试题研究必须依托好的素材，精心选取高质量的素材是命制高质量试题的关键。从连续几年的高考命题看，很多选材取自大学教材、新的研究成果或新闻素材。特别是紧抓时代热点，站在高中学生认知水平的基础上，根据考核目标和考试大纲命制试题，引导学生关注生产、生活，学习"有用的地理"将是地理命题的必由之路。

2. 探究素材是命制能力试题的基础

立足素材研究，深入理解素材是搭建知能联系的关键，更是命制能力试题的基础。高考能力考核目标关注获取和解读信息。因此，首先要抓住题图信息，在题目设置时，还要注意隐藏部分信息，即给定不完整信息，然后让学生由显性信息推导隐藏的信息，从而实现对题目的完全解读。对新闻素材、热点素材的处理，特别是地理图像的处理，是地理试题命制过程中的必经之道。图像处理可以利用计算机技术、也可以手绘、扫描等多种方法，甚至直接应用新闻图片。上述两题就是笔者自己收回后扫描所得的图像。图像设置要情景新颖、图像清楚、要素集中。

3. 强化主干特色，突显能力立意，命制综合试题

知识是能力的载体，能力立意是建立在知识考查基础之上，能力体现在对知识的运用和学科术语的表述。与其说高考在考查能力的基础上再现主干知识，不如说是在

理解知识的基础上考查能力，考的不是知识本身，而是对知识的理解，是把教材知识，经过迁移整合加工制作，真正变成自己的、具有实用性的、新的知识联系，即知识建构、知识储备和知识体系。

修炼建议

在地理教学过程中，经常实施的考试有章节过关考试、期中考试、期末考试、会考、高考等。其中会考和高考都有专门的命题机构进行命题，章节过关考试、期中考试、期末考试一般都是老师自己或集备组、教研组组织命题。在整个考试过程中，学生要投入时间进行复习，老师要投入时间进行指导，学校或各级组织要投入时间、精力和资金组考，一次考试牵涉到许多方面，所以测验试题不得不慎之又慎。当然，就算是每年由众多专家命制的高考题，仍然会有众多质疑的声音，我们所能做的就是尽量减少命题过程中的失误，努力把握试题的信度、效度、难度，最大程度地接近测试的目标。

一、高中地理试题命制的价值取向

新课程背景下的高中地理试题命制，要体现"传承与创新"的基本命题方向。传承：凸现学科主干知识和核心能力；创新：体现新课标的教学理念（关注学生的学习能力），在新情境中获取和解读信息的能力，提出问题与设计解决问题方案的能力，多角度分析评价事像的能力。

新课程背景下的高中地理试题命制，要体现"关注学生地理素养的形成状况"地理学业评价的价值取向，要有地理素养的人的特征描述：（1）有地理素养的人明白地理科学知识的本质；（2）有地理素养的人在交流时，能准确运用合适的地理概念、原理、规律和理论；（3）有地理素养的人采用地理的视角和方法来解决问题，作出决策，增进其对世界的了解；（4）有地理素养的人能够运用地图、略图、脑中地图作空间透视，从中获取有价值的信息，将其恰当归类，得出相关的解释与结论；（5）有地理素养的人明白并接受地理学、理解地理的趣味性和挑战性，能感受地理学的美、地理和社会之间的相关性；（6）有地理素养的人对自然环境、人与自然环境的关系有更丰富、生动和正面的看法；（7）有地理素养的人具有许多和地理技术密切相关的实用技能。

新课程背景下的高中地理试题命制，应关注学生地理学科能力的形成状况；关注学生是否掌握了基本的地理方法；关注学生是否形成了一定的地理观点。地理学科能力要素包括：空间定位能力、空间分布格局的觉察能力、地理特征的分析比较与概括能力、地理过程的简单预测与合理想象能力、地理因果关系分析与推理能力等。地理基本技能包括：收集地理信息、整理地理信息、分析地理信息、发现地理问题、解决地理问题等。地理观点包括：人地协调观点、空间观点、因地制宜观点、可持续发展观点等。

二、高中地理试题命制的目标

不同的测试题，其测试目标不同。例如，新课标文综地理考试能力目标：（1）获取和解读信息。①能够从题目的文字表述中获取地理信息，包括读取题目的要求和各种有关地理事物定性、定量的信息。②能够快速、全面、准确地获取图形语言形式的地理信息，包括判读和分析各种地理图表所承载的信息。③能够准确和完整地理解所获取的地理信息。（2）调动和运用知识。①能够调动和运用基本的地理数据、地理概念、地理事物的主要特征及分布、地理原理与规律等知识，对题目要求作答。②能够调动和运用自主学习过程中获得的相关地理信息。③能够选择和运用中学其他相关学科的基本技能解决地理问题。④能够运用地理基本技能。如地理坐标的判断和识别，不同类型地理数据之间的转换，不同类型地理图表的填绘，地理数据和地理图表之间的转换，基本的地理观测、地理实验等。（3）描述和阐释事物。①能够用简洁的文字语言、图形语言或其他表达方式描述地理概念，地理事物的特征，地理事物的分布和发展变化，地理基本原理与规律的要点。②能够运用所学的地理知识和相关学科的知识，通过比较、判断、分析，阐释地理基本原理与规律。（4）论证和探讨问题。①能够发现或提出科学的、具有创新意识的地理问题。②能够提出必要的论据，论证和解决地理问题。③能够用科学的语言、正确的逻辑关系，表达出论证和解决地理问题的过程与结果。④能够运用正确的地理观念，探讨、评价现实中的地理问题。

三、高中地理试题命制的特点

紧抓各类考试试题的特点，既有助于复习备考，又有助于模拟训练。例如，高考文综试题地理试题的命题特点。（1）强化地理思维能力的考查，例如空间思维能力和综合思维能力等。（2）突出学科主干知识和能力的考查。（3）运用地理视角观察现实生活中的现象，材料选用源于现实，贴近生活，可能带有一定的地方性。（4）渗透新课标教学理念，倡导自主学习和探究学习，试题情境材料新颖，信息量大，探究学习能力要求提升，结论的开放度增大。（5）强化"能力立意"，贴近生活实际。"能力立意"试题的五大要素。立意：应从回答中观察到与学习能力相关的行为表现。情境：社会化和生活化的原问题。设问：简洁、清晰明了、具有单维性。载体：知识要求浅显、广博、常识化。导向：关心社会、自然环境的变化、发展；关心人的物质生活和文化生活的变化、发展；引导学生改变单一接受式的学习方式，引导考生注重从学会走向会学。

试题的探究性主要体现在：新课标鼓励开展地理观测、地理考察、地理实验、地理调查等，探究学习成为地理学习的最主要方式。近年的高考试题已经比较注重通过给出探究性活动情景材料来考查学生的探究能力。

①考查探究学习方法：信息获取与分析方法；提出研究课题名称；设计方案，写出探究步骤等。如2005年高考地理广东卷第35题，要求考生"设计一个简便易行的小实验，以证明地转偏向力的存在。写出实验用材、实验步骤和所得结论"。

②展示活动信息源（数据、图文），分析其所反映的地理含义及规律、成因等。如 2003 年高考地理江苏卷第 8～11 题以"某学校（110°E）地理兴趣小组在平地上用立竿测影的方法，逐日测算正午太阳高度。"为问题情境，考查了时间、纬度、影杆长度判断等探究性意味较浓的问题。

③创设探究情境，分析地理问题，考查探究思维。如 2004 年全国文综卷 Ⅱ 对"白风暴"中盐尘来源的分析，2005 年全国文综卷 Ⅰ 对"小区域水能开发条件"的分析，2008 年全国文综卷 Ⅰ "G 河没有形成明显三角洲的原因"的分析等。情境问题设置应特别关注：接受性：学生愿意解决这种问题，并且具备一定的知识基础和能力基础；障碍性：学生不能直接看出解决问题的方法和问题答案，而必须经过思考、探究来寻找答案。

四、高中地理试题编制的原则和方法

1. 选择题的编制

地理测验中常见的客观性测题有选择题、连线题（或称匹配题）等，而填空题和简答题这类限制性的题型，因为评分客观，也归类于客观性题目之中。其中选择题是最常用的客观题型，地理选择题的编制要注意以下几个方面。

（1）应注意选择最适合用选择题来测试的地理内容，作为编制选择题的素材。试题每题要围绕一个中心内容或主题，每个选项不能各自构成互不相干的命题。

（2）题干表述应力求精炼、准确、清楚，包含解答试题所必须的要素，但不能有过多的叙述或不必要的修饰语。

（3）选择项的文字要简短、扼要，其文字长短和语法结构要大致相同。各选择项都有相同的词语时，最好把它置于题干中。当题干是不完整的陈述句时，每个选项都应与之衔接组成一个完整的句子。

（4）正确答案在形式或内容性质上不要显得过于突出，应使正确答案有较大的隐蔽性。编制试题时不能只留心题干与正确选项之间的搭配和表述，而忽视与干扰项的搭配，使学生得到某种暗示。

（5）干扰项不能太明显，否则形同虚设，反而使学生比较容易地利用排除法找到正确答案。干扰项应该反映学生的典型错误，那些似乎合理的答案是教师从学生的作业、课堂回答问题和平时的观察了解等方面得到的学习中常见错误的信息，如较容易混淆的地理名称、概念以及原理等，以使干扰项有足够的迷惑性或似真性。

（6）正确的选择项要避免使用"可能""一般""往往""通常"等具有提示性的词语。干扰项要避免使用"永远""所有""绝不""总是"等具有提示性的词语；避免使用"以上皆是"或"以上皆不是"作为备选答案。因为学生只需要发现有一个错误选项，即可排除"以上皆是"这一备选答案，从而增大了猜中答案的机会。使用"以上皆不是"作为备选答案，相当于采用了否定式的陈述，仅能测量学生识别某些错误的能力，但识别错误不能代表掌握了知识。

2. 主观性测题的编制

主观性试题由自由应答式的题目组成。所谓自由应答式试题，是指学生可以自由应答，只要在题目限制的范围内，可以在深度、广度、组织方式等方面享有很大自由。这种自由同时也导致评分时主观色彩的渗入。这类题目一般包括材料情境题中的开放性问题、综合测试中的论述题、活动课程中活动设计等题型，在地理学科中多问答题。

（1）测题应考查教学内容中的重要问题。对限制性测题而言，每一道题都应考查某个比较重要的知识点，而不该是琐碎的东西。而对自由应答式题目来说，由于其主要目的在于考查学生对知识的综合应用，因此应以地理中的核心内容（如人地关系、空间概念等）为测验内容。

（2）要把问题与实际情境相结合，强调知识的应用。测题应多选用新材料，以免学生凭机械记忆作答。只有如此，才能真正考查出学生分解问题、解决问题和创新的能力。

（3）要给学生发挥自己创造力的余地。自由应答式主观题的一大特点就是可以测量学生的创造力，因此应充分发挥其特点，编制开放性试题。

（4）要使答案的复杂程度与学生的成熟程度相符。学生年龄不同，思想成熟程度一般也就不同，对问题的理解、分析、综合和评价的复杂程度也不同。制定评分标准时必须考虑到这一点。

3. 客观与主观兼容——材料情境题的编制

材料情境题是由传统的问答题演变而来的，兼容客观性测题和主观性测题的特点，包含选择、填空、简答、读图、填图、绘图等多种答题形式和功能的复合式题型。材料可由文字提供，也可由地理图像构成。材料情境题的特点是：

（1）整个试题要构成一个相对完整的中心，通过考生对情境性材料的分析，并小步骤地解答若干问题，反映出对某一地理专题知识的掌握程度。

（2）选择的情境性材料要以教学目标为依据，与确定的测量目标相符。若材料过于复杂繁难，容易超过教学目标的要求。材料过于简单，则会使试题变成对地理常识低层次阅读能力的测验。材料若是学生已学过的或是直接从课本中转录下来的，就变成了记忆能力的测量，属低级认知目标，失去了运用材料情境题的意义。编制这类试题可以先从有关资料中收集素材，然后再改写，使其能适合所需要测量的目标。

（3）尽可能采用不同形式的情境性材料编制试题，如地图、短文、表格、统计图、示意图、景观图、漫画等。但是，提供的情境性材料必须适合学生已有的知识、经验与阅读能力，是学生所熟悉的，可以理解的。

（4）情境性材料的长短要与试题的数量保持适当的比率。若材料很长，而需回答的试题只有一两个，就会造成测验时间的浪费。一般地说，情境性材料应是简短而有意义的。一方面情境性材料愈短愈好，这样可以减少阅读能力对测验成绩的影响。另一方面所采用的材料要能引起学生的阅读兴趣，要慎重地删略不作为学生思维素材的内容，不可使材料失去完整的意义。

（5）设问的形式应多样化，包括填空、选择、简答、绘图、填图等，多角度地考查学生对情境性材料的理解能力。设问的层次应有渐进性，即保持由易到难的梯度，有利于测试学生对地理基本事实材料、基本概念、原理、空间分布规律等问题的理解和掌握程度，从而使不同程度的学生获得有区分度的成绩。